玩转技术指标

——九种技术指标精讲

金铁 著

U0956110

中国宇航出版社
·北京·

版权所有　侵权必究

图书在版编目（CIP）数据

玩转技术指标 ：九种技术指标精讲 / 金铁著. -- 2版（修订本）. -- 北京 ：中国宇航出版社，2022.2（2025.1重印）
ISBN 978-7-5159-2020-7

Ⅰ. ①玩… Ⅱ. ①金… Ⅲ. ①股票投资－基本知识 Ⅳ. ①F830.91

中国版本图书馆CIP数据核字(2022)第003903号

责任编辑	卢　珊	封面设计	李　松
出版发行	中国宇航出版社		
社　址	北京市阜成路8号	邮　编	100830
	(010)60286808		(010)68768548
网　址	www.caphbook.com		
经　销	新华书店		
发行部	(010)60286888		(010)68371900
	(010)60286887		(010)60286804(传真)
零售店	读者服务部		
	(010)68371105		
承　印	北京厚诚则铭印刷科技有限公司		
版　次	2022年2月第2版		2025年1月第5次印刷
规　格	710×1000	开　本	1/16
印　张	19	字　数	271千字
书　号	ISBN 978-7-5159-2020-7		
定　价	58.00元		

本书如有印装质量问题，可与发行部联系调换

前 言

对于技术指标的应用，我曾经历过从“痴迷”到“放弃”再到“重新发现”的过程。

初入股市时，对技术指标在内的各种技术分析方法充满好奇，于是如牛饮般吸纳了所有相关的技术知识。然而，大量的知识累积并未给实战带来积极变化，甚至还因为过度迷信技术指标发出的信号而造成重大的交易亏损。

技术指标显示后市大盘行情将要开始下跌，但实际上行情仍旧如火如荼地继续上涨；技术指标显示股价将展开新一轮主升行情，但迎来的却是破位下跌。诸如此类的失败案例，让我一度放弃了对技术指标的关注，弃之如敝屣。

2001 年的大熊市教育了很多人，其中就包括我。熊市下跌是一个漫长的过程，漫长到足以让人对股市彻底失去信心，或者让人重新发现股市，认识股市。

在这个过程中，我发现一些技术指标能够显示出与当前行情运行方向截然不同的变化，尽管这种变化非常细微而且并不稳定，但是长期追踪观察下去，却让我重新发现、理解、认识了技术指标。

没有任何技术指标能够百分之百准确地告诉你应该买入或者应该卖出，技术指标只是一种技术工具，它发出的信号需要交易者结合技术环境作出最后的判断。就像钳子、螺丝刀这些工具一样，用在适合的地方才能够发挥作用。用螺丝刀去绣花，不管你多么用心和刻苦，都难以取得令人满意的效果。

世上没有不管用的工具，只有不会使用工具的人，我曾经就是那个不会使用工具的人。曾经以为应用技术指标，就是按照它发出的信号买入或者卖出，全然不顾当时行情所处的阶段等技术环境因素，以及是否符合自己的交易风格，所以屡屡遭遇交易失利也就不可避免。

布林线指标发明人约翰·布林格曾说："没有一套技术分析系统能自始至终地发挥作用。为什么呢？道理很简单，任何分析体系都有它的时效性和地域性。现在有效的分析系统，过一段时间就可能失效。在这个市场中很有效的分析系统，一旦放在另一个市场中，也许就不适用了。"

也就是说，技术指标的应用存在适用性和局限性的问题，这也是单一技术分析工具必然具有的缺陷，解决办法就是采用技术环境分析。关于技术环境分析，本次修订版中会有详细的阐述。

应用技术指标时，还有一个要点，就是要符合交易者自身的交易风格和交易习惯。短线交易者与中长线交易者对于技术指标的要求是不同的，"看短做长，看长做短"，随意改变初衷，交易思想不统一，都可能让交易出问题。

交易者还必须把技术指标变成如同为自己量身定做的一样。无论发明者为技术指标设定了什么样的规则，交易者都必须用自己的理解去重新诠释，即便结果与发明者的规则相悖。实战中能够稳定盈利的规则，才是最好、最有效的规则。

世界上没有任何一种技术分析手段，可以只依靠简单套用而不需要思考和理解，就能在交易市场上长久稳定地获利。交易市场是人与人之间智慧博弈的角斗场，赢家永远是勤于思考、善于辩证看待问题的人。

本书首版写于数年前，现在推出修订版，一是因为之前的版本早已售罄，但读者仍有需求；二是首版部分内容与当前行情运行特点存在一定的脱节，重印的话，实在是对不起读者，所以进行修订增补。

修订过程中发现，之前的相关案例、图例以及文字表述，已经难过自己这一关，所以修订这本书，几乎等同于重新写过。但既然开始做了，遇到困难便不能退缩，那就安下心来，做一本让自己、让读者都满意的书。

本次修订版增补了新内容，对相关案例、图例进行了大幅更新，以求能够揭示出当前行情的新特质，更好地满足读者的需求。

最后，祝愿每一位读者都能在股票市场上一帆风顺，大展宏图。

目　录 CONTENTS

第一章　让技术指标保持“生猛”

第一节　股票交易第一课——交易心理训练 /2

一、交易与赚钱的距离 /2

二、善变 /4

三、幻想 /5

四、轻视 /7

五、收获 /8

六、跟风 /10

七、分散与集中 /11

八、愿望式交易 /13

九、建立交易系统 /14

第二节　技术环境分析——技术指标应用的根基 /18

一、趋向、趋势 /18

二、成交量理论 /24

三、盘口与分时图 /34

四、市场心理倾向 /46

第二章　玩转 MACD

第一节　MACD 指标基础理论 /51
一、MACD 指标设计原理 /51
二、MACD 指标计算公式 /52
三、MACD 指标应用法则 /52
第二节　MACD 指标买入点分析 /56
一、MACD 指标买入信号 /56
二、MACD 指标买点实战研判 /64
第三节　MACD 指标卖出点分析 /67
一、MACD 指标卖出信号 /67
二、MACD 指标卖点实战研判 /77

第三章　玩转 KDJ

第一节　KDJ 指标基础理论 /81
一、KDJ 指标设计原理 /81
二、KDJ 指标计算公式 /82
三、KDJ 指标应用法则 /82
第二节　KDJ 指标买入点分析 /84
一、KDJ 指标买入信号 /84
二、KDJ 指标买点实战研判 /89
第三节　KDJ 指标卖出点分析 /92
一、KDJ 指标卖出信号 /92
二、KDJ 指标卖点实战研判 /97

第四章 玩转均线

第一节 均线基础理论 /103

一、均线设计原理 /103

二、均线计算公式 /104

三、均线应用法则 /105

四、均线形态与转化 /108

五、均线基础分类 /114

第二节 均线买入点分析 /115

一、均线买入信号 /115

二、均线买点实战研判 /124

第三节 均线卖出点分析 /130

一、均线卖出信号 /130

二、均线卖点实战研判 /142

第五章 玩转 CCI

第一节 CCI 基础理论 /151

一、CCI 指标设计原理 /151

二、CCI 指标计算方法 /152

三、CCI 指标运行区间分析法则 /152

四、CCI 指标形态分析法则 /153

五、参数的修改 /154

第二节 CCI 指标买入点分析 /154

一、CCI 指标买入信号 /154

二、CCI 指标买点实战研判 /160

第三节　CCI 指标卖出点分析 /164

一、CCI 指标卖出信号 /164

二、CCI 指标卖点实战研判 /170

第六章　玩转 BOLL

第一节　BOLL 指标基础理论 /175

一、BOLL 指标设计原理 /175

二、BOLL 指标计算公式 /176

三、BOLL 指标应用法则 /176

第二节　BOLL 指标买入点分析 /178

一、BOLL 指标买入信号 /178

二、BOLL 指标买点实战研判 /183

第三节　BOLL 指标卖出点分析 /191

一、BOLL 指标卖出信号 /191

二、BOLL 指标卖点实战研判 /197

第七章　玩转 RSI

第一节　RSI 指标基础理论 /205

一、RSI 指标设计原理 /205

二、RSI 指标计算公式 /206

三、RSI 指标应用法则 /206

第二节　RSI 指标买入点分析 /209
一、RSI 指标买入信号 /209
二、RSI 指标买点实战研判 /215
第三节　RSI 指标卖出点分析 /219
一、RSI 指标卖出信号 /219
二、RSI 指标卖出实战研判 /226

第八章　玩转 MTM

第一节　MTM 指标基础理论 /231
一、MTM 指标设计原理 /231
二、MTM 指标计算公式 /232
三、MTM 指标应用法则 /232
第二节　MTM 指标买入点分析 /234
一、MTM 指标买入信号 /234
二、MTM 指标买点实战研判 /240
第三节　MTM 指标卖出点分析 /243
一、MTM 指标卖出信号 /243
二、MTM 指标卖点实战研判 /250

第九章　玩转 BIAS

第一节　BIAS 指标基础理论 /255
一、BIAS 指标设计原理 /255
二、BIAS 指标计算公式 /255

三、BIAS 指标应用法则 /256

第二节　BIAS 指标买入点分析 /258

一、BIAS 指标买入信号 /258

二、BIAS 指标买点实战研判 /262

第三节　BIAS 指标卖出点分析 /266

一、BIAS 指标卖出信号 /266

二、BIAS 指标卖点实战研判 /270

第十章　玩转 SAR

第一节　SAR 指标基础理论 /273

一、SAR 指标设计原理 /273

二、SAR 指标计算公式 /274

三、SAR 指标应用法则 /275

第二节　SAR 指标买入点分析 /275

一、SAR 指标买入信号 /275

二、SAR 指标买点实战研判 /279

第三节　SAR 指标卖出点分析 /283

一、SAR 指标卖出信号 /283

二、SAR 指标卖点实战研判 /289

第一章

让技术指标保持“生猛”

股票交易赚钱还是亏钱，有时似乎只是一念之差。

比如，选了两只股票，没买的那只股票大涨，买入的那只却不涨反跌。交易者回想决定买入的那一瞬间，认为就是自己的一念之差。又如，交易者本想卖出持仓的股票，却因该股盘中冲高而临时改变了想法，不料该股冲高之后大幅跳水，让交易者错失了盈利卖出的时机，最后反而亏损出局。

一念之差，听上去轻飘飘的一句话，却可能让交易者在交易中始终难以稳定获利，甚至陷入连续亏损的境地。

一念之差，其实就“差”在交易技术和心态理念上。

股票交易不是一个轻松简单的赚钱游戏，更多的时候它是感受痛苦、彷徨甚至绝望的一场攻坚战和疲劳战。忍得住痛，受得了苦的人，才有资格追求丰厚回报。

一味投机取巧或只求蝇头小利，固然不必经受残酷的心理煎熬与折磨，但往往也错失了打磨及锻造坚定交易心态的过程，最终只能依靠战术上的投机捕些小鱼小虾，永远也不可能具备战略上猎杀巨鲸的心态与胸襟。

历史上的成功者，无不经过炼狱般的心灵考验。传奇人物股神沃伦·巴菲特（Warren E. Buffett）、金融大鳄乔治·索罗斯（George Soros）等人，莫不由此成就了投资大师的赫赫盛名与庞大的财富帝国。

在探讨技术指标之前，很有必要先上一堂交易心理训练课。想成为交易中的强者，必先拥有强大的心脏。如果心态崩溃了，那么再好的技术也没用。

第一节 股票交易第一课——交易心理训练

一、交易与赚钱的距离

股票市场不相信眼泪，也不存在同情和怜悯，适者生存，弱肉强食，这是在市场中生存的唯一法则。

想靠股票交易赚大钱的人，在这里可能会美梦成真，也可能会最终一无所有。股票市场是离金钱最近，也可能是最远的地方。

陶渊明有诗云：“结庐在人境，而无车马喧。问君何能尔？心远地自偏。”最喜欢诗中“心远地自偏”这一句，每读此句，都会浮想联翩，想象趺坐蒲团诵咏黄老的陶老先生，怎样在闹市之中独辟出一份心中的宁静。

在股票交易中，越是想急切赚大钱的人，越有可能亏钱，离赚钱就越远。这时候，交易者最需要体会“心远地自偏”的境界，淡看股价短期的沉浮折返，反而容易收获盈利，离赚钱更近一步。

图 1–1 中，该股股价从 60 多元一直涨升至 400 余元，涨幅可谓巨大。但是在该股整个上升过程中，股价涨升并不是一路坦途。如图中所示，仅较大级别的阶段性调整就有四处，短期调整更是数不胜数。

一个不能做到“心远地自偏”的人，无论如何都难以在该股上涨过程中做到稳定持仓。最常见的操作是，上涨中稍遇股价回落便慌忙卖出，股价回升时再匆忙追高，使自己的持仓成本不断升高。遇到股价再次折返，依旧会重复这个循环，最终即使能够盈利，也远远比不上稳定持有者。

频繁地买进卖出，扣除手续费、印花税和误判带来的亏损，一轮行情终了，可能会发现自己的盈利情况并不理想。在主要上升趋势维持期间，与其匆忙地追逐金钱，不如静候金钱自动增值，最终利润也许会更加丰厚。

图 1-1

某交易者选出低估值、高增长的潜力股，认为未来将出现大幅上涨，于是买入。事实证明，该股的确出现了大幅上涨。但正确的判断并没有给这位交易者带来丰厚的利润，原因是该股上涨途中出现了振荡回调，让这位交易者早早卖出持仓。

相信有不少人有过这种经历，尽管做出了客观、详尽的分析和判断，但由于心态的原因，迷失在股价的短期振荡里，忘记了买入该股的初衷。

但不得不说的是，坚定持仓需要相应的技术研判能力来支撑。对行情和个股没有深入研判，盲目“坚定持仓”可能就进入了另外一个交易误区，这个误区同样会使交易者离盈利越来越远。

“赚了那么多钱，可惜没有卖出，最后反而亏了钱！”这是交易者最经典的懊悔之一。如图 1-2 所示，该股股价从不足 10 元涨升至 21 元以上，仅仅用了十几个交易日，主要升幅更是只用了四个交易日。然而飙升过后，接下来股价迅速转入下跌，不久便回到了上涨起点。

倘若不能在股价高位及时兑现利润，那么即使是低价位买入的交易者，也会和赚大钱擦肩而过。错过合适的交易机会，暴利转瞬就会化为泡影。

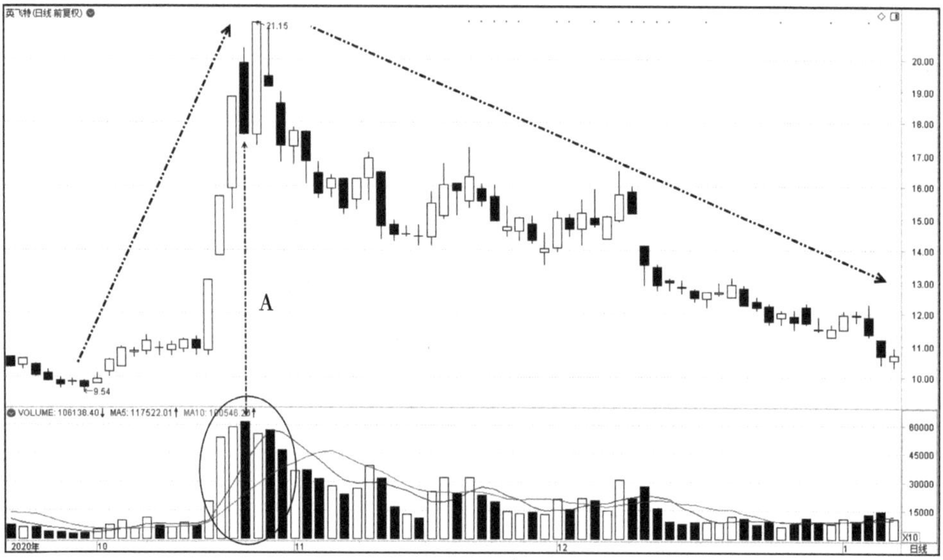

图 1–2

其实，图 1–2 的案例中，持仓的交易者如果对成交量理论有所了解，再结合技术环境进行分析，即使不能卖在股价最高点，也完全能够在股价的相对高点获利了结。

图中 A 处标示的阴线，当日换手率已经超过 45%，这种级别的换手一旦不能持续，就意味着股价将要发生重大转折。（成交量理论的具体分析方法，请参阅中国宇航出版社出版的《成交量核心技术》一书。）

通常来说，在牛市行情中，交易者应当以坚定持仓为主要策略；在熊市或盘整行情中，原则上应以短线操作和波段操作为主。关于交易技术和行情研判的相关内容，后面会继续讲解。

二、善变

猎豹在追逐猎物时，往往会盯住最初选择的那个猎物死追不放，不会中途改变追逐对象。据说，这也是大多数食肉动物捕猎成功的关键因素之一。随意改变追逐目标，是一些幼年食肉动物学习阶段的行为，捕猎失败是大概率的结果。

记得刚入市的时候，经常遇见一种情形：大盘飘红，大多数股票迅速上涨，可偏偏自己手中的股票却在“坚定”地继续下跌，或是只有不到1%的涨幅。遇到这种情况，心里那个急啊，“恨铁不成钢”，烦躁情绪不断升温，最终受不住持仓个股走势的疲软，愤然清仓这只“瘟股”，转而追逐那些涨得好的热门股，当初看好该股良好发展前景的买入理由全部被抛之脑后。

“不卖不涨，一卖就疯涨”的定律，十有八九会在这时生效。卖出的股票一改疲软作风，迅速展开上涨并进入到涨幅榜前列。这时，交易者的资金却被套在渐渐变冷的前期热门股里面，只能望洋兴叹，自怨自艾。

这样的经历可能每个人都有过不止一次，每次事后都会暗骂自己“手欠”，却不明白这不仅是“手”的问题，最主要还是“心”的问题。

痛定思痛，发现了问题的症结，于是很多人总结出一个解决方案：不被眼前诱人的上涨迷惑，轻易忘记或放弃最初的买入计划和理由。只要个股的买入理由没有发生改变，绝对不因其他因素而改变自己的初衷。

善变会让盈利溜走，会让交易者陷于“卖也错、买也错”的两难境地。

在股市中，散户并不需要也不可能打败整个市场，只需要及时改正自己常犯的错误，在上涨的诱惑下和下跌的恐惧中不忘初心，不跟在行情后面朝三暮四，那么盈利其实并不难。

三、幻想

在《吹牛大王历险记》一书中，主人公明希豪森可以骑着炮弹旅行，身陷沼泽时可以提着自己的头发将自己拔出来。这是一部融合了幽默与幻想的经典之作，使读者开心一笑的同时，也让人不得不佩服作者无与伦比的想象力。

充满幻想，对于醉心文学创作的人来说是一笔财富，对于股票交易者而言则可能是一个灾难。

股票市场是一个让人容易产生财富幻想的地方。暴涨、翻倍这些词语搭配不时出现连续涨停的个股，会让人心潮澎湃，似乎发横财的捷径就在眼前。

A股市场有炒作题材概念的习惯，历年来的题材概念多如牛毛，如西部大开发、全流通、石墨烯、虚拟现实、多晶硅、充电桩、区块链等。概念股炒作的关键，就是营造关于股价暴涨的幻想空间，所以历来概念股炒作，都是以股价飙升来吸引市场眼球，随后相关概念的内容迅速普及，追逐暴富机会的人们蜂拥而来。

比如，石墨烯概念炒作，该概念的主要内容是一种以石墨烯技术为基础的超级电容器，其充电速率远远高于其他电池。随着概念的迅速普及和升温，沪深两市所有和石墨烯沾边的上市公司的股价都一飞冲天。

如图 1–3 所示，该股因具有石墨烯题材，股价出现大幅飙升。事实上，石墨烯技术在世界范围内都尚处于研发阶段，根本不可能在短期内形成生产力和大规模应用，更是远远谈不上对相关上市公司的业绩会有什么样的影响。

概念股炒作，重点其实在“炒作”二字上，概念只是一个引子。既然是炒作，那么炒到大资金纷纷获利离场时，一切都会回归真实的那一面，包括股价。图 1–3 中，一轮炒作过后，股价很快就跌回原地。

图 1–3

概念股炒作是 A 股市场上的“特色”，概念股炒作引发的行情有时候持续时间和上涨幅度相当可观。但是，参与炒作的交易者必须有一个清醒的认识，那就是不要对行情有过高的预期和不切实际的幻想，在操作中一定要做好止损，适可而止。

除了概念炒作，一些造假者还会用骗局来营造暴富的幻想空间。

A 股市场最有名的骗局就是“银广厦造假案”。银广厦提供了股价无限上升的空间和暴富的诱惑力，人们宁愿放弃常识，也愿意相信银广厦“不可能的产量、不可能的价格、不可能的产品”等众多疑点。最终，当谎言被戳穿时，参与该股炒作的交易者遭受了重大损失。

幻想就是一个五彩泡沫，人们宁愿相信这个泡沫会永远存在，奋不顾身地去追逐这个泡沫，也不愿意伸出手轻轻触碰一下它，看看它是否真的能够永远存在，越吹越大。

在国内股票市场涨跌停板制度的限制下，今天 10 元开盘的股票，明天不会跌到 5 元，也不会骤升到 50 元。幻想可以无极限，但交易必须一步一个脚印踏踏实实地来做。作为一个交易者，你可以想象美好的未来，但不能把梦想当成现实，更不能将自己的血汗钱撒进幻觉的陷阱。

四、轻视

司马迁老先生在《史记》中一语点透了金融资本的特性：“天下熙熙皆为利来，天下攘攘皆为利往”，资本总是向有利可图的地方汇集。

每一轮牛市行情的造富效应，都会吸引大批新人加入到股票交易中来。这些新入市的交易者，大多是受到周围人炒股赚钱的影响，或者在网上道听途说有人炒股暴富。这类短时间赚大钱的事例，形成了难以抵挡的诱惑，不少人就是在热火朝天的牛市进入股票市场的。

追逐暴富幻想涌来的新人，虽然不具备股票基本知识和交易操作技巧，但在牛市疯狂上涨阶段，也有机会赚到丰厚的利润。于是，股票交易在这些人眼里就成了一件极其简单的事情，股市简直就是提款机。对于股票市场错误的认识由此产生，而且不易消除。

大多数人对于轻视的对象是不会做深入研究的，因为内心觉得“没有必要，我完全可以轻松掌控”。即使出于对赚钱的热爱，花费在股票研究上的精力也是屈指可数，而且大多都是浅尝辄止。

牛市总是在狂热中消亡，惨重的亏损会让狂热的人冷静下来。此时回过头来，大家才发现，所有的股市盈利神话都是牛市赋予的，自己就是一个极其平凡的散户投资者，只不过在激情四射的大牛市中迷失了自己，误以为自己很了不起，轻视这个暗藏杀机的市场，导致账户由盈利转为亏损。

牛市结束了，随之而来的是熊市的漫长下跌，交易者也开始为“轻视”市场付出代价。

因为不具备股票基本知识和交易操作技巧，同时还残留着牛市的惯性思维，所以面对股价运行节奏完全不一样的熊市下跌行情，交易只能用一败涂地来形容。到了这个时候，交易者才发现，自己对于股票交易根本就一无所知，完全是靠牛市的上涨和运气参与交易，还一心梦想着股市暴富，真是笑话中的笑话。

从轻视股市如提款机，到视股市如洪水猛兽，与如此巨大心理落差相对应的，是账户上的累累亏损。

股票交易的博弈特性，决定了市场上只能是少数人赚钱。这个“少数人”必然是股市上的强者，他们或“强”在资金优势上，或“强”在交易技术和心态上。作为散户，基本上没有资金优势可言，在这种情况下，就只能不断磨砺自己的交易技术和心态，这是股市盈利唯一可行的道路。

五、收获

作家阮海彪说：“据说生长人参的土地都寸草不生。你必须先经过寸草不生的考验，至于长不长人参，还是个未知数。”

股神巴菲特就是通过一次次“寸草不生的考验”，才最终赢得了赫赫声名。

20 世纪 90 年代初，美国发生严重的金融危机，很多银行出现大幅亏损或倒闭。巴菲特经过分析研究，发现富国银行的估值非常低，安全边际明显，就算公司可能有较长的低迷期，而且美国经济何时复苏也不得而知，但凭借其较强的成本控制能力和业务拓展能力，巴菲特相信富国银行未来盈利是高概率事件，于是开始大量买进富国银行的股票。但是巴菲特的介入，并没有改变市场大的下跌趋势。

1992 年— 1993 年，富国银行因计提坏账，业绩差点陷入亏损，股价又一次跌至巴菲特最初买入时的水平。此时巴菲特不为所动，开始实施第二次购进。一些看空富国银行股票的人这样评价巴菲特的买进，“一旦巴菲特资金不足，该银行的股票就会骤然下跌。巴菲特最好还是把钱捐赠给慈善事业。”

巴菲特对此回应道：“我并不是想推销富国银行的股票，或抱有其他什么目的。我只是觉得它是一家非常优秀的企业，有着最好的管理模式和合理的价格。在这种情况下，通常可以赚到更多的钱。”

事实证明了巴菲特的远见卓识。2004 年，巴菲特持有的富国银行市值 35.08 亿美元，而其投资成本仅为 4.63 亿美元。

一个人是否适合进行股票交易，巴菲特曾说过一个标准：不能承受 50% 损失的人，不适合做股票交易。

其实在股票交易中，能够忍耐巨额亏损（寸草不生的考验）只是一个基本条件或者说排除条件，并不能证明就一定适合做股票交易。毕竟我们交易股票的目的是赚钱，并不是忍耐亏损。能够从亏损或失利中总结经验教训，继而学会交易技术与方法的人，才是适合做股票交易的人！

在股票交易市场上，“收获”这个词并不专指赚到钱，还包括反思后所得的经验和教训。

有些交易者忍受住了“寸草不生的考验”，也能从反思中有所收获，但仍不能保证那块土地最终一定会“长出人参”。为什么会这样呢？答案是：交易成功具有概率性。

成熟的交易者都会从概率层面做好失败的准备，并对可能发生的亏损在心理、资金和投资策略上制定预备方案。因为没有人可以百分之百保证能够战胜概率，永远不会遭遇亏损。即便是股神巴菲特，也并非百战百胜，点石成金，他“埋下的种子”有时候也会“烂在地里”。

2012 年，巴菲特在致股东的信中提到，“几年前，我花了约 20 亿美元购买能源期货控股公司发行的几种债券，这是一家服务于德州部分地区的电力公司。这是一个错误，非常巨大的错误。从大的方面来说，这家公司的前景与天然气价格联系在一起，而天然气价格在我们购买债券后不久就下跌且持续低迷。尽管自购买债券后我们每年收到约 1.02 亿美元的利息，但除非气价大幅上升，这家公司的支付能力很快将告罄。我们在 2010 年对这笔投资减记 10 亿美元，去年又增加减记 3.9 亿美元。”

六、跟风

当市场上新出现一个热点概念，整个板块的个股被资金反复炒作时，必然会吸引喜欢短线跟风的交易者关注。这些板块或者概念，在网络上被吹嘘得天花乱坠，且铺天盖地传播开来，无疑具有极高的煽动性和诱惑力。

跟风操作的交易者不会过分关注技术分析，他们认为资金流向和市场热点是推动股价上涨最关键的因素，对于当前股价表现疲软的冷门股往往不屑一顾。

这些交易者，在交易时间里经常处于一种非常忙碌的状态。他们目不转睛地盯盘，不断查看涨跌幅排行榜，生怕错过任何买入机会。空仓甚至比亏损更让他们觉得恐惧，不断地买入、卖出反而让他们觉得很充实。

如图 1-4 所示，该股是曾经一度热炒的板块领头羊，短时间内出现大幅上升之后，股价高点处仍旧聚集着巨大的成交量。这些密集成交中，不乏跟风资金进场所致。

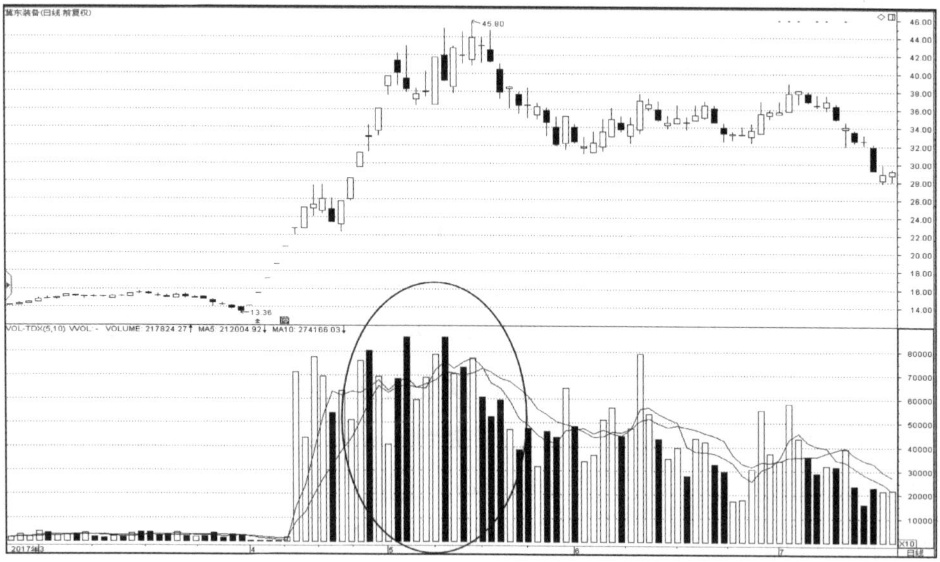

图 1-4

跟风操作最容易给交易者带来急躁的心理，难以忍受股价正常的折返波动，很希望自己买入后股价就一飞冲天。同时因为缺乏必要的持股耐心，一些大牛股经常从他们手中溜走。

跟风操作最大的弊端，就是对市场过度兴奋和对股票过度热情，即便持有的是一只稳定上涨的股票，他们仍旧难以抑制交易的冲动而选择卖出，转而寻找新的交易机会。从某种意义上来说，这部分交易者更愿意享受交易过程本身，而不是交易结果。

当个股处于振荡盘整过程中时，交易者情绪上就会变得非常烦躁，持仓信心开始动摇。如果个股这时突然出现一个急速下跌，交易者心里马上就会充满恐惧，一些灾难性的联想立即浮现在脑海里，接下来就会跟着感觉走。“卖出就可以脱离危险”的本能思维，会让他们将所有理性分析及判断在一瞬间格式化。

对于喜欢跟风操作的交易者而言，学会克制，懂得耐心持股的价值，也许比什么都重要。

七、分散与集中

交易的风险无法消除，但能够分散。

一般来说，将资金分别投放于不同的投资品种上，如股票、国债、储蓄等，可以防范某一领域发生重大风险时影响资金整体的安全。有人以为分散投资的意思就是尽量多地持有不同的股票，殊不知持仓过度分散也是交易的大忌。

美国投资大师菲利普·A·费雪（Philip A. Fisher）认为，不要过度强调分散投资。投资者相信把鸡蛋放在几个篮子里能降低风险，但购买太多股票的害处是不可能去观察所有篮子中的所有鸡蛋。分散投资得冒花太少精力在他们熟悉的公司、花太多精力在他们陌生的公司上的风险。买入大量对其业务不甚了解的公司的股票，承受的风险要比集中投资的风险还要大。

英国著名经济学家约翰·梅纳德·凯恩斯（John Maynard Keynes）在给商业同行的一封信中写道：通过撒大网捕捉更多公司的方法来降低投资风险的想法是错误的，因为你对这些公司知之甚少，更无特别信心。人的知识和经验都是有限的，在某一特定的时间段里，我有信心投资的企业也不过两三家。作为投资人，起码应该在购买一只股票之前对企业的经营状况有所了解。

股神巴菲特更倾向于有限分散或是集中投资。他说：“不要犹豫不定，为什么不把钱投资到你最看好的投资对象上呢！”在他的投资组合中，前10只股票往往占了投资总量的90%。

持仓过度分散的交易者，没有足够的精力分析个股基本面情况，对大盘指数和个股下跌风险的关注度也会大大降低。这些交易者手中单只股票的手数都不会太多，当大盘开始步入下跌趋势时，因不同个股的下降速率有所不同，交易者会因每只股票亏损都不大，觉得可以承受，从而忽视了整体仓位的风险。

当大盘下跌到一定阶段后，个股出现暴跌，整体仓位严重亏损的事实摆在面前，交易者才醒悟，可能一切都为时已晚。

中小交易者的优点之一就是“船小好调头”，一旦发现大事不妙，完全可以在几分钟之内抛空仓位，没有基金等机构那种尾大不掉的弊病。

当交易者持仓过于分散时，不但不能发挥自己的长处，还为自己增添了羁绊。同时，持仓多只股票，也就分散了原本不多的兵力，手中很难再留有预备资金。当意外情况或重要机会出现时，也就无力应对，只能望洋兴叹。

实战中，正确的思路和做法应该是“广泛撒网，重点捕鱼”，通过基本面、技术面分析，广泛选择优良股票建立自己的股票池。图1-5就是一个模拟的股票池。

建立股票池时，交易者可以选择不同行业、地域的优质股票，长期跟踪观察。不但关注其基本面的变化，同时也要注意技术面上发出的信号，比如有无主力入驻、主力处于何种操盘阶段等，做到心中有数。经过一段时间的观察，剔除其中没有操作价值的个股，最后优中选优，确定1～2只股票分批建仓，波段持股。

名称	现价	涨幅%	涨跌	买入价	卖出价	总量	现量	涨速%	换手%	今开	最高	最低	昨收	市盈(动)↓	细分行业
金明精机	23.61	1.20	0.28	23.61	23.64	9277	96	0.12	3.83	23.40	23.94	23.02	23.33	26.81	专用机械
德威新材	18.54	0.71	0.13	18.54	18.55	9865	191	0.00	4.93	18.26	18.58	18.20	18.41	26.42	塑料
同大股份	× 19.42	-1.57	-0,31	19.41	19.42	6181	97	0.10	5.57	19.36	19.42	19.08	19.73	25.51	塑料
亿利达	20.15	2.91	0.57	20.14	20.15	8000	264	0,19	3.53	19.51	20.15	19.38	19.58	25.14	专用机械
茉科科技	18.05	1.75	0.31	18.04	18.05	8558	199	0.00	3.42	17.62	18.14	17.52	17.74	24.62	软件服务
安科瑞	× 15.54	0.58	0.09	15.53	15.54	4189	68	0.06	2.42	15.60	15.60	15.40	15.45	24.21	电器仪表
银河电子	15.50	2.51	0.38	15.49	15.50	25051	476	-0.19	7.12	15.06	15.56	15.06	15.12	24.08	通信设备
黄海机械	24.05	3.00	0.70	24.05	24.06	11103	163	0.12	5.55	23.09	24.19	22.96	23.35	24.03	工程机械
光一科技	20.06	0.00	0.00	20.05	20.06	14742	260	-0.04	6.80	20.10	20.22	19.63	20.06	23.93	电气设备
兆日科技	16.35	1.87	0.30	16.35	16.36	22949	674	0.42	8.20	16.15	16.46	16.01	16.05	23.10	元器件
长荣股份	24.33	0.04	0.01	24.33	24.35	5472	232	0.04	1.52	24.11	24.47	24.11	24.32	23.06	轻工机械
开元仪器	21.43	0.52	0.11	21.43	21.44	4631	42	-0.04	3.09	21.28	21.45	21.05	21.32	22.24	电器仪表
远方光电	13.33	-0.22	-0.03	13.33	13.38	14580	455	-0.37	3.93	13.11	13.51	13.11	13.36	22.07	电器仪表
天银机电	× 17.28	0.58	0.10	17.26	17.28	5931	46	-0.11	2.37	16.90	17.31	16.90	17.18	21.51	元器件
卡奴迪路	36.39	3.76	1.32	36.39	36.40	19704	295	0.08	6.85	34.80	36.70	34.80	35.07	20.58	服饰
中际装备	16.58	5.94	0.93	16.57	16.58	18832	94	0.24	8.10	15.52	16.82	15.51	15.65	20.05	工程机械
哈尔斯	12.26	-0.65	-0.08	12.26	12.27	7226	36	-0.32	2.21	12.15	12.35	12.14	12.34	19.95	家居用品
裕兴股份	× 27.52	-1.33	-0.37	27.51	27.53	4956	37	0.00	2.48	27.68	27.68	27.18	27.89	19.79	塑料
八菱科技	15.68	1.95	0.30	15.67	15.68	14642	73	0.12	4.35	15.26	15.74	15.22	15.38	17.78	运输设备
云意电气	16.32	0.12	0.02	16.32	16.33	4993	42	0.06	2.00	16.29	16.33	16.17	16.30	17.43	汽车配件
东诚生化	22.11	4.44	0.94	22.10	22.11	15950	311	0.13	5.91	21.70	22.21	21.70	21.17	17.21	化学制药
龙洲股份	10.10	0.60	0.06	10.09	10.10	6856	25	0.09	1.71	9.92	10.13	9.92	10.04	12.96	公路

图 1–5

分散还是集中投资，仅就股票市场而言，笔者更倾向于费雪的理论——相对分散，反对过度分散。对于大部分资金量一般的中小交易者而言，与其分散不如集中。集中资金重点关注 1～2 只股票，有利于将自己有限的资金分批投入，从容布局。

八、愿望式交易

"我觉得它会涨"或是"我觉得它会跌"，如果这是买入或卖出一只股票的理由，那么这就是愿望式交易的典型表现。

愿望式交易还有其他形式。比如，有人之所以买入某只股票，是因为他认为主力会拉升，全然不管其间是否具备必然的逻辑关系。

愿望，有时候就是一剂迷药，让本来清醒的人变得心智失常。尤其是当愿望并不是来自观察思考和深入的分析研究，而是出自内心虚无缥缈的感觉，那么这个愿望往往会让交易者很快体会到亏损的痛苦。

主力资金经常利用交易者普遍存在的愿望或者说共识来布设陷阱。很多时候，交易者本来并没有交易的打算，但是主力资金通过股价暴涨暴跌等暗示，不停地挑逗交易者的心理，直到交易者开始相信或希望股价即将上涨或下跌。

实战中，经常看盘的交易者会发现，无论个股还是大盘走势，有时会显出一副岌岌可危的形态，看上去好像马上就要崩盘。没过多久，股价却神奇地转危为安，还立即展开了华丽的上涨。

如果交易者仅凭内心的愿望进行交易，十有八九会在“看上去危险”的时候卖出持仓，或在“笃定会上涨”的时候跟风买入。

交易者要想在股票市场中长期生存并获得盈利，必须摒弃愿望式交易，从零开始，一步步学习股票交易相关技术知识，并依靠自己的分析判断独立进行交易。这样即使出错，你也知道错在哪里，为什么发生错误，如何纠正错误。这也是交易者逐步成长的必经过程。

九、建立交易系统

成熟的交易者都有自己的交易系统。可能很多人没有将这个系统书面化，但会在交易前后按照交易系统的惯常步骤有条不紊地操作。

建立交易系统的好处，是让交易过程进退有据，不至于让账户资金与仓位处于混乱失控的状态，大概率避免常规性错误，预防意外风险。

尽管每个人的交易系统都有其独特的内容，但大体上包含三个部分：其一，交易计划；其二，资金与仓位控制；其三，买进卖出的具体技术规则。

1. 交易计划

交易计划是交易者对整个交易过程预先进行的设定和构想，目的在于让交易顺利进行，以达到交易成功的目的。

（1）投入资金总额。

包括将要投入的资金总额和资金的使用规则、步骤，以及预备资金的留置额度等。投入的资金最好不是借贷而来，否则会因利息和还款期限等方面的压力影响交易决策和持仓信心。

（2）交易时机。

对买入和卖出时机、价格确定一个大致的范围。不同风格的交易者，会有不同的选择。在不同的行情趋势中，交易时机的选择也大不相同。比如在牛市行情中，选择交易时机往往较为激进，而在熊市行情中，对于交易时机的选择则较为谨慎。

（3）交易周期。

对于整个交易周期应有一个明确的预期。比如，投入的总资金五年内以交易为主，不会挪作他用。同时，尽量把一些可能发生的意外情况考虑在内，避免在交易过程中因意外情况而打乱原来的资金使用计划，使整个交易过程受到干扰。

（4）收益预期。

在每次有计划地进行交易之前，对于目标个股设定盈利预期也是一个关键。过高或过低的盈利预期，都会导致在之后的持仓过程中变得被动。

一个合理的盈利预期，往往是基本面研究和技术面研究相互结合、综合分析之后的产物。

（5）意外情况应对措施。

交易计划要尽可能地全面，包括如何应对意外事件，如何应对交易失利。有了这个计划，遇到意外情况发生时，对于如何离场、如何止损都心中有数，交易者不至于茫然无措。

2. 资金与仓位控制

资金和仓位管理是交易者在实际操作中必须具备的风险控制手段。不同风格的交易者，在实战中可以根据自己的操作特点，选择适合自己的资金和仓位控制规则。

资金和仓位管理包含两个方面内容：资金比例控制和投入风险控制。

（1）资金比例控制。

资金比例控制是指每笔交易的资金占总资金的比例，以及借款和融资额占总资金的比例。

对于股市新手来说，最好不要借款或融资买入。对于经验丰富且有一定资金使用和管理能力的交易者来说，借款或融资所占总资金的比重，也应根据行情发展的不同阶段，控制在一定的比例和使用尺度，防范因出现意外情况而导致爆仓。

对融资资金的使用，应以易于变现和高周转率为原则。如果交易者在资金与仓位上缺乏必要的控制，很有可能牛市还在继续上涨，而你早已爆仓出局。

在普遍开通融资融券的现在，主力也会适应新形势的变化，故意加大盘中振荡幅度和阶段性洗盘力度，行情的变化节奏和以往截然不同。

融资，尤其是满仓超配融资，是很容易被主力资金猎杀的。以前主力洗盘，是用各种花样骗线、骗量来洗盘，折腾散户出局。现在是两融时代，主力已经慢慢改变策略，让交易者明知道是洗盘的情况下，也会强行洗掉你，因为你等不到主力拉升的那一天就已经爆仓了。就算不是超配融资，满仓融资的话，也经不住主力波段性的洗盘，除非有更多的后续资金来追加保证金。

交易者在每笔交易中所投入的资金比例，应根据市场情况、行情所处阶段和交易品种的不同而有所变化。比如牛市中的短线交易，单笔交易可用30%左右甚至更多的资金；熊市中则应以10%仓位为上限。对于长线投资品种，在底部时可多次分批吸筹，逐渐增加仓位。

一个成熟的交易者应该习惯限制自己每次的交易金额，毕竟股票交易的风险就在于无法百分之百准确地预知结果，为了未来还能继续交易，任何时候都不能以全部身家去赌。

以风险投资著称于世的资本大鳄索罗斯曾说，“承担风险无可指责，但同时记住千万不能孤注一掷。”

（2）风险控制。

风险控制是指对每笔交易投入的资金，都应有一个防止风险持续扩大的手段或措施。执行投入风险控制，是交易者能够在市场中长久生存下去的保障，也是交易中的重要原则。

风险控制主要有以下几方面内容。

①止损与补仓。

交易谚语云：不怕错，最怕拖。股票交易一旦出现错误，应当及时处理，不能犹豫、拖延，否则随着风险的进一步扩大，将导致无法收拾的后果。

投资界有一个“鳄鱼原则”，是以鳄鱼吞噬猎物的方式作比喻：猎物越挣扎，鳄鱼的收获就越多。如果鳄鱼咬住你的脚，你唯一的选择就是断掉一只脚以逃生。当在股票交易中出现趋势性的判断错误，理性的做法就是马上止损，无论你亏了多少。

很多交易者被套后，往往盲目地逐次补仓。如果行情是趋势性变化，补仓只会越套越深，自寻死路。当然，也不能完全否定补仓的作用，在非趋势性变化的前提下，补仓摊低成本也是一个不错的方法。

止损也一样，在趋势性转折带来的下跌行情中，止损是唯一的选择。这时候交易者应该明白，赔钱和赚钱都是交易的组成部分。

正如SAR指标发明人威尔斯·韦登（Welles Wilder）先生所说：“我看待损失就如同商人看待费用一样，损失是做生意的成本。许多小的损失并不难对付，它们是交易商的生意费用。我控制损失所运用的最好的也是唯一的技巧，就是在交易前决定在此项交易中我最多能承受多大的损失。一旦我的订单已满，我就定好损失限度，只有在对交易有利时才会做调整。我从不愿意承受重大损失。”

②止盈。

止盈是一种懂得收获的智慧。当行情连续暴涨时，交易者应该考虑的不是如何赚得更多，而是如何保证收获到真金白银，不让到手的利润变成纸上富贵，这就是止盈。

很多人都在牛市中赚过钱，但往往都是纸上富贵，还没来得及收获，便随着行情的下跌化为乌有。止盈是交易者收获成功、保住胜利果实的有效手段。贪婪和恐惧都会使人发狂，不能以正常的心态和心智应对出现的变化。止盈，从交易心理的角度来说，比执行止损还困难得多。

③加仓。

加仓和补仓都是增加仓位的手段，二者的不同在于：加仓是在原有仓位已经盈利的基础上加大仓位数量，以求利益最大化。补仓则是在原有仓位处于亏损的状态下加大仓位，目的是为了降低持仓成本，以求挽回损失。

加仓的前提是，行情或股价处于稳定上涨趋势中，并未出现过长时间、大幅度的暴涨，仍旧处于上涨的初中期阶段。在实际操作中，很多人只看到盈利却看不到风险，往往习惯在连续暴涨后加仓，希望增加盈利。这种情形的加仓，多数情况下都会适得其反。

资金与仓位管理是投资者取得成功的关键因素之一。股市搏杀中，既会有得到，也会有失去，其中的关键点在于：得到时，懂得及时收获；失去时，及时认输出局。

建立交易系统的第三点，是买进卖出的具体技术规则。这个方面涵盖的内容较多，包括 K 线、均线、成交量以及本书讲解的技术指标等分析工具，交易者可以依据这些技术规则来把控具体个股的买进和卖出。

第二节　技术环境分析——技术指标应用的根基

一、趋向、趋势

技术环境分析是多种技术工具、长短周期综合分析的一种技术分析手段。如果说趋势、趋向和成交量以及均线系统，是我们分析判断交易标的的主要技术工具，那么技术指标、市场心理倾向等就是重要的辅助分析手段，二者相辅相成，不可或缺。

综合分析交易标的所处的技术环境，能够避免一叶障目不见泰山，无论对于规避风险还是追求盈利，都是一个有效的分析手段。

1. 趋势与趋向分析

趋势是指在一个相对较长的时期内，价格整体运行于一个相对稳定的方向上。道氏理论将之称为主要趋势。通常，将整体保持上升趋势的市场称为牛市，将整体保持下跌趋势的市场称为熊市。

趋向是指中短期内价格运行的方向，趋向可能和趋势一致，也可能不一致，但趋势是由无数同向或逆向的趋向构成的。趋向的改变并不意味着趋势必然改变，但趋势改变必然由趋向开始。

趋势中包含着不同运行方向的价格趋向，依照时间周期的长短，可以界定为中期趋向和短期趋向。在道氏理论中，中期趋向和短期趋向也称为次级趋势和短期趋势。

区分趋势和趋向，有利于交易者从全局角度考虑和谋划整个交易策略，避免纠结于价格细微的波动之中，错失在大方向上布局的时机。

交易者首先要认清的是行情的长期趋势，长期趋势运行方向明晰之后，则中期趋向和短期趋向就会跃然纸上。

（1）牛市行情。

在长期上涨趋势即牛市行情中，交易者应以持仓和积极做多为主要交易策略。长期上涨趋势，并不意味着市场一直上涨，其运行过程中会有很多次级别较大的回调（即中期趋向或次级下跌趋势）以及不间断的短期回调（短期趋向），用来制造恐慌，以清洗不坚定的持仓者，减轻市场上行的压力。

如图 1-6 中 A 处所示，一轮长期上涨趋势运行期间，会出现多次中期下跌趋向和短期趋向。

（2）熊市行情。

在长期下跌趋势即熊市行情中，交易者应以空仓和分阶段交易为主要交易策略。长期下跌趋势，也并不意味着市场一直下跌，其在运行过程中会有多次级别较大的反弹（即中期趋向或次级上涨趋势），以及不间断的短期反弹（短期趋向），用来诱使资金介入。

如图 1-6 中 B 处所示，一轮长期下跌趋势运行期间，也会出现多次中期上涨趋向和短期趋向。

2. 绘制趋势线

趋势线是指在价格波动中，连接其两个重要的低点或高点，画出一条顺应价格运行方向的直线。

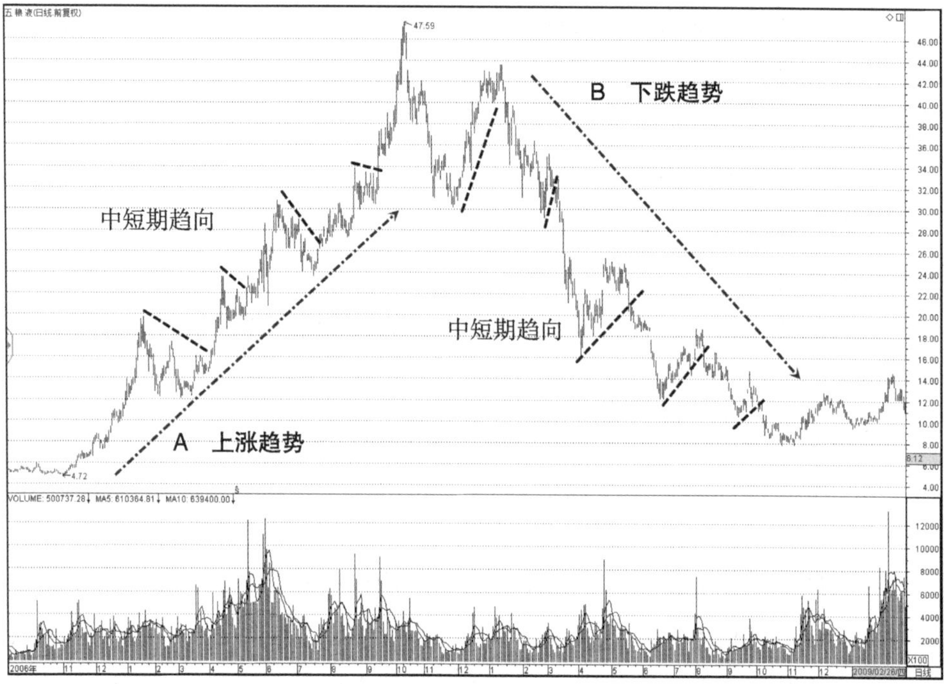

图 1–6

趋势线是分析价格趋势运行及其变化的有效工具之一，正确绘制上升趋势线和下降趋势线，有助于对行情变化和趋势或趋向拐点的出现提前作出预判。

绘制趋势线有三个要求：其一，确定两个重要的低点或高点；其二，这两个点在时间周期上应具有相应的距离；其三，能够正确反映趋势的整体运行情况。

如图 1–7 所示，A 点为该股顶部高点，B 点为第一次中期反弹高点，都属于相对重要的点位，时间间隔上有 3 个月左右，周期较为合适。两点连线后，这条趋势线能够起到反映后期股价整体运行趋势的作用。

3. 周期与历史追溯分析

技术环境分析，首先要求交易者培养自己的追溯分析能力，也就是要具有技术分析的历史观，善于从大局上分辨价格运行趋势和趋向。

单凭最近几根 K 线，很难研判主力资金所处的状况。但若从较长的时间周期进行回溯分析，则不难发现主力资金所处的阶段、状况等。

图 1-7

如图 1-8 所示，该股出现一波翻倍行情，研判该股后市是继续上涨还是就此完结行情，抑或是新一轮行情的开始还是原行情的延续，仅凭图 1-8 中的 K 线、成交量以及均线等，是难以得出一个相对准确的结论的，这时候就需要借助更长的时间周期来做进一步的研判。

图 1-9 是该股一年多的走势图形，从这幅图上可以较为清晰地看到该股相对完整的走势。该股经历过一轮波澜壮阔的大牛行情，之后股价出现大幅急速暴跌，图中 A 处（即为图 1-8 中涨升阶段），很明显是大幅超跌之后的反弹走势。

以暴跌来终结牛市行情并不常见，牛市转熊初期，必然有不少高位持仓者未能获利减仓，这也是股价在 A 处超跌反弹的重要基础。之所以这样说，是因为这些持仓者习惯性的操作方式：低点不敢进，反弹有一定幅度之后才放下心来补仓摊低成本，殊不知此时反弹已接近尾声。

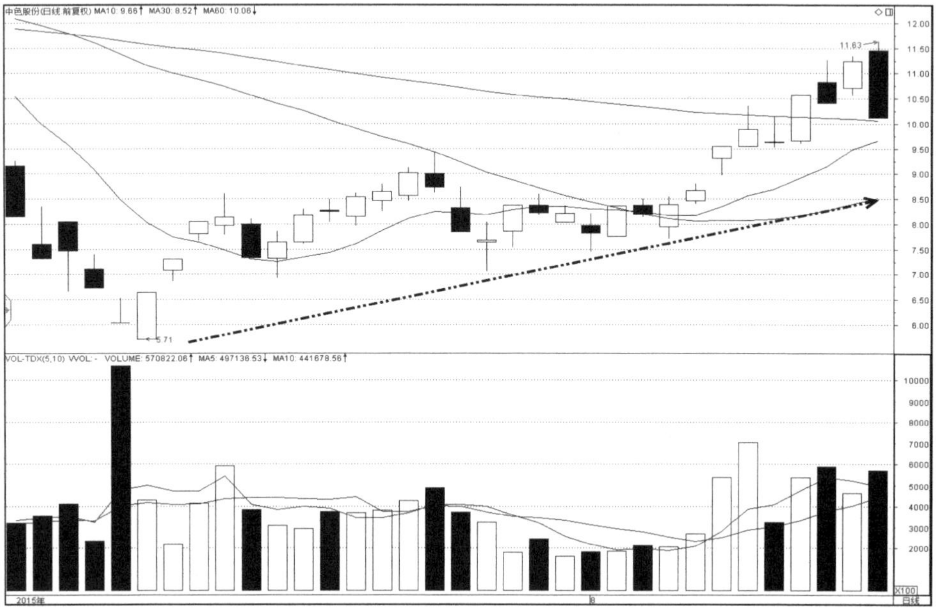

图 1–8

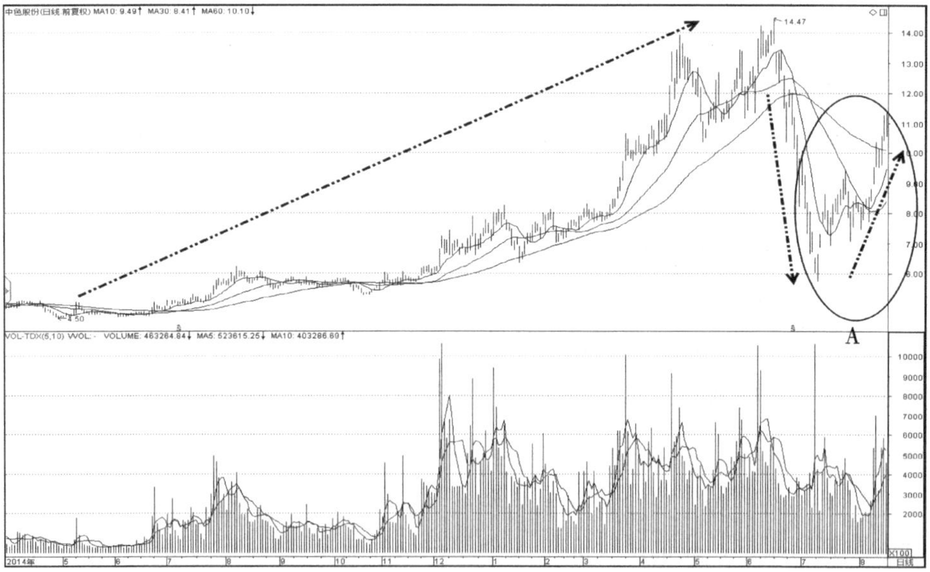

图 1–9

图 1–9 中 A 处之前的暴跌幅度，对于略懂趋势分析的人来说，判断牛市行情终结应该是毫无疑问的。A 处涨升行情出现时，股价超跌反弹的行情

性质也不难界定。唯一让交易者迷惑的是，超跌反弹的幅度居然能够让股价翻倍。

超跌反弹的幅度和以下两点息息相关。

（1）前期下跌周期和速度。

时间短、速度快的下跌所引发的超跌反弹必然强劲（排除基本面问题引发的连续一字线跌停现象，只包括技术面范围内的下跌）。

（2）下跌幅度。

只有达到超跌程度之后，才有可能引发大幅度反弹。（超跌的具体内容见中国宇航出版社出版的《短线追涨与低吸技术》一书。）

4. 价格运行重心

价格运行重心就是价格波动和振荡的中轨线。以股价波动振荡的相对中心位置（或最近高点和低点之间的均价位置）画一条线，即为股价（价格）运行的重心。

如图 1-10 所示，图中标号 1 的虚线，即为上升趋向中形成的价格运行重心。当股价运行至 A 点时，并不能真正回归到原价格运行重心上方，说明遭遇到足以改变原运行轨迹的重压，同时也意味着原运行重心的运行方向可能会发生向下的改变。通常出现这种情况，即使是惯性下行，也会让股价跌上一段时间。

图中标号 2 的虚线，为股价转跌后形成的价格运行重心。价格运行重心并不会沿着一个方向或角度一直持续存在，而是随着股价的波动不断改变角度或方向。我们把价格运行重心的这种改变，称之为变轨。

从价格运行重心的特点来看，其能够及时反映股价在最近一段时间的走势中运行重心持续运行的方向，以及将会出现的变化。

图 1-10 中，当股价向下偏离标号 2 的虚线不能收复和回归时，下跌速度将会加快。当股价逐渐回归到标号 3 的虚线上方，并不再跌破或之后出现向上变轨时，那么股价就此企稳弹升的可能性极大。

价格运行重心的概念很重要，有些时候盘面上其他技术因素尚未发出提示信号时，根据价格和价格运行重心之间的偏离度，也可以提前预估可能出现的走势。

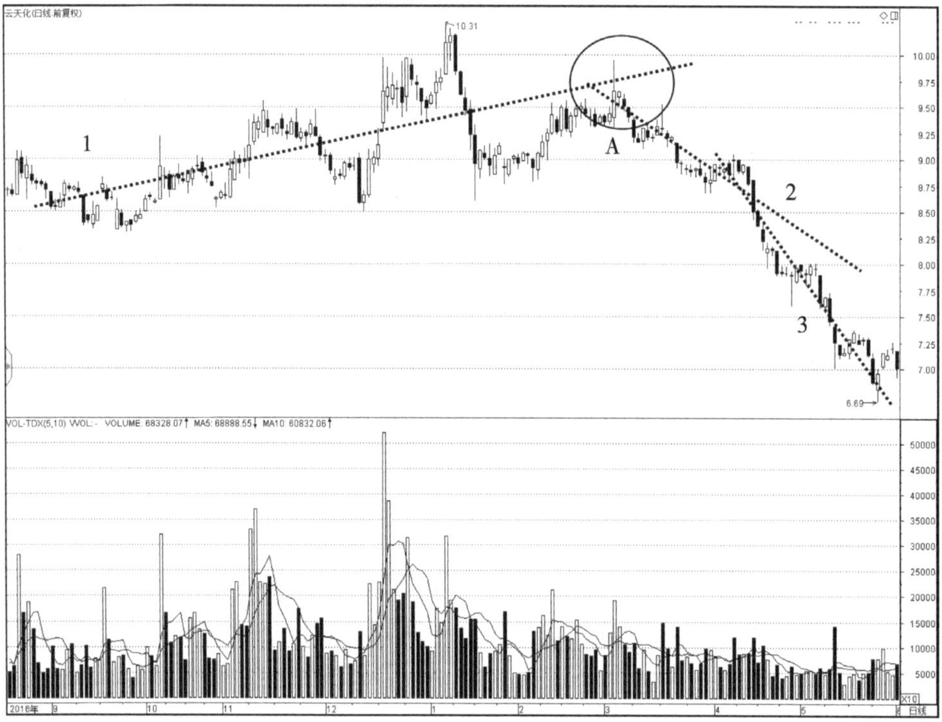

图 1–10

二、成交量理论

成交量是指交易市场的多空（买卖）双方在某个单位时间内对某项交易成交的数量。成交量的计算单位为手或股，1 手等于 100 股。

成交量能够直观地反映出交易的状况：成交量稀疏、低迷，说明参与交易的人或资金屈指可数，价格走势多呈萎靡、盘整的状态。成交量密集、高涨，则说明参与交易的人或资金众多，价格走势必然亢进，大开大合。

成交量分析是技术分析中不可或缺的组成部分。漠视成交量，仅仅专注于其他技术分析方法，很容易脱离实战，坠入“为技术而技术”的死链中，得到的结论很难对实战产生帮助。

同样，单一的成交量分析也难以胜任和负载对于价格趋势或趋向的判断，必然会在实战中出现这样或那样的错判。综合的技术环境分析，才是所有技术分析方式得以发挥和展示不同作用的大前提。

实战中，不但有放量上涨，也会有放量下跌等多种模式与形态。成交量放大与缩小并不能决定价格的涨与跌，只能起到关键性的催化作用。这一点必须有一个明确的认知，也是正确认识和分析成交量的技术基础。

技术分析中观测成交量的变化，主要通过 K 线图、分时图以及量比、换手率、技术指标等不同的方式。在最为常用的 K 线图、分时图上，通常以成交量柱状图来表示成交量及其变化情况。

如图 1-11 所示，上方为 K 线图，下方为代表成交量大小的柱状图，每一根 K 线对应一根成交量柱。

在不同周期的 K 线图中，每一根成交量柱代表了不同时间周期内的成交量。图 1-11 为日线系统，则每一根量柱代表某一日成交的情况。周线、月线、分钟系统上的量柱则分别代表一周、一月和一分钟的成交量。

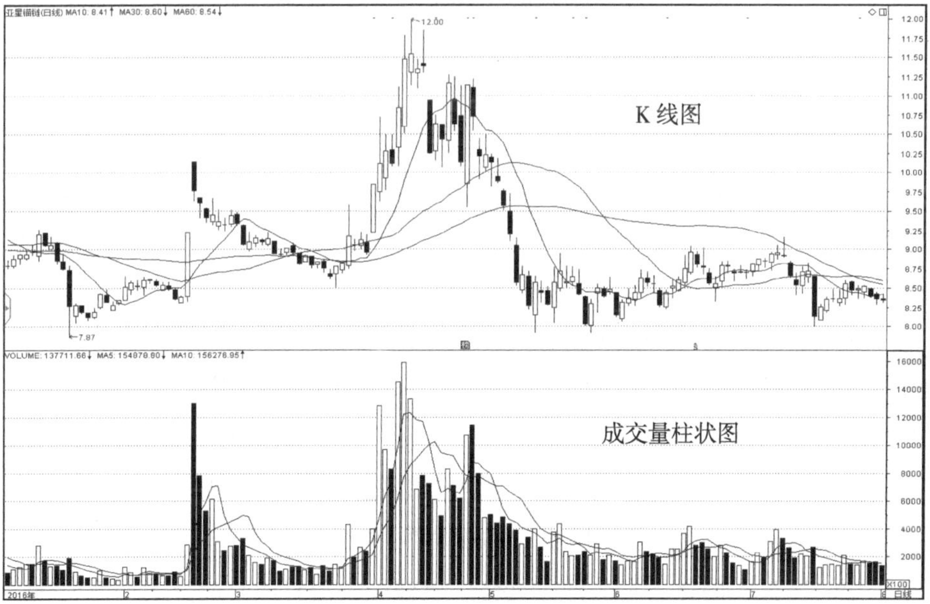

图 1-11

与 K 线图类似，分时图上同样以成交量柱状线的形式来显示成交量的变化情况，不过分时图中的成交量柱相对较细，更像一条线，所以通常也称为成交量柱线。

如图 1–12 所示，上方为分时图中的现价线、均价线、昨日收盘线，下方则为成交量柱线图。每一条长短不一的柱线代表每一分钟的累积成交之和。柱线越长，表明在这一分钟里的总成交量越大。

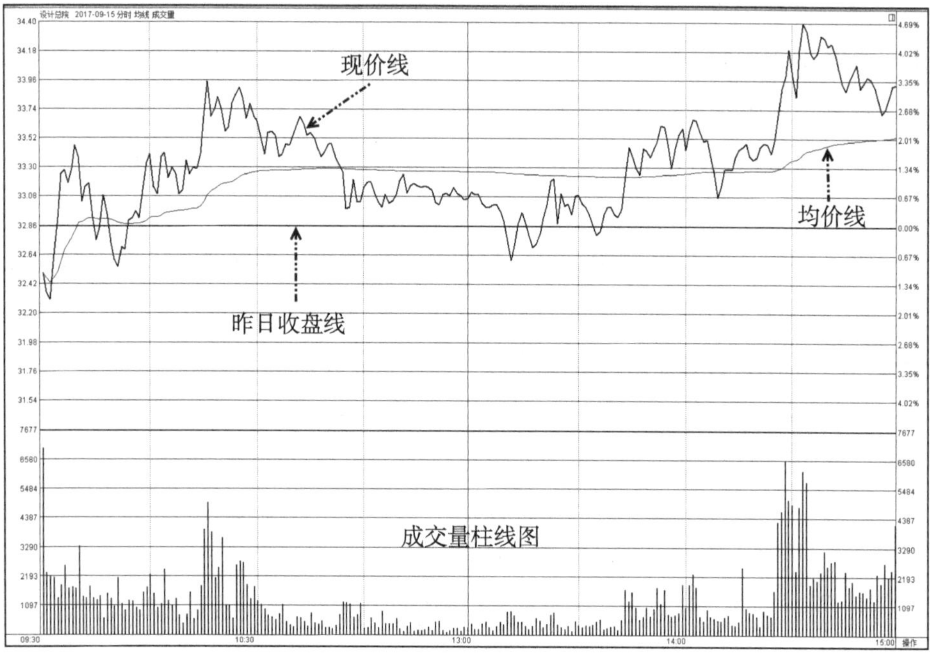

图 1–12

无论是 K 线图还是分时图，都有各自的缺点和优点。K 线图中成交量柱的优点是可以简单明了地看到一段时间内成交量的高低变化，缺点是与 K 线的阳线或阴线相匹配的量柱，虽然也会呈现“阳量或阴量”，但是阳量并不完全等于大部分是买入量，阴量也不完全等于大部分是卖出量，其中的变化绝不是像图示中的“阳量或阴量”那样简明易辨。

分时图显示的是当日的即时走势，量柱线会随着即时成交数据而变化。其优点是能够及时观测到交易中成交大单的出现和其密集程度，缺点和 K 线图中的成交量柱很近似，即并不能完全确认成交大单的真实指向。

实战中，无论是 K 线图还是分时图，最基本的成交量观测点，就是量价契合形态以及后市发展在逻辑上是否具有合理性。

对于成交量形态的分析，分类如下。

1. 常量

常量是指某一时间段成交量都接近近段时间以来的成交量平均值。常量并不完全等同于地量，对此要有明确的认识。

常量并非静态的，而是动态的。随着行情的不断发展，某一时期的聚量、变量等形态会逐渐转化为新的常量，所以常量的值并不恒定，而是处于不断变化之中。

当某一时期的成交量处于极度低迷期，超过或接近历史最小值，那么这个时期的成交量既是地量，也是常量，如图 1–13 中的 A 处。随着行情的发展，价格转升，成交量增加，当量能达到较高数值后，不再增加也未持续缩减时，这个时期的成交量也称之为常量。

当价格下跌、成交量缩减后稳定在一定的水平上，而此时成交量仍远大于地量，这个时期的成交量也称为常量。

如图 1–13 所示，A 点成交量值达到历史地量的标准，这个时间段内的低成交量平均值，也称为常量。随后股价出现一波快速上涨，成交量也随之激增。至 B 处时，成交量再次稳定下来，不再持续增加和减少，这个时间段的成交量，则是新的常量。

通过图 1–13 中成交量柱状图可见，B 点新常量的值大于 A 点常量的值，这种现象也称作常量升级。

不仅常量这种成交量形态存在升级现象，后面讲到的聚量、变量等也存在升级的现象，其实这也是行情持续往更高阶段发展的一种必然现象。

常量是一种相对稳定的成交量形态，这种形态下，价格多数时候会在某一方向上平稳持续运行，但是常量形态并不意味着价格必然就会波澜不兴。

对于常量形态下出现的价格波动，称为常量攻击和常量过顶。

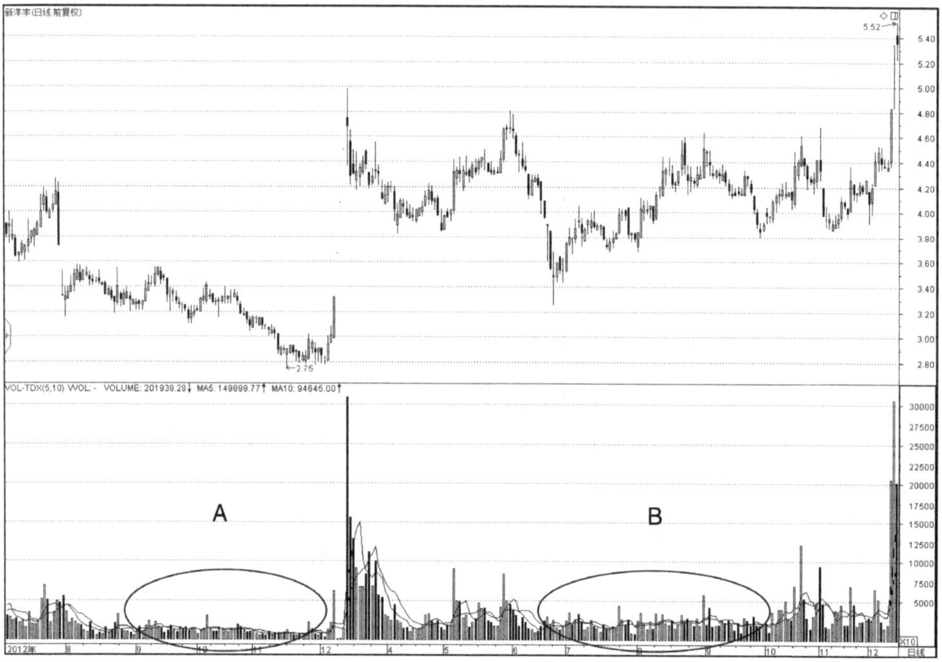

图 1–13

常量攻击，是指常量形态下价格出现的上涨（向上攻击）或下跌（向下攻击），这种攻击只是在原有趋向或趋势内的波动，很难对趋势方向做出改变。例外的是控盘庄股，这类个股处于常量是主力的高控盘使然。

常量攻击极其常见，在个股构筑价格顶底形态过程中，具有背离分析的作用，但大多数独立的常量攻击并不具有太大的分析价值。多数常量攻击会在形成压制或支撑的均线、价格关口上结束。

常量形态下出现对于价格关口的突破，即为常量过顶。除了控盘庄股，常量过顶在其他个股中也会出现，但在实战中需要注意分析个股的技术环境。比如，适用常量过顶的个股最好是上涨趋势明确的，而不是处于盘整状态中的个股。

很多盘整状态中的个股，有时也会出现常量过顶形态，但在确认过程中会出现失败走势。个中原因在于，在趋势或趋向不明确的个股中出现常量过顶形态，可能只是价格波动的产物，或主力资金的诱多行为。

当然，鉴别常量过顶的真实性，成交量和主力行为分析结合最为理想。

2. 变量

变量，顾名思义，是指成交量出现重大变化，或是可能引发价格出现重大变化的量能形态。

变量是成交量的一种突变形式，既指成交量激增，也包括成交量骤减。实战中比较常见的类型，多为成交量突然增大。如图 1–14 所示，A 点处成交量突然激增，与之前的常量形态形成天壤之别。变量的具体数值越是巨大，其引发价格骤变的可能性越高。

变量预示着多空双方的力量对比关系处于高度不稳定的状态中，价格可能因此出现较大的变化。变量必然不会长时间存在，否则变量也就不是变量，而是新常量或其他形态。变量，究其根本是一种量能对于价格的催化形态。

一个变量形态，存在着成交量激增后又迅速减少的过程，图示上的量柱显示极为突兀（如图 1–14 所示）。变量成交骤减后的值，和激增之前的成交量值相仿。

如果出现变量之后，在随后的行情中成交量并未发生明显骤减，或虽有减少但仍旧明显大于变量出现之前的成交量值，那么这个变量将有可能会演化成为新常量或进一步形成聚量。

变量的出现，意味着必然存在大资金的运作，且不论资金攻击的真实程度（可能存在对倒），仅就变量形态本身而言，是对之前量价运行节奏的改变。这种改变既有可能是趋向性的，也有可能是趋势性的。换言之，变量发生之后，个股可能就此出现趋势拐点，但也可能仅仅是原有趋势中的一个次级波动。

鉴别这种改变的性质非常关键，因为其中涉及交易者将如何制定交易策略。

比如，某股出现变量后，如果确认变量将会引发价格趋势由跌转升，那么交易者必然会因此制定买入或加仓计划。如果确认变量仅仅是跌势过程中的一次强烈反弹，那么交易者就可以借势抛空仓位或选择时机融券做空。

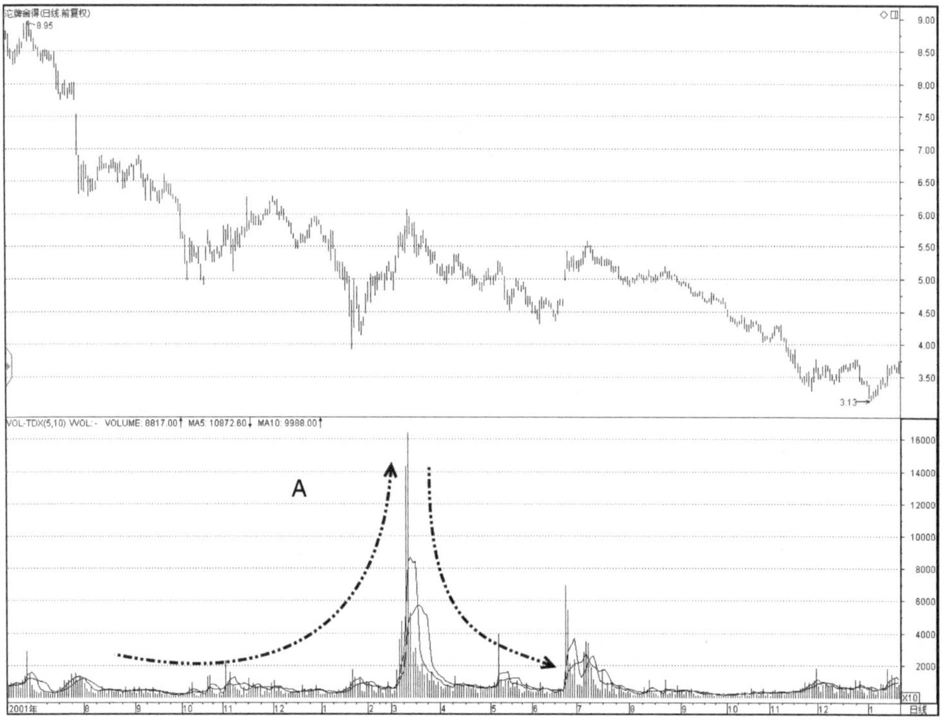

图 1–14

通过变量本身是否存在形态转化的特点，再结合技术环境分析，可以确认变量的性质。如图 1–14 所示，A 点的变量出现在下跌趋势中，成交量激增后骤减，显示这是一个单独变量，并不存在趋势转化。

实战中，大多数变量不会对趋势带来改变，能够起到的作用是延缓或迟滞趋势的运行节奏。换句话说，即在跌势中形成一次强力反弹，在涨势中形成一波回调，随后仍旧会回归原有趋势。

3. 聚量

聚量是指成交量由小到大逐渐增加和集聚的形态。聚量是动态概念，随着行情的发展会转化为常量或变量，也会随着价格的连续飙升或急跌，出现更大级别的聚量。

如图 1–15 所示，A 处的虚线就是成交量整体由低到高不断增加和集聚的过程，这个过程称为聚量形态。

聚量是价格最容易发起攻击的一种量能形态，所以也将价格和相应的量能统称为聚量攻击。

聚量形态并非在所有个股或阶段都会出现，比如，控盘庄股运行中，某些涨升阶段仅具有常量的形态。同时聚量形态也在常量、变量等不同量能形态间转化，并不是始终保持“增加和集聚”的形式不变。

如图 1-15 中，聚量不断增加集聚的过程中，多次出现变量，但在价格回调、量能缩减后，整体成交依然呈增加集聚之势，这就说明聚量形态并未结束，而是处于不断升级之中。当某一时点出现变量或其他形式后，成交不再增加和集聚，而是呈消减的态势，则意味着聚量形态的结束。

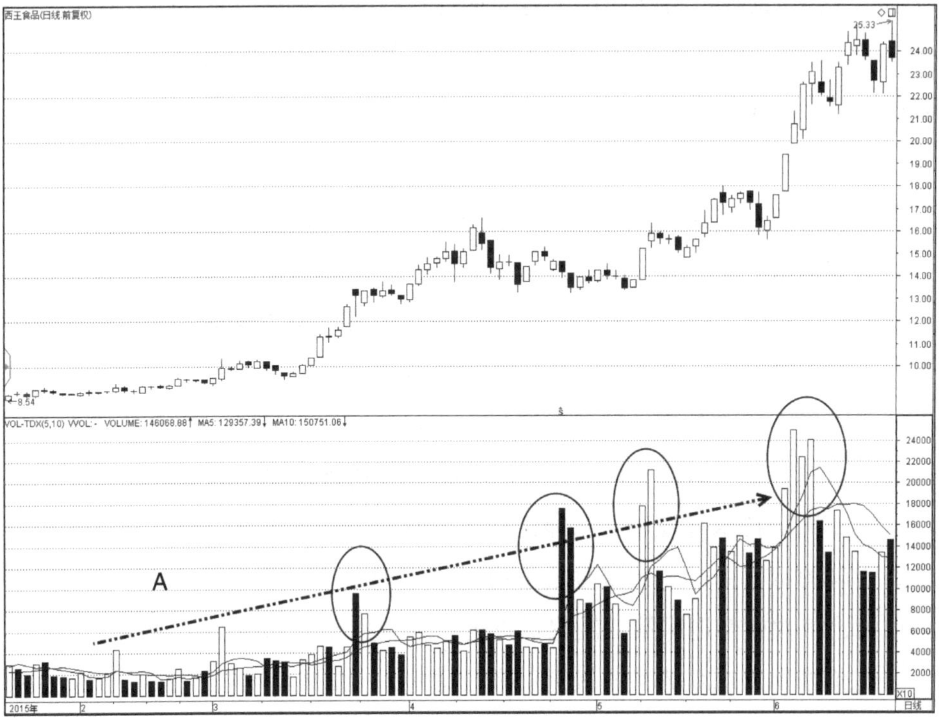

图 1-15

聚量形态是价格发起攻击的基本形态，符合成交量对不断上涨的价格进行确认的原则，意指价格的上涨得到资金源源不断的认可和参与。

一个从常量阶段初步形成的聚量形态，所能引发的聚量攻击必然是有限的，在接下来出现变量或新常量之后，能否继续形成更大级别的聚量形态，将预示着该股是否具有广阔的上涨空间。

在进行细节分析时，还需要注意不同时间周期系统上的聚量攻击。因攻击层次的不同，攻击级别也会有较大的变化，价格能够达到的高度相应地也会有极大的差异。

聚量形态还包括股价下跌过程中形成的“阴聚量”，即随着股价的连续下跌，成交量呈逐渐聚集增大的形态。这种由阴量柱组成的聚量，称为阴聚量。

阴聚量的出现，说明在股价下跌过程中，恐慌情绪正在不断蔓延，抛单逐渐密集；当某日 K 线实体明显缩小，而阴聚量仍在聚集增加，则股价不同级别的反弹可能已经近在咫尺，这为捕捉短线强反弹发出了入场信号。

阴聚量在有些技术环境中可以让我们区分哪些恐慌盘的抛单，哪些是主力的打压单，具体分析详见中国宇航出版社出版的《成交量核心技术》一书。

4. 量能消散

量能消散是指成交量由高到低逐渐缩减的一种量能形态。

量能消散经常在聚量攻击或变量之后出现，也就是一波价量高涨之后的回落调整过程中。作为一种调整性质的量能形态，出现量能消散，说明涨势至少暂告一段落，行情正处于回落调整之中。

世上没有不散的宴席，股票市场上也没有永远高涨的成交量。成交量聚与散的过程，显示的是资金从热情高涨的买入到意兴阑珊退出的过程。

在不同的技术环境中，量能消散形态存在的时间并不一致。在上涨趋势较为明确的行情中，一波聚量攻击或变量出现之后，随之而来的量能消散不会很长，很快就会迎来第二波聚量攻击或变量急拉，如图 1-16 所示。

在价格拐点或跌势的各级别反弹行情中，一波聚量攻击或变量出现之后，接下来的量能消散会较为漫长，即使中途出现价格强反弹，也多伴以变量形态，之后量能仍会继续处于消散状态中。

如图 1-17 所示，A 点处聚量攻击中出现变量，随后在 B 点处股价大跌，成交量呈量能消散形态。B 点处量能消散形态中出现的变量，是由股价的急

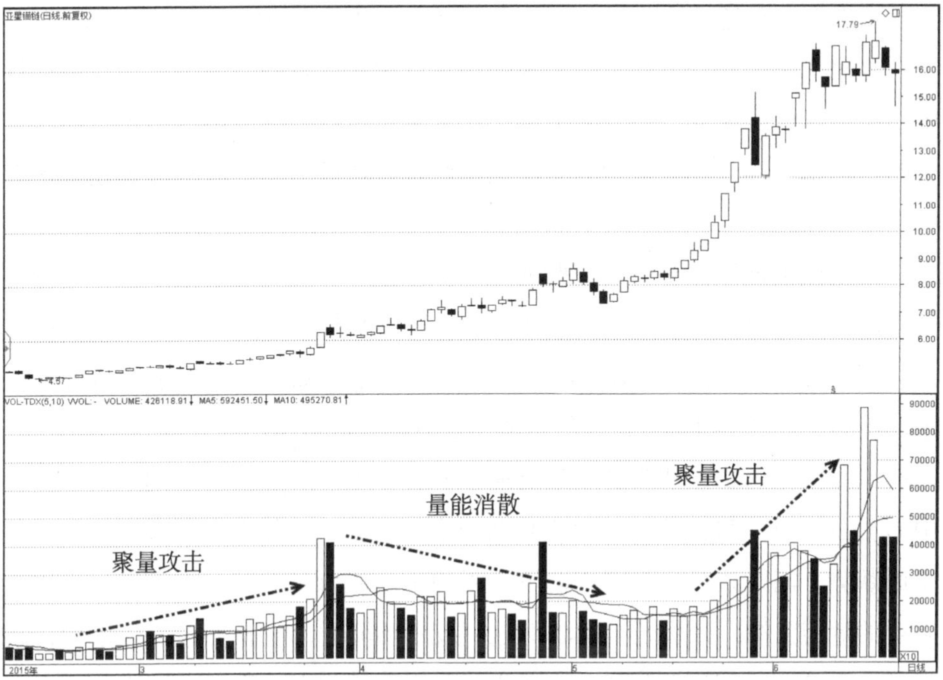
亚星锚链(日线,前复权)
17.79
4.57
VOL-TDX(5,10) VVOL:- VOLUME: 428118.91↓ MA5: 592451.50↓ MA10: 495270.81↑
聚量攻击
量能消散
聚量攻击
2015年
日线

图 1-16

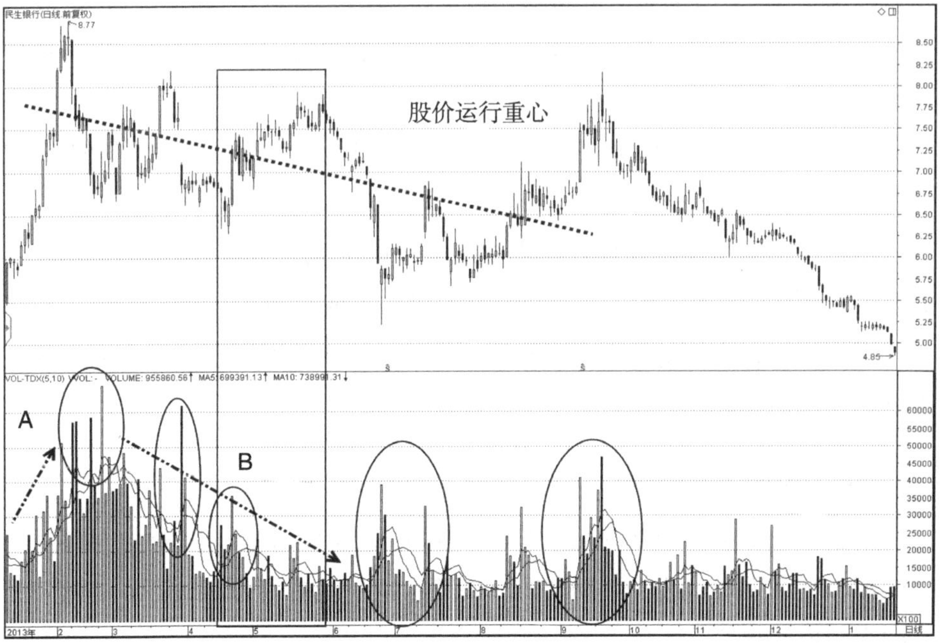
民生银行(日线,前复权)
8.77
股价运行重心
4.85
VOL-TDX(5,10) VVOL:- VOLUME: 955860.56↑ MA5: 699391.13↑ MA10: 738998.31↓
A
B
2013年
日线

图 1-17

速反弹带来，在随后的跌势中，又多次出现这种具有短期属性的变量强弹。

当聚量攻击或变量结束后，成交呈量能消散的形态。在之后的行情运行中，如果仅仅出现变量形态的上涨，而聚量攻击形态难以再次出现，那么价格的趋势性上涨已经结束，成交量也将由量能消散形态逐步过渡到较低水平的常量形态。

在量能消散形态和价格涨跌的对应关系上，多数量能消散形态下，价格处于回落调整的状态中，当然也存在量能消散形态下价格上涨或横向振荡。

图 1–16 中的量能消散阶段，股价处于稳定上涨中，这和个股所处的技术环境有关。图 1–17 中 B 点的量能消散阶段，股价也出现了涨升。

两张图中的量能消散阶段都出现了上涨，却有着性质上的不同。图 1–17 中 B 点的涨升，可以看到是由变量所引发的强弹，整体升幅并不大且不久就重回跌势。同时该股运行重心向下，强弹下的股价虽然穿越重心线，但缺乏必要的量能支撑，最终还是无功而返。技术环境上，该股于 A 点形成价格拐点，之后 B 点的多次变量强弹，可以视为对价格拐点的确认或反抽。

在图 1–16 中的量能消散阶段，即使不画出股价运行重心虚线，也可以轻易看出其运行轨迹。技术环境上该股处于价格低位，这个阶段股价缩量涨升，可以视为各方惜售的结果。

量能消散形态下，价格如图 1–16 中的稳定上涨很少见，更多的是图 1–17 中变量强弹的形式。

当然，如果是技术环境处于下跌趋势中的个股，出现类似图 1–16 所示的上涨，那么技术意义则可能完全不同，极有可能只是一个弱势反弹。

限于篇幅，成交量的内容只是简要介绍，有兴趣的朋友可以参阅《成交量核心技术》一书。

三、盘口与分时图

交易软件上不停闪烁的盘口数据和蜿蜒的分时图曲线，并不像表面上看到的那么平淡无奇，这些数据和曲线能够在细节分析中为交易者提供极为重要的交易依据和参考。

狭义上的盘口，主要包括能够反映当天大盘或个股状况的数据和分时走势，例如委比、委差、买卖盘挂单、开盘价、涨跌幅、最低价、最高价、量比、内外盘、总成交量、换手率、现价以及基本面信息摘要等。

广义上的盘口，在上述内容的基础上，还包括K线图等。通常所说的看盘，多指广义上的盘口。

1. 集合竞价

集合竞价是指在规定时间内接受买卖申报一次性集中撮合的竞价方式。集合竞价期间未成交的买卖申报，自动进入连续竞价。证券竞价交易按价格优先、时间优先的原则撮合成交。

（1）每个交易日的9:15—9:25是集合竞价时间。

（2）每个交易日的9:15—9:20，可以挂单也可以撤单。

（3）每个交易日的9:20—9:25，只接收申报，不能撤销申报。想撤单必须在9:20之前完成，否则只能等开盘之后了。

（4）集合竞价是以价格优先，然后才是时间优先原则撮合交易。如果力求集合竞价阶段成交，那么最好在接近9:25时，申报一个比即时报价有价格优先权的价位，以确保成交。

2. 开盘

集合竞价过后的9点25分，大多数个股的开盘价就已经出现。开盘分为高开、低开、平开。

开盘价比昨日收盘价高，即为高开；比昨日收盘价低，即为低开；和昨日收盘价一样，即为平开。

高开可以分为事件驱动型高开、主力驱动型高开、市场随机型高开。

低开可以分为事件驱动型低开、主力驱动型低开、市场随机型低开。

3. 收盘与尾盘

（1）收盘规则。

沪深两市的收盘规则，现在都改为集合竞价交易，这一点和开盘竞价一样。即每个交易日的14点57分至15点的这最后3分钟，是集合竞价时间。

集合竞价不能产生收盘价的，以当日该证券最后一笔交易前 1 分钟所有交易的成交量加权平均价（含最后一笔交易）为收盘价。当日无成交的，以前日收盘价为当日收盘价。

（2）尾盘异动的几种表现。

所谓尾盘，通常是指每个交易日进入到 14 点 30 分以后时间段的交易。在尾盘这个时间段里，大盘以及大部分个股已基本确定当天的大体走势，交易似乎已进入“垃圾时间”，而某些有所图谋的个股主力，往往会在这个时间段启动“秒杀眼球”的行动。

①尾盘急拉。

尾盘急拉，可以肯定是主力驱动型或消息驱动型的结果，但是尾盘急拉所带有的技术含义却不尽相同。尾盘急拉并不必然意味着下一个交易日就会上涨。

②尾盘急跌。

个股全天运行都很平稳，临近尾盘突然出现急速下跌。如果加入技术环境分析，则会因个股处于不同的技术环境，得出不同的急跌含义。

比如，长期或大幅下跌低位或上涨趋势正常运行期间，这种尾盘下跌大多是以制造恐慌情绪、引发抛售为目的。

在长期或大幅上涨的后期，行情振荡频繁，但整体趋势尚未明显出现转折，个股主力往往借助尾盘暴跌减仓。

③尾盘折返。

尾盘折返是指个股在尾盘突然出人意料地急升或急跌，势头很迅猛，但随后又迅速回落或回升，甚至可能仍旧回到启动的位置。

尾盘折返在一些个股上可能是主力的试盘动作，还有可能为减仓或利益输送行为。出现尾盘折返，至少能够说明该股有主力正在运作。

4. 挂单

买卖盘挂单，是主力资金运作股价的重要方式之一。

通过交易软件可以看到盘口买卖盘，大多是买单 5 档，卖单 5 档，一些软件还提供 10 档买卖盘挂单信息。

无论是 5 档还是 10 档买卖盘挂单，其实分析起来效果并无太大区别，太多档的挂单信息，有时反而会给人带来干扰。实战中，前三档买卖挂单信息往往是观测的重点。

5. 综合排名

综合排名是指点击 81 或 83 数字键，就可以在软件上看到沪市或深市的综合排名情况。点击 80，则可以看到沪深两市合计的综合排名。综合排名的内容非常丰富，对于习惯短线交易的人来说，是不可错过的分析市场和强势个股的窗口。

下面将综合排名各栏的分析重点进行说明。

（1）今日涨幅、跌幅排名。

综合排名中的今日涨幅、跌幅排名，是当日即时交易中涨幅最大的个股和跌幅最大的个股排名情况。分析今日涨幅、跌幅排名，能够让我们较直观地了解当日市场的某一交易时段个股的强弱分布情况。

例如，今日涨幅排名中涨停板个股的数量是否超过跌停板个股的数量，也就是说，当日表现最好的股票是否比表现最差的股票多。涨停板多说明市场处于强势，涨停板家数如果随着交易时间的推移仍在不断增加，则市场趋势呈现单边上扬的局面无疑。如果随着交易时间的推移，涨停板家数逐渐减少，或者跌停板家数在增加，则说明市场走势正在发生逆转。如果当日跌停板个股多，涨停板个股少，则市场必然处于弱势之中。

今日涨幅、跌幅排名，能够让交易者在极短的时间内了解到强弱个股的分布，及时对交易策略做出调整。

（2）5 分钟涨速、跌速排名。

5 分钟涨速、跌速排名，是指市场上 5 分钟内涨速或跌速最快的个股排名。5 分钟涨速、跌速排名也可以在软件中进行设置，可将其改为 1 分钟或 3 分钟等。

对于短线交易者来说，5 分钟涨速、跌速排名是一件利器，运用这个排名，可以在极短的时间内发现市场上活跃的股票或出现异动的股票。利用5分钟涨速、跌速排名，还可以第一时间发现热点板块的异动。比如，数只同一板块的个股同时或先后出现在排名中，则说明该板块正受到资金青睐，或遭到资金打压。

一些长时间走势低迷的个股，偶尔出现在5分钟涨速排名中并不足以为奇，若是连续几个交易日中都在排名中出现，则可能正被资金关照，交易者可积极追踪观察。

一些热门大涨后的个股，连续多日闪现在5分钟跌速排名中，虽然当日其整体跌幅并不大，但应警惕主力资金可能正在寻求减仓。

6. 涨幅排名（龙虎榜）

涨幅排名是指当日沪深市场中所有股票的涨跌幅排名。在大多数软件中，交易者按下61或63数字键，就可以看到沪深两市的涨跌幅排名，或者按下60数字键，可以看到沪深两市合计的涨跌幅排名。这个排名能够较直观地反映当日整体行情的强弱度，以及某些板块的异动表现。

涨幅排名和综合排名的今日涨幅、跌幅排名有重复之处，但更为全面、完整，能够看到市场上所有个股的情况。

实战中可从以下几个方面来分析涨幅排名。

（1）查看涨幅排名靠前的个股是否具有热点板块特征，如存在明显的热点板块特征，应及时评估其对行情的影响，并关注其中的领涨个股。在行情运行到一些特殊时期时，热点板块的涨跌对于整体行情趋势有着极大的影响。

交易者需要注意一点，热点板块并不等于热门板块，热点板块在尚未被市场充分认可之前，其对市场行情的影响力很有限。当热点板块被市场认可，就会成为热门板块，其对行情的影响力才会发挥出来。

（2）分析涨幅排名靠前的是大盘股还是小盘股，以确定当日行情的性质。市场存在“二八”跷跷板的运行特点：当大盘权重股启动时，小盘个股往往偃旗息鼓；当大盘权重股下跌时，却又存在变数，有的时候小盘股转而开始活跃，有的时候市场整体一起下跌。区别大盘股和小盘股比较简单，看其总股本或流通股本就可以了。

（3）强势股数量分析。早盘看涨幅榜排在第一版的股票涨幅能达到多少，如果涨幅不超过4%，说明市场走势相对疲弱，资金活跃度不足，不太适宜短线追击。

（4）分析涨幅榜涨跌停板股票家数，预测大盘当天走势的强弱度，确定当天是否适合进行追涨交易。尤其是在行情处于极端运行阶段，这种分析方法能够及时发现行情转折的迹象。

比如，某日涨停板家数为20，而跌停板家数为0，下跌幅度超过−7%的寥寥无几，那么当时大盘行情即便处于跌势中，也很难出现暴跌，反而是转跌为升的概率相当大。

7. 分时图

分时图坐标可以选择普通坐标、10%坐标、满占坐标等，通常使用默认的普通坐标，交易者也可以根据自己的看盘习惯和喜好来选择。

分时图上的横线代表价格和相应的涨跌百分比，竖线代表交易时间，通常每一条竖线的间隔为30分钟。

从整体上来说，分时图可分为以下三个部分。

（1）即时走势。

即时走势由三条线构成，即昨日收盘线、均价线、分时价位线，其中分时价位线也称为分时线、股价线或现价线。

昨日收盘线是指以前一交易日的收盘价所画的横线，若现价线低于这条线，表示股价在下跌；高于这条线，则表示股价在上涨。

均价线是指由每分钟的平均成交价格相连所构成的曲线。

每分钟的成交均价 = 每分钟的累计成交金额 ÷ 每分钟的累计成交量

均价线在个股分时图上一般用黄色来显示。

现价线是指由每分钟最后一笔成交价格相连所构成的曲线，在个股分时图上一般用白色来显示。

（2）成交量柱线图。

即时走势的下方是成交量柱线图，能够显示盘中即时成交的情况。

（3）技术指标图。

分时图左下侧边框可选择不同的技术指标来辅助分析，包括量比、成交量、资金博弈、资金驱动力和竞价图等。对于技术指标图，交易者可选择使用或隐藏，毕竟过度关注指标变化，反而容易忽视价格的真实波动。通常来说，技术指标图在验证判断结论或检测技术共振时使用。

必须说明一点，分时图有其优越处，也有其缺憾处。某一日分时走势的强势，并不能代表这种强势就必然具有持续性，尤其是在行情整体处于振荡阶段，或与个股强势相逆反的方向上时。

应用分时图时，要明确分时图仅是技术分析的一个点，并不能全面替代技术分析的所有方面，毕竟综合研判才是保证结论正确的有效方式。实战中应用分时图，主要是从形态和量价匹配的角度展开。

分时图的细节分析内容如下。

（1）双线顺势。

当现价线持续在昨日收盘线、均价线上方运行，成交量保持稳定或温和增大时，表明市场预期较好，多方信心不断增加，早前介入的大部分交易者都有盈利。

昨日收盘线虽然是静态的一条横线，但是当现价线和均价线在其上方或下方运行时，这条线是否能够体现出一定的支撑或压制作用，对于分析盘间价格运行趋向具有重要的参考作用。

下跌过程中的情况也类似，当现价线持续在收盘线、均价线下方运行时，表明市场预期较差，资金正陆续流出，早前介入的大部分交易者都有亏损。

（2）乖离与折返。

①涨势中。

当现价线大角度急速上涨，与均价线瞬间拉开较大距离，而后均价线并不能迅速向现价线靠拢，二者之间保持较大的乖离时，则现价线极有可能会出现折返走势。

如图 1–18 所示，A 点处现价线大角度急速上涨，一度封住涨停板，这时的均价线仅在 3% 的幅度上，二者相距 7% 左右，而且均价线呈横向移动的态势。之后现价线向下折返并一度跌破均价线。午盘现价线和均价线已经失去了双线顺势，显示走势可能进入盘整态势中。

现价线和均价线之间过大的乖离，显示资金高位持续追涨的意愿不断降低，市场普遍存在畏高怕套的心理倾向。图 1–18 中 A 点之后，现价线盘落，成交量也一路萎靡，正是这种心理倾向不断放大的结果。

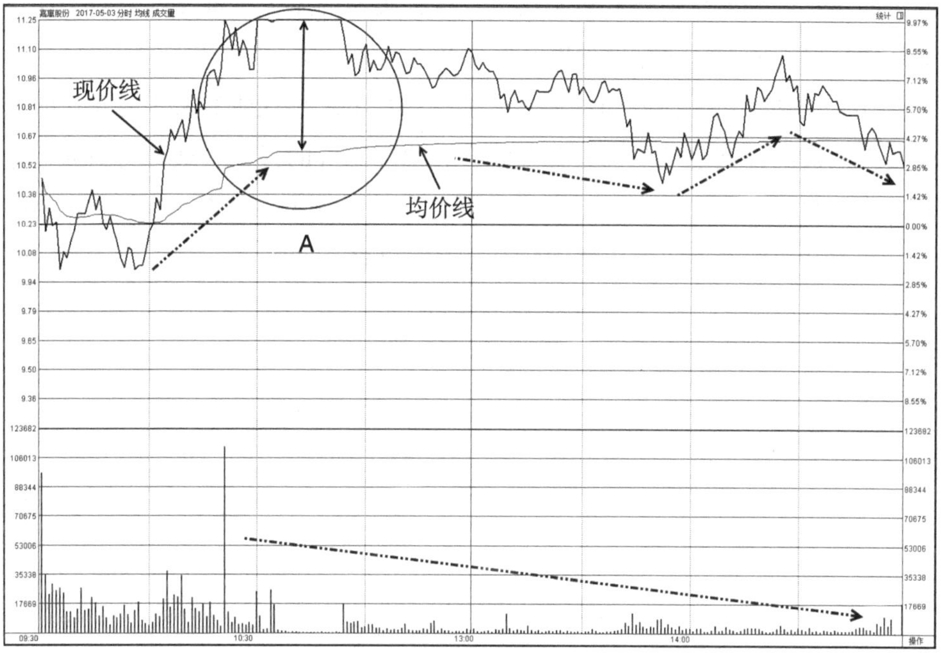

图 1–18

现价线上涨，均价线紧密跟随，二者乖离保持在正常的范围内，则股价后市继续强势运行的可能性较大。

②跌势中。

当现价线持续下跌，均价线在其上方跟随下行时，说明有资金意欲兑现离场，价格仍将继续下跌。

如图 1–19 所示，在整个下跌过程中，现价线每一次小弹升都受到下行的均价线压制，随后两条线依旧保持顺势而下的格局继续下跌。在这种情况下，成交量或大或小大多并不具有重要的分析价值。但尾盘时的成交量变化应给予足够的重视，图 1–19 中，尾盘现价线持续下跌，成交量明显放大。

尾盘量能放大的情况，应区分技术环境而定。例如，价格在高位启动下跌时，当日尾盘多会放量，这种放量既有当日高点卖出、尾盘 T 回的资金，也有盲目抢尾盘赌次日反弹的资金。因为下跌刚开启，很多市场资金仍存有看涨的惯性心理，也促使其抢买尾盘。这种类型的尾盘放量并不值得关注，即使次日出现反弹，多数也难以具有持续性。

还有就是经过一段时间跌势后，某日尾盘下跌出现明显大于前几日的量能放大的情况，则之后的交易日多数会有幅度不等的弹升。这种类型的尾盘放量值得关注，意味着有资金进场或原主导资金回补，即使只是一个短期行为，其弹升的幅度也比上述那种情况要理想得多。

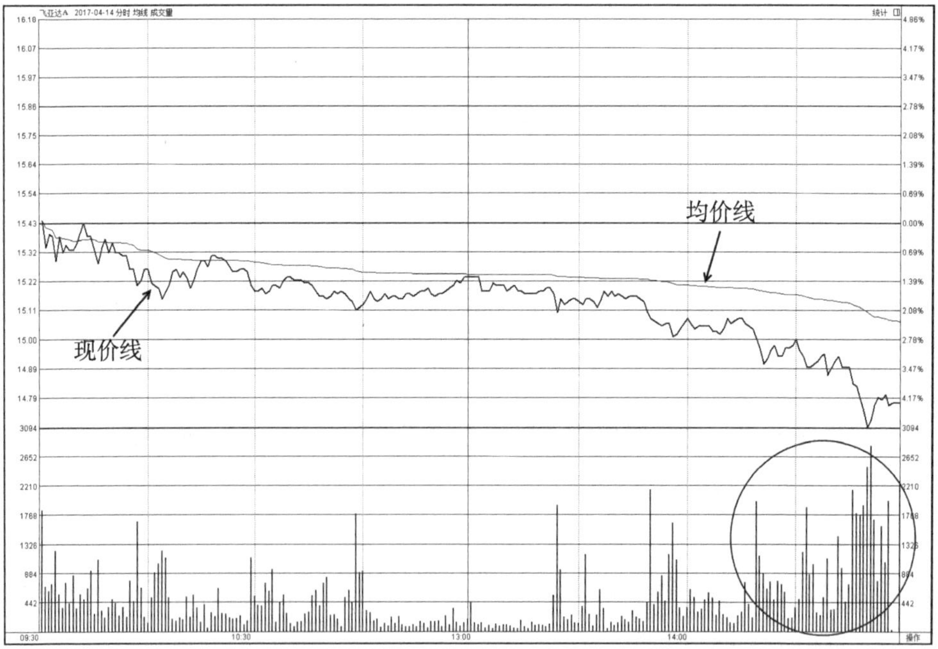

图 1–19

当现价线突然大角度急速下跌，而均价线并不迅速跟进并呈走平的态势，二者乖离较大时，价格可能发生幅度不等的反弹。

现价线和均价线之间的乖离，其实是源于二者之间不同的计算方法。均价线可以将其看作当日参与者的平均成本，当现价线突然远离平均成本，带给市场的是恐慌。

大多数时候，这种恐慌能够为主导资金掌控，因此也成为其常用的一种做盘手法，但在某些情况下，恐慌情绪大面积蔓延，并不是主导资金所能把握的，这时就会出现群体性大跌。

现价线和均价线之间的乖离过大，几乎都会出现反弹，但重点在于反弹的幅度和持续性。

（3）横向振荡。

现价线横向振荡在均价线、昨日收盘线上下，如遇大盘下跌但现价线与均价线仍旧维持这种波动，并未出现明显向下倾斜的迹象，则在量能放大之际，发力上涨的可能性较大。

目标个股这种方式的横向振荡，其波动幅度越小越好，但前提是目标个股并不是长期冷门股或成交清淡的权重股，最好是有主导资金介入操作，目前处于回落调整期的个股。出现这种横向波动，极有可能成为转跌为涨的短线拐点。

实战中，如果大盘或个股普跌，而目标个股经过多日下跌后，当日保持这种横向振荡，则后市看涨的概率更高。

现价线、均价线的横向波动不可远离昨日收盘线，否则的话后市变化较多，难以判断。

（4）缺口攻击。

当日价格大幅高开或低开后，都会在分时图上显现出一个无交易的空白空间，这个空白空间就是缺口。

幅度较小的缺口，在分时图上多数会被价格的波动回补掉。而幅度较大的缺口回补与否，能够显示出盘中资金的趋向性选择。当然，这种选择可能仅仅是短期的，甚至并不具有指导交易的意义，却可以让我们从中捕捉到主导资金行为的蛛丝马迹。

实战中，缺口回补后价格突破昨日收盘线压制向上涨升，是价格进入短期强势的标志，但需要注意的是这种短期强势的持续性如何。

价格从弱势转为强势并不难，主导资金通过对倒完全可以制造出一副价格短期强势的假象，但想让价格真正强势或者说维持强势，则需要各方资金形成一定程度的默契。

分时图的形态分析内容如下。

（1）振荡盘升（跌）。

振荡盘升（跌）形态是最常见的分时走势，是指现价线和均价线双线顺势，一路振荡上涨或下跌。

（2）盘中横盘。

盘中出现横盘较为复杂难判，例如很多个股会在早盘急升之后转入横盘振荡，直至横盘报收或盘中再度拉高抑或是转入回落。

个股早盘急升，如果成交量出现异常放大的情况，则要小心主力的减仓动作。横盘阶段成交量会逐渐萎缩，当现价线再次出现拉高，成交放量却不能超过早盘时，交易者需注意可能是主力虚晃一枪的假拉升。

如图 1–20 所示，开盘后 A 点价格出现急速上涨，但之后不久就呈横向波动的走势，至 B 点现价线再次放量上冲，午盘现价线最终还是转入下跌。

图中 B 点的成交量虽然也有大单，但缺乏持续性且总体远低于 A 点的总成交，显示对于价格目前的上涨，主力资金积极参与的热情远低于趁机减仓。

（3）低点回升。

个股下跌后回升的方式较多，比如振荡盘升，还有突然性的急速回升、低点横向振荡后的回升。

如图 1–21 所示，该股低开后一直横向波动，午盘后 A 点处现价线穿越均价线，之后价格突破昨日收盘线，并在 B 点回抽确认得到均价线以及昨日收盘线的支撑后，开始进入快速拉升。

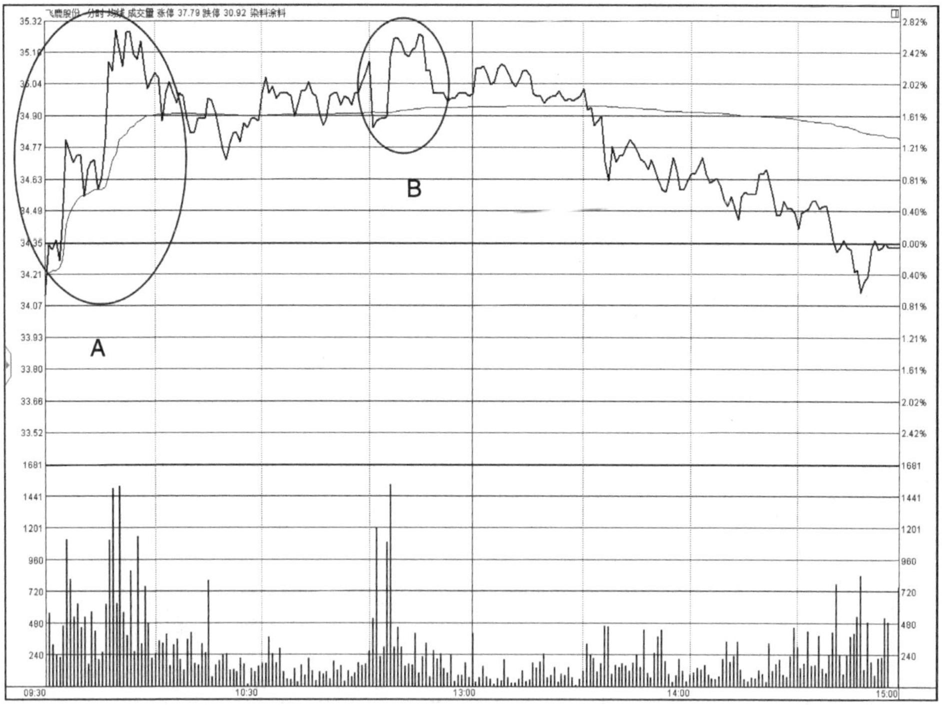

图 1-20

这个案例也是横盘波动的一种形式，图中 A 点为转折的关键点，现价线穿越均价线之后反转跌势为升势。但是同样是现价线穿越均价线，图中 C 点却并不成功，反而成为一个小幅下跌的开始。这是为什么？

低点回升形态中，均价线、昨日收盘线是现价线转折的两个压制位。均价线是价格转折首先要面对的一道关口，这道关口都突破不了，说明价格弱势未改，转跌为升又何从谈起？

但现价线穿越均价线并不能证明价格必然转强，尤其是相对缓慢的振荡下跌中，因两条线相距不远，价格微幅振荡就有可能出现穿越，图 1-21 中 C 点即为这种情况。

区别二者之不同在于成交量和均价线能否给现价线上行提供必要的支撑。图 1-21 中 A 点之后量能逐渐放大，价格回落中不再跌破均价线，即为股价转升的表现。

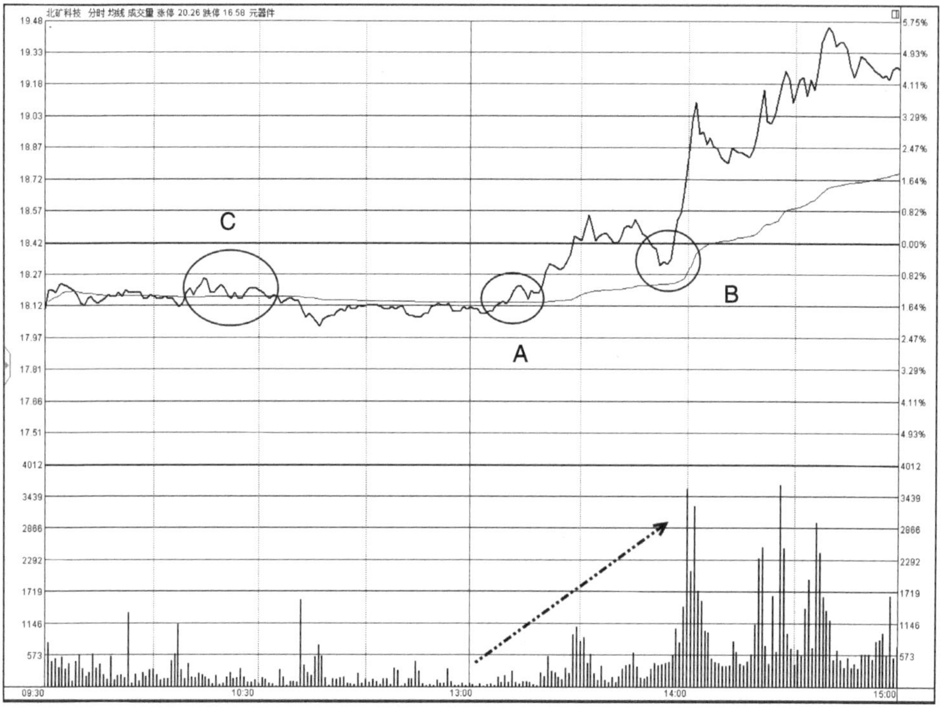

图 1-21

限于篇幅，盘口的大部分内容难以详解，请参阅中国宇航出版社出版的《盘口分时图核心技术》一书。

四、市场心理倾向

技术环境分析中，市场心理倾向是不可或缺的组成部分。无论是股票市场还是期货、现货市场，都主要是由人在制定交易策略和完成操作，而人的心理总是随着环境的变化而改变。

市场上的大多数参与者，对目前行情形成的大致相同的认识，即为市场心理倾向。

市场心理倾向可以是上涨的洪流，也可以是下跌的洪流。倾向形成时，对于单一方向的助推力极其惊人，任何资金都无法在其情绪宣泄期与之抗衡。

市场心理倾向是逐步发展、逐步扩散的。随着越来越多的反倾向者放弃原有主张加入到市场主流倾向中来，最终汇聚的洪流达到了极端一致，市场开始进入情绪宣泄阶段，即上涨必然涨过头，下跌必然跌过头。

正如投资大师约翰·邓普顿（John Templeton）的名言所说：“牛市在悲观中诞生，在怀疑中成长，在乐观中成熟，在兴奋中死亡。”

市场心理倾向有以下三个阶段。

1. 萌发阶段

处于萌发阶段的市场心理倾向是混乱的，或者说并没有形成统一的认知倾向，市场上存在各种对未来行情的预测或期待。反映到K线图形上，此时多呈现横盘振荡、小角度上升或小角度下跌形态，趋势并不明确。

人的心理总是随着环境的改变而变化，当外部技术环境发生明显变化时，市场认知倾向就会随之作出反应，但这种反应往往具有不可延续性。

外部价格暴跌暴涨、忽上忽下的技术环境，势必会让大多数市场参与者日益谨慎，继而减少操作，并选择观望，以等待局势进一步明朗。

虽然大盘趋势并不明朗，但在有心人的眼里，却会发现总有那么一部分股票和大盘的运行方向相逆。正如两军混战厮杀之时，忽然冲出一哨人马，虽然数量不多，却旗帜鲜明，迅猛如虎。

这部分特立独行的股票，在对抗大盘趋向上表现得极其顽强，总是能够摆脱大盘的影响，大盘涨，则其跌；大盘跌，则其涨。几番抗衡之后，这部分股票已经卓立不群，自身运行趋向悄然成型。

随着越来越多的资金开始关注并介入到这部分股票之中，大盘趋向也随之发生变化，二者之间由对抗渐趋走向一致，这时的市场心理虽未显露出明确的一致倾向，但已暗流涌动。

就像第一个吃螃蟹的人尝到美味后大快朵颐，其他旁观的人虽未行动，但也已经垂涎欲滴，蠢蠢欲动了。

逆向而为，是交易者此时较佳的策略选择。对于逆向而为，应有一个正确和清晰的认识。逆向，不是指盲目地与大势或行情趋势方向相逆，而是指与某一阶段的市场心理倾向相逆。比如，市场心理倾向处于萌发阶段时，在没有市场主流认知倾向的混乱状态下，关注部分趋向或趋势明确的股票群体的表现，并力求在大盘趋向和这些股票之间辨析出行情未来发展的轨迹。

2. 成熟阶段

在这个阶段，K线图形上行情的整体趋向或趋势一目了然，上涨或者下跌趋向并无太大争议，市场心理倾向已经明确，并被越来越多的人认可，但对行情未来走势的预期上仍旧存在较大的分歧。

市场心理倾向在成熟阶段对于反倾向者有一个逐渐吸纳、缓慢聚拢的过程，并非一开始就得到所有人的认可。当行情遭遇大级别调整时，市场心理倾向仍会出现一定幅度的波动和反复。交易者此时的策略应是顺势而为。

必须明确一点，市场心理倾向并非总是处于错误之中，只有当倾向走向极端或处在混乱之中时，才是我们选择逆向而为的时间。

交易策略在不同的市场阶段有着不同的选择。交易大师约翰·邓普顿有一句关于逆向投资的名言："最悲观的时刻正是买进的最佳时机，最乐观的时刻正是卖出的最佳时机。"关于这句名言，必须厘清一点，即所谓最悲观的时刻或最乐观的时刻，并非仅指交易者个人情绪而言，其指向的应是市场主流心理倾向。个人情绪与市场主流心理倾向，并不一定每一时刻都完全同步一致。

实战中不乏以己度人者，以为自己恐惧时别人也会恐惧，自己兴奋时别人也会兴奋，于是生搬硬套逆向理论，将技术分析中的其他分析因素和结论弃之不顾，仅以个人情绪为中心揣摩预测行情运行的趋向，殊不知已经进入逆向交易的误区，交易成绩必然不会理想。

3. 情绪宣泄阶段

情绪宣泄阶段的市场心理倾向是疯狂的，也是高度统一的。

这个阶段市场群体对于行情目前运行趋向和未来行情预期上都处于高度统一的状态，市场各方争议较少，行情运行受到的阻力很小，单一方向上呈快速运行的态势。反映到K线图形上，K线往往表现为连续的阴线或阳线，成交极其密集，价格不断创出历史新高（低）或阶段性新高（低）。

情绪宣泄阶段是市场心理倾向走向极端的表现。"物极必反"这个成语不是说着玩的，是事物运行规律的历史总结。极端情况下，危险和机遇是并存的，回避并不必然就是最佳选择。在情绪宣泄阶段，股价容易出现超涨、超买或超跌、超卖的情况，这两种情况会给交易者带来短线做多或做空的机会。

此处有必要将超涨、超买和超跌、超卖的概念讲一下，有助于读者理解情绪宣泄在技术分析中是如何认定和利用的。

所谓超涨是指股价短期内过度上涨，这种上涨超出大多数人的预期，人们对于股票价格的上涨心存疑虑。所谓超买是指股价的上涨为大多数人所认可，并且人们认为股价仍旧还会保持继续上涨的势头。这是二者之间最大的区别。

从这个角度来说，超涨的股票有可能继续维持上涨势头，即便遇到调整，仍旧存在“挖坑”后继续升势的可能性。但是超买的股票大多会遭遇“头部”，即便不是股价的最高点位，也大多离此不远。

对于短线交易者而言，超涨的股票是中线追踪、短线回避的目标，而超买的股票应当坚决予以回避。

超跌是指短时间内股票价格超出人们预期持续下跌，这种下跌往往是由恐慌情绪或其他意外事件引发，短期内价格跌幅与跌速都极为惊人。超卖是指对某种股票长时间过度卖出，大多数人认为股价的下跌趋势仍旧还会继续保持，并且短时间内不会有起色。和超涨超买一样，超跌和超卖也是有等级区别的。超跌更多的是代表股价短期极限点位临近，而超卖蕴含的是交易者心理承受极限的到来。

笔者认为，超跌是市场产生短中期反弹的主要动力，而超卖才是反转行情的催化剂。换句话说，只有市场上的失望情绪达到顶点时，才有可能产生重要行情的低点或转折点。关于超涨、超买和超跌、超卖相关的技术应用，可以参看《短线追涨与低吸技术》一书。

在情绪宣泄阶段，依据单一技术分析形式（不含市场心理倾向分析等）必然得出错误的结论，都会被狂暴的行情碾压得粉碎，这也是笔者强调技术环境分析重要性的原因。

缺失分析因素的技术分析结论必然四处碰壁，缺失市场心理倾向的技术分析是天生的畸形儿。

例如，某交易者判断价格将在年线上止跌企稳并展开反弹，理由是经过技术分析，年线具有较强的支撑力度。但在实际行情运行中，价格很轻松就跌破了年线并继续下跌，年线并未体现出技术分析中应有的支撑作用。

发生这种情况时，往往会导致交易者惊慌失措，认为自己的技术分析是错误的，并放大对于下跌的恐惧感，认为行情将由此万劫不复，于是瞬间推翻之前所有的理性分析结论，加入到恐慌情绪宣泄的大军之中。然而不久之后，价格便止跌回升并重新回到年线之上，年线还是体现出了较强的支撑力度。

年线既然具有较强的支撑作用，那之前为什么还会被轻易跌破？技术分析有效还是无效的问题，让这位交易者疑虑重重，并在接下来的交易中不知所措。其实这位交易者遇到的并不是技术分析有效还是无效的问题，而是技术分析因素缺失带来的问题，一句话——漠视了技术环境、市场心理倾向分析。

尤其是在情绪宣泄阶段，价格上涨或是下跌，往往都会轻易地洞穿技术压制位或技术支撑位。但随着情绪宣泄过程的逐渐平复、消亡，这些技术压制位或技术支撑位的作用仍会显现，价格必然随之回归正常态势。

第二章

玩转 MACD

第一节 MACD 指标基础理论

MACD 指标，全称“指数平滑异同移动平均线”（Moving Average Convergence and Divergence），由美国人杰拉尔德·阿佩尔（Gerald Appel）于 20 世纪 70 年代末发明。

一、MACD 指标设计原理

MACD 指标是基于均线的构造原理，对价格收盘价进行平滑处理（求出加权平均值）后得到的一种趋向类指标。

MACD 指标利用短期（常用为 12 日）移动平均线（MA）与长期（常用为 26 日）移动平均线之间的聚合与分离状况，对买进、卖出时机作出研判。该指标由两部分组成，即正负差（DIF）、异同平均数（DEA），其中正负差是核心，DEA 是辅助。DIF 是快速平滑移动平均线（EMA1）和慢速平滑移动平均线（EMA2）的差。

MACD 指标的优点是摒弃了 MA 频繁发出买入卖出信号的缺陷，对发出信号的要求和限制进行了增加，实战中使用起来比 MA 更稳定。MACD 的缺点与 MA 一样，在市场处于横盘或区间整理时，因指标钝化容易出现伪信号，发出错误指示。

二、MACD 指标计算公式

MACD 指标的常用参数一般是快速平滑移动平均线（DIF）为 12，慢速平滑移动平均线参数（DEA）为 26。此外，MACD 还有一个辅助指标——柱状线（BAR）。

在大多数分析软件中，柱状线是有颜色的，位于 0 轴以下是绿色，以柱状线的长短来代表趋势强弱；位于 0 轴以上是红色，同样以长短来代表趋势强弱。

在应用上，MACD 指标先计算出快速移动平均线即 12 日的 EMA1，和慢速移动平均线即 26 日的 EMA2，以这两个数值之间的差值得出 DIF，然后再求出 DIF 的 9 日平滑移动平均线 DEA，最后得出 MACD=2 × (DIF−DEA)。

计算公式如下所示。

计算 12 日和 26 日移动平均线 EMA1 和 EMA2

EMA(12)= 前一日 EMA(12) × 11/13 + 当日收盘价 × 2/13

EMA(26)= 前一日 EMA(26) × 25/27 + 当日收盘价 × 2/27

计算离差值 (DIF)

DIF= 当日 EMA(12)− 当日 EMA(26)

计算 9 日离差平均值 DEA

当日 DEA= 前一日 DEA × 8/10 + 当日 DIF × 2/10

计算 MACD

MACD=2 × (DIF−DEA)

计算柱状线 BAR

BAR=2 × (DIF−DEA)

三、MACD 指标应用法则

对于 MACD 指标的技术应用，最有话语权的当然是其发明人杰拉尔德·阿佩尔先生。我们看看杰拉尔德·阿佩尔本人对于 MACD 指标及其应用是如何解读的。

1. 基本应用理念

（1）MACD 指标表示短期指数移动平均线与长期指数移动平均线的离差。

（2）当市场上涨趋势走强时，短期移动平均线会比长期移动平均线更快上升，MACD 指标会向上运行。

（3）当市场上涨趋势弱化时，短期移动平均线会逐渐变得平缓；如果市场持续下跌，则短期移动平均线会向下穿过长期移动平均线，MACD 指标降到 0 线以下。

（4）MACD 指标方向的变化反映市场原有趋势将逐渐走弱或走强，但是否一定发生趋势反转，应配合其他指标综合考虑。

（5）在价格运动过程中，短期移动平均线会与长期移动平均线发生聚合或背离，因此，MACD 指标实际上就是反映移动平均线聚合或背离程度的指标。

2. 应用法则

（1）如果在最近一次卖出信号发出后，MACD 指标由上而下穿过 0 线，之后发出的买入信号将更为可信。在买入信号发出时，MACD 指标未必在 0 线以下，但最近一次价格下跌过程中，MACD 指标应曾位于 0 线以下。

（2）如果在最近一次买入信号发出后，MACD 指标由下而上穿过 0 线，之后发出的卖出信号将更为可信。在卖出信号发出时，MACD 指标未必在 0 线以上，但最近一次价格上涨过程中，MACD 指标应曾位于 0 线以上。

（3）当股市处于牛市行情，尤其是在上涨的初始和主升段时，MACD 指标在发出买入信号前可能未曾位于 0 线以下，但由于市场行情十分强劲，可以考虑进入市场。类似的情况也适用于熊市行情，但在一般情况下进行投资决策时，应充分考虑 0 线法则。

3. 杰拉尔德·阿佩尔的黄金规则

（1）应使用至少含有 2 个 MACD 指标的组合：短期 MACD 用于选择买入时机，长期 MACD 用于选择卖出时机。

（2）当市场处于大涨行情时，应当积极地买入，慎重地卖出。可以选用短期如 6—19 日 MACD 选择买入时机，长期如 19—39 日 MACD 选择卖出时机。

（3）当市场行情较为平稳或略有上升时，应当积极地买入，慎重卖出。选用 12—26 日 MACD 选择买入时机，19—39 日 MACD 选择卖出时机。

（4）当市场处于大跌行情时，应积极买入，频繁卖出。此时应采用更为敏感的 12—26 日 MACD 作为买入和卖出时机的选择标准。注意：除非价格达到或低于止损点水平，否则选择卖出的先决条件为 MACD 指标在上涨过程中曾向上穿过 0 线。

图 2-1 和图 2-2 是同一段走势的 K 线图，图 2-1 中 MACD 指标采用的参数是 12—26 日，图 2-2 中 MACD 指标采用的参数是 6—19 日。对照这两张图可以发现 A 点是见顶回落的位置，图 2-2 中 MACD 指标发出的信号较为提前，这对于短线交易者是有所帮助的，但是也要注意参数修正所带来频繁提示买卖点的危害。

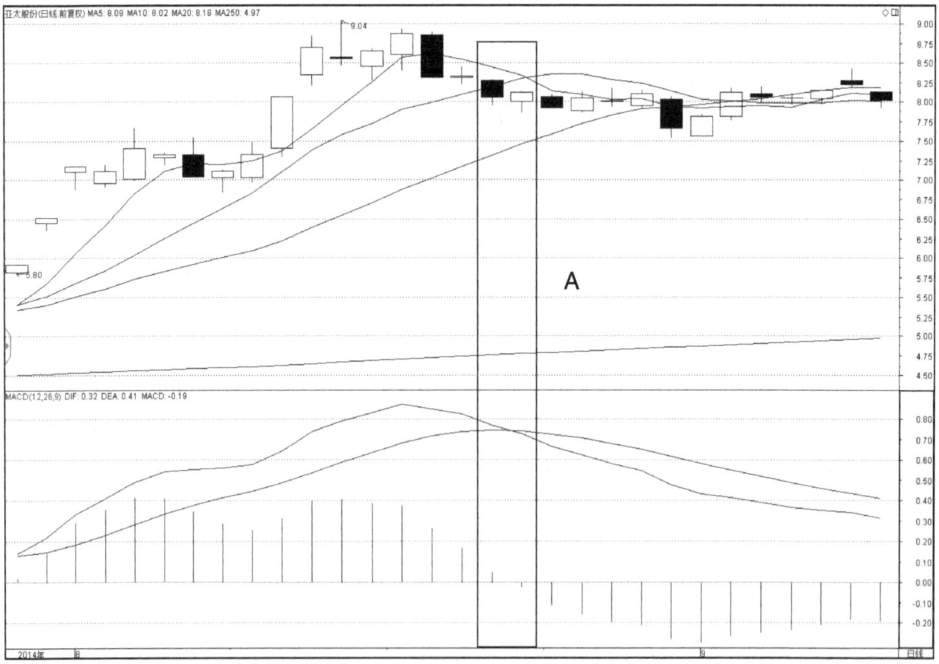

图 2-1

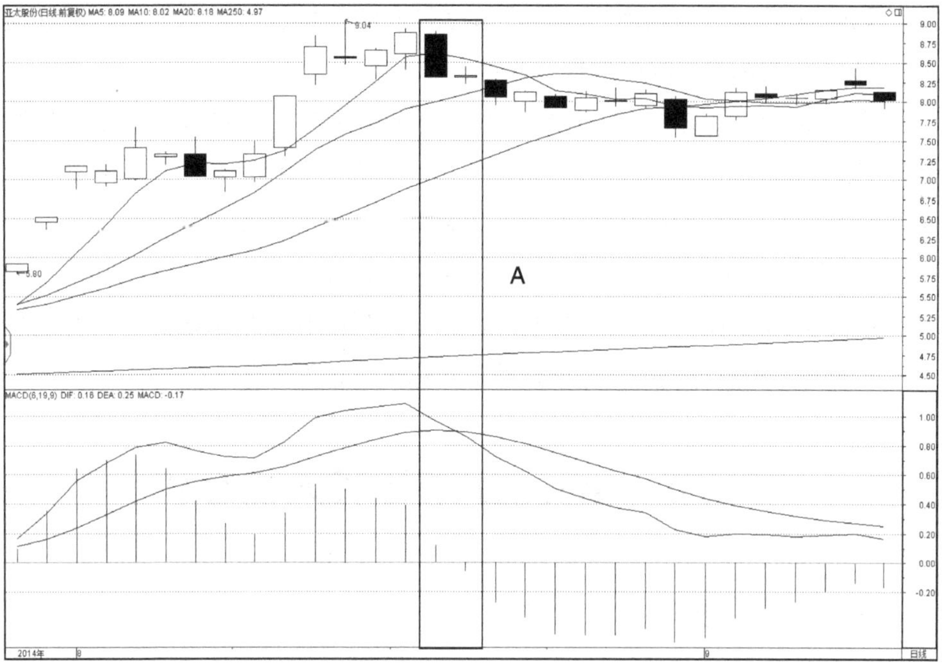

图 2-2

无论是发明者还是后来的使用者，对于某一理论的认识、理解以及实战应用，都会随着时间的推移发生变化，或者说更新。股票市场的技术分析手段中，没有任何一种技术分析方法的应用法则是亘古不变的真理，MACD 指标也概莫能外。

举例而言，杰拉尔德·阿佩尔先生在其黄金法则之（4）中提到，“当市场处于大跌行情时，应积极买入，频繁卖出。”对于这种观点，至少笔者个人是有保留意见的，但是也并不会全盘否定这一法则，原因在于以下几点。

其一，交易者个体的性格、认知、反应等综合能力存在较大的差异性，某些在交易策略、技术上有独到认识和理解的交易者，大跌行情对其来说并非全然没有机会。

其二，大跌行情中的某一阶段确实存在交易机会，但这种机会并非俯拾皆是。

其三，客观地说，大部分缺乏实战策略和技术分析能力的交易者，并不适合在大跌行情中频繁交易。

MACD 指标的基础理论知识本节已经介绍完毕，下节将开始讲解如何利用 MACD 指标在实战中选择买入点、卖出点。

读者阅读时会发现，本书的实战案例分析可能与 MACD 指标部分法则并不完全一致，之所以出现这种情况，原因就在于传统理论知识尤其是指标交易规则并不是恒定有效的，而不断打破固有规则，不断适应市场的最新变化，在实战中创新技术规则，才是技术指标的最佳应用方法。

不仅 MACD 指标如此，也包括之后要讲到的其他技术指标。只有通过实战不断验证和修订规则，才能让技术指标更好地发挥作用。

第二节　MACD 指标买入点分析

一、MACD 指标买入信号

MACD 指标虽然具有相对稳定的特点，但仍然不能完全排除虚假的“杂波”，尤其是行情处于振荡盘整阶段时，MACD 指标频繁发出的买入或卖出信号，往往并不具有真正的交易价值。所以，交易者在使用 MACD 指标时，不能仅仅依靠指标发出的信号，而应全面衡量技术环境是否与该信号相吻合，然后做出最后的决定。

MACD 指标的买入信号有很多，但在实战中，最常见、较典型且具有一定稳定性的买入信号，主要包括如下几种。

1.0 轴线之上的强化交叉

实战中，MACD 指标的 DIF 和 DEA 发生交叉最为常见，如果交易者在每一次向上交叉（金叉）时都买进、每一次向下交叉（死叉）时都卖出，很可能会因为频繁交易、失误交易而出现亏损。MACD 指标的交叉并不是交易的依据或者理由，交叉可能带来的变化才是交易者分析和判断的重中之重。

MACD 指标在 0 轴线之上的强化交叉，首先是指 DIF 向上交叉 DEA，也就是传统理论中的金叉。这种形态说明之前两条线是向下运行的，或者说股价之前处于回落下跌中。当 DIF 向上交叉 DEA，说明股价经过下跌后转为上涨态势。

那么，MACD 指标的这个交叉就是强化交叉吗？答案是否定的。原因是：交叉和强化交叉的区别就在于强化，缺失强化过程的交叉，可能只是 MACD 指标的“杂波”，大多并不具有交易价值。如图 2-3 中 A 点所示，DIF 向上交叉 DEA，但股价的上涨幅度并不理想，这就是缺少强化过程的普通交叉。

强化交叉的要件包括如下几点。

（1）均线处于上行趋势，股价得到短期均线的支撑；（2）MACD 指标上行柱状线持续加长；（3）股价回落的低点和反弹的高点逐步抬升。

如图 2-4 所示，A 点处 DIF 向上交叉 DEA，之后 MACD 指标上行柱状线持续增长，股价在短期均线上得到支撑。对于这种技术形态的个股，交易者可积极买入操作。

但是，有一点交易者必须注意，即股价出现加速上涨时，整体上涨幅度和维持时间都会变得非常有限，股价容易出现冲高回落，交易者应提前做好股价冲高时及时卖出的准备。

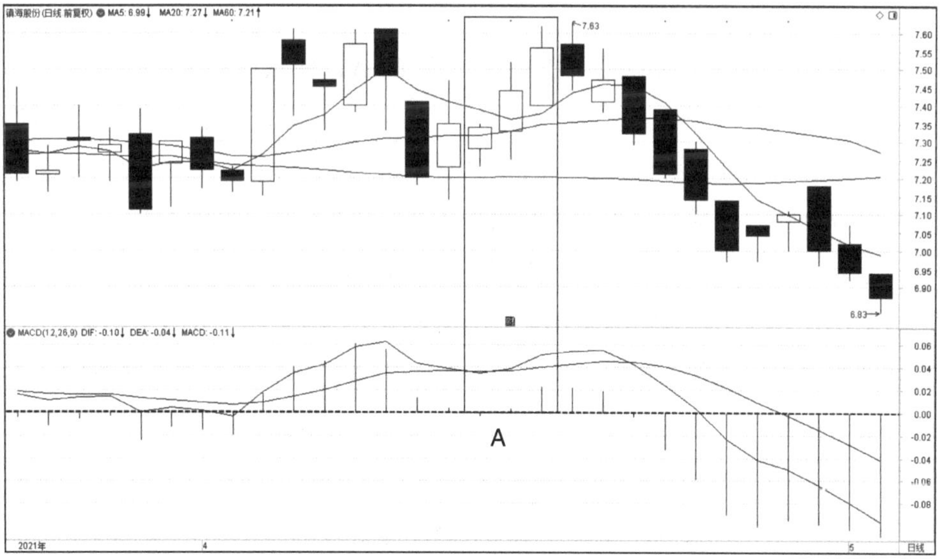

图 2-3

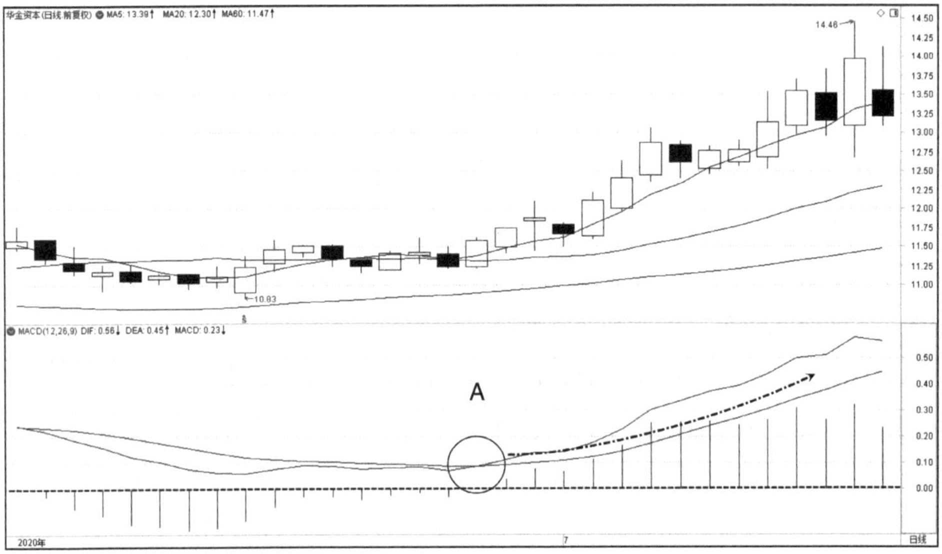

图 2-4

如图 2-4 所示，强化交叉主要体现在 MACD 指标上行柱状线持续加长和均线支撑上，这种形态下，多数个股容易走出短线冲高回落的走势。还有一种强化交叉形态应该引起交易者的重视，即强化交叉三要件都具备，这种个股的后期涨幅往往都很可观。

如图 2-5 所示，A 点处 DIF 向上交叉 DEA，柱状线并未能持续加长，显示这可能只是一个普通交叉。但在之后的股价回落中，均线起到了支撑作用，交易者应当加强关注。B 点时，MACD 指标两条线之间的间隔非常小，说明股价盘整已到尽头。当 DIF 再次向上交叉 DEA 时，短线买点出现。

虽然 B 点的柱状线同样未能持续加长，但具备另外两项要件，交易者仍可继续持仓。C 点时，DIF 和 DEA 并未出现交叉，而是处于收敛后的黏合状，这种形态的爆发力往往更胜于交叉。一旦 DIF 线向上开口，那么股价的一波劲升就即将开启。

图中 A 点、B 点、C 点，MACD 指标和股价回落的低点、反弹的高点一直处于抬升中，均线系统也一直保持着上行态势。虽然柱状线一直到 C 点才出现持续加长，但细心的交易者会发现，B 点的第一根柱状线已经超过 A

点最长的柱状线，C 点几乎也是如此。这就显示出股价涨升的强度正在不断积累并等待爆发，交易者不必被股价的折返调整误导，完全可以预计到即将到来的股价大涨。

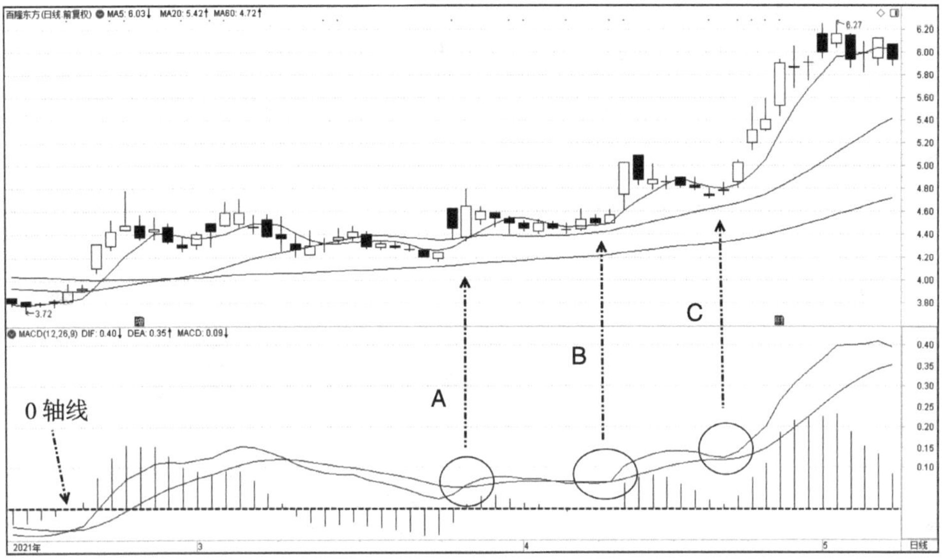

图 2–5

2. 0 轴线之下的强化交叉

MACD 指标处于 0 轴线之上，至少说明股价之前曾处于涨势中。MACD 指标再次向上交叉，则意味着股价回到了原有涨势中。从这个角度来说，MACD 指标在 0 轴线之上向上交叉所引发的交易，是一种顺势而为的操作。

实战中，MACD 指标于 0 轴线之下向上交叉也很常见。结合上文的分析角度，这种向上交叉引发的交易，属于逆势而为的操作。逆势并不容易操作。大趋势仍处于下跌态势中，股价这时却出现上涨，既有可能是转折性的涨升，也有可能只是一个微弱的小反弹。

如果只是弱反弹的话，买入的交易者就很难从中获取盈利。所以，当 MACD 指标在 0 轴线之下出现交叉时，交易者不能急于买入，而是需要依照强化交叉三要件来判别 MACD 指标向上交叉是否具有强化的过程。

如图 2-6 中 A 点所示，在一波下跌结束后，股价反弹，在 0 轴线之下 DIF 向上交叉 DEA 形成金叉，股价上行并逐渐得到均线系统的支撑，柱状线持续加长。在这个过程中，股价也出现了调整，可以说在这种技术环境下，股价下跌调整是弥足珍贵的。

原因是：一是可以测试均线的支撑力度；二是观测股价低点是否比前低点有抬升，或反弹时股价高点能否创出新高点；三是可能为交易者带来理想的买入点。

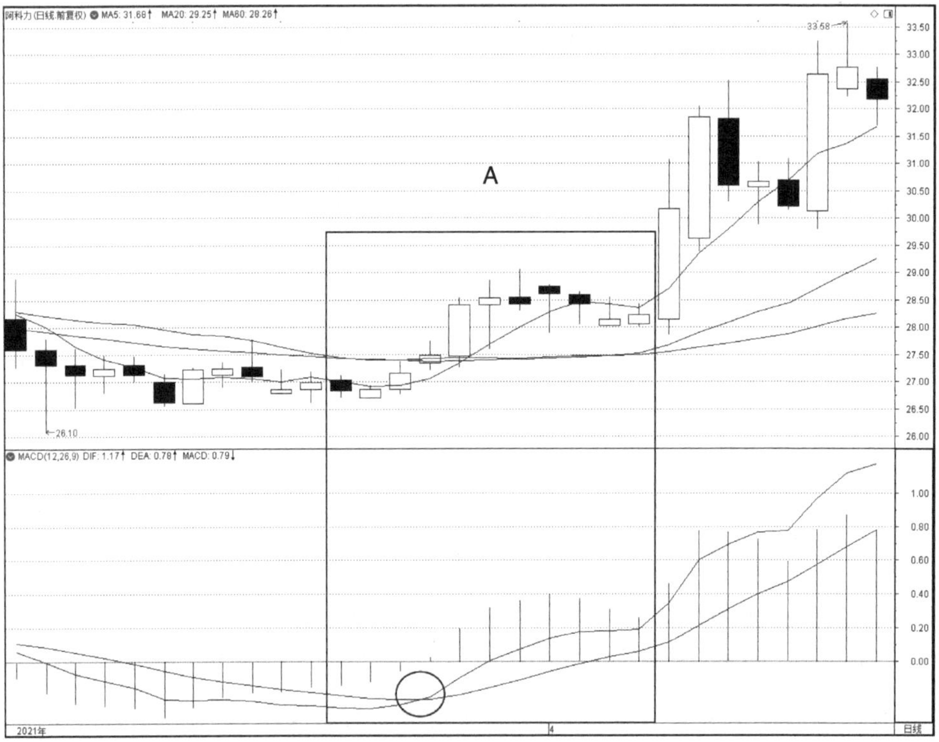

图 2-6

图 2-6 的案例就是 MACD 指标在 0 轴线之下交叉的强化过程，满足了强化交叉的大部分要件，也就为交易者指明了介入的买点。实战中，MACD 指标向上交叉，如果缺少这个强化过程，那么多数情况下不会是一个合适的买点。

如图 2-7 中 A 点所示，同样是一波下跌结束后的股价反弹，在 0 轴线之下 DIF 向上交叉 DEA，然而股价仅仅出现短暂的弱反弹，之后便重新回到下跌趋势中。

同样是 MACD 指标在 0 轴线之下的交叉，图 2-6 和图 2-7 中股价的后市表现大相径庭，其中的不同也正是交易者需要重点关注的地方。图 2-6 中，MACD 指标形成交叉后，股价得到均线系统的支撑，上行柱状线能够持续放大，股价低点不断抬升，基本符合强化交叉三要件。

图 2-7 中，MACD 指标形成交叉后，股价依然受到下行均线的压制，股价低点出现明显回落，不符合强化交叉的大部分要件。二者之间这些细节上的差异，也决定了其股价在之后的走势上迥然不同。

股价的涨与跌，不是一个交叉能决定的，也不是交易者的主观意愿决定的，而是市场各方博弈的结果。技术指标分析主要就是分析细节中隐藏的关键点。

图 2-7

3. 底背离买入信号

底背离是指股价反复创出新低，但 MACD 指标不再随之创出新低，股价走势与 MACD 指标之间形成背离。出现这种技术形态后，行情可能会转入上涨阶段。

如图 2-8 中 A 点所示，该股股价下跌过程中，股价和 MACD 指标同时刷新低点。经过一段时间的盘整后，B 点处股价再次创出新低，但是 MACD 指标并未随之刷新低点，二者之间的底背离形态成立。

实战中，经过大幅或急速下跌之后出现的底背离形态，大多会出现一个较佳的买点，如图中 B 点之后，股价进入到上涨趋势之中。但是必须明确一点，出现底背离形态，并不能完全确认股价必然改变了原来的运行趋势，这一点在后面的案例里还会再次分析。

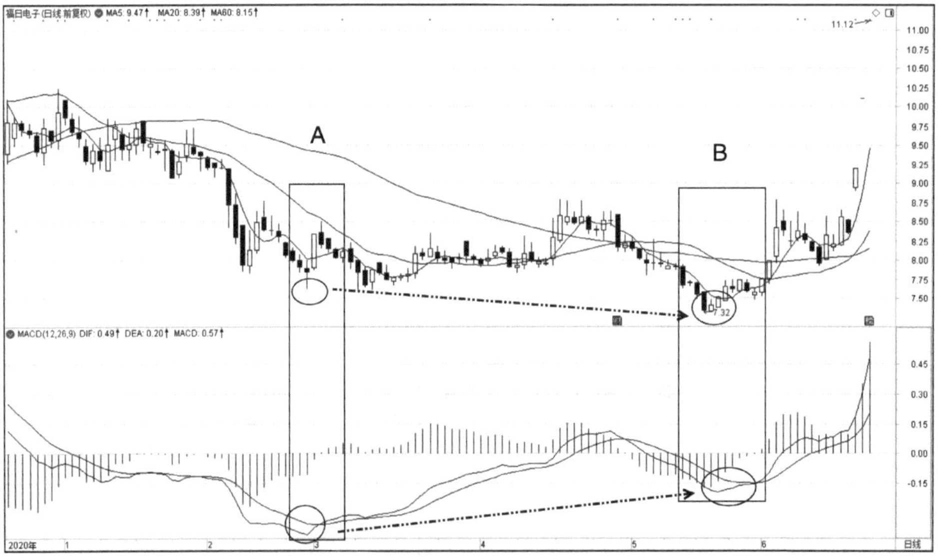

图 2-8

4. 底部二次交叉买入信号

在 MACD 指标的买入信号中，二次交叉是典型且常见的类型。所谓的底部二次交叉，又称为双金叉，是指 DIF 在 0 轴线之下，在相对较短的时间内两次向上交叉 DEA。二次交叉形态的出现，预示着行情可能结束盘整转入升势。

在底部二次交叉中，MACD 指标第一次向上交叉基本上是普通性质的交叉，而第二次交叉必须符合强化交叉的要件，否则容易出现诱多性质的二次交叉。

图 2-9 中，A 点处 MACD 指标出现第一次交叉，不久股价再次下跌，B 点处 MACD 指标再次出现向上交叉，之后股价逐渐得到均线系统的支撑，柱线加长，低点抬升，股价由此进入到上涨行情之中。

MACD 指标底部二次交叉是重要的买入信号，但是必须注意技术环境分析，尤其是在下跌趋势中，主力资金经常会故意营造骗线，用来引诱买入资金进场。实战中，不能见到二次金叉就认为行情必然会转跌回升，个股具体的运行周期、下跌幅度等技术环境是必须参考的因素。

底部二次交叉和底背离形态具有一定的相似度，二者同为买入信号。通常来说，MACD 指标二次交叉时，与股价之间可能会存在一定的背离，但不像底背离形态那样明显和明确，同时，二次交叉的时间间隔一般相对较短。

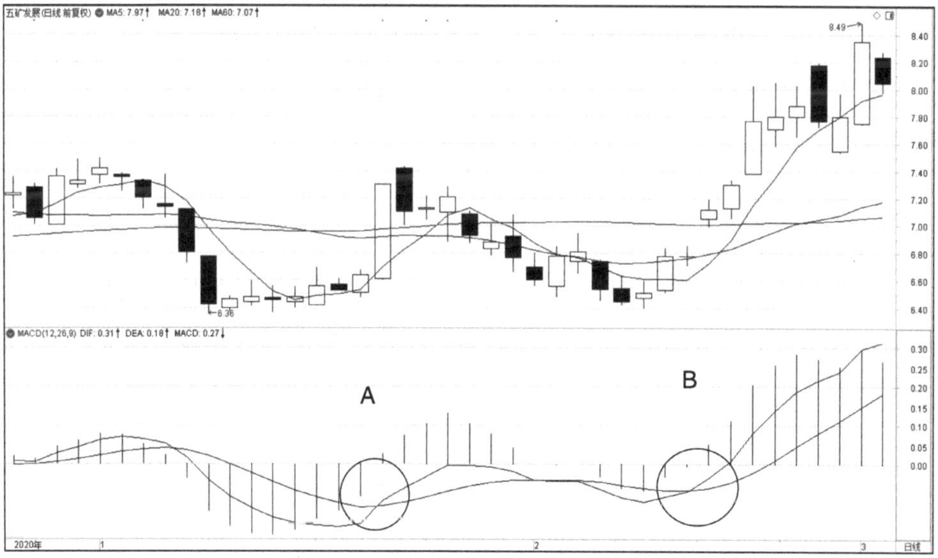

图 2-9

二、MACD 指标买点实战研判

1. 底背离成立的技术环境

MACD 指标与股价之间的底背离并不是一个简明易判的信号，当其展现出复杂性的一面时，往往会令交易者大吃苦头。

实战中，底背离形态有时会连续多次出现，即底背离之后再次底背离，股价就是不发生向上反转。如果交易者看到底背离就贸然入场做多，必然会在股价连续下跌中遭致大幅套牢。

如图 2-10 所示，A 点处股价与 MACD 指标同步刷新低点，B 点处股价继续下跌并创出新低点，而 MACD 指标并未再创新低，底背离成立。

底背离后，该股股价并未反转为上涨趋势，而是小幅弹升，盘整后继续下跌。至 C 点处股价再一次创出新低，此时 MACD 指标略有回落但仍旧高于 B 点的低点，底背离之后再次形成底背离。C 点之后，股价有所反弹，但最终还是回到下跌趋势中。

由此可见，技术指标的分析与应用不是一个孤立、简单套用的过程，而是需要交易者从技术环境分析的角度来反复论证。

实战中，类似以上案例的情况，并不能认为这个底背离形态就是虚假的。通过案例分析也可以看到，底背离形态后，股价还是出现了上涨，只是上涨幅度较小，未能引发股价出现趋势性的向上反转。

那么，问题出在哪儿?

答案是：技术环境不支持!

在图 2-10 这个案例中，虽然 MACD 指标与股价之间的底背离形态真实存在，但均线系统一直保持着下行态势，这就首先从均线系统上降低了股价反转向上的概率。

同时，再从个股趋势、总体跌幅、下跌周期以及成交量变化等方面来进行综合研判，完全可以发现该股的技术环境并不支持股价反转上升。总而言之，没有技术环境支持的底背离，必然难以发生作用。

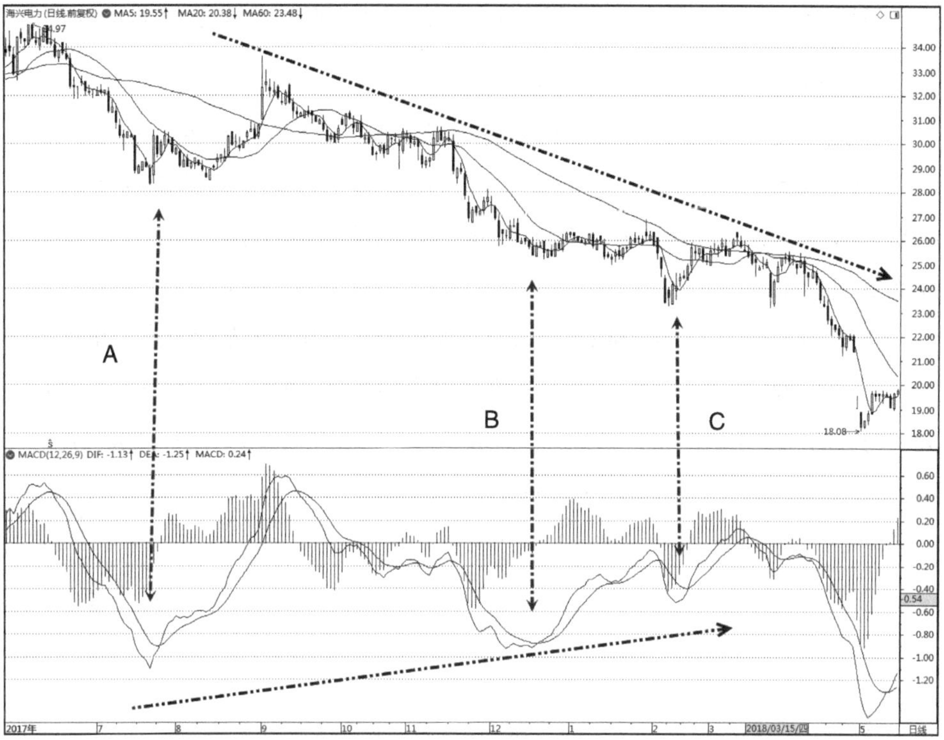

图 2-10

关于底背离，还有一个重要的技术点，就是不同层次和级别的底背离，在技术分析中的准确性和灵敏度也相差较大，各有优劣。以 30 分钟 K 线系统与日线系统中出现的底背离为例。30 分钟系统中出现的底背离，其反映的股价起涨时机较为及时，但同时也容易被主力资金利用，由此发出虚假的涨升信号。日线系统的底背离相对 30 分钟系统来说，其准确性就要好得多，但反映股价起涨的灵敏度就要相对滞后许多。

同理，周线系统、月线系统一旦出现底背离，其准确性极高，但往往此时股价相对底部低点已有较大升幅。

不同风格的交易者，需要根据自己的交易特点来选择技术指标分析的层次和级别。比如，中长线交易者应以周线、月线出现底背离为买进信号，不必在意股价在底部构筑过程中涨了多少。短线交易者则以分钟系统和日线系统来捕捉股价的起涨点，这种交易方式容易抓到股价低点，持仓成本相对较低，但风险也显而易见。一旦遭遇主力资金的诱多陷阱，需要学会及时止损。

2. 指标黏合与发散的技术含义

首先介绍一下黏合与发散的具体含义：MACD 指标黏合，是指 DIF 与 DEA 这两条线之间的空间非常狭窄，二者处于平行或相互缠绕的状态中。MACD 指标发散，是指 DIF 与 DEA 这两条线从黏合状态中向上或向下拉开彼此之间的距离。

如图 2-11 所示，DIF 与 DEA 这两条线逐渐收窄并形成黏合形态。出现黏合形态，说明市场各方参与资金处于谨慎观望或寻机突破的状态，所以一段时间内股价的振荡幅度越来越小，也就意味着股价的运行到了将要选择方向的时候。

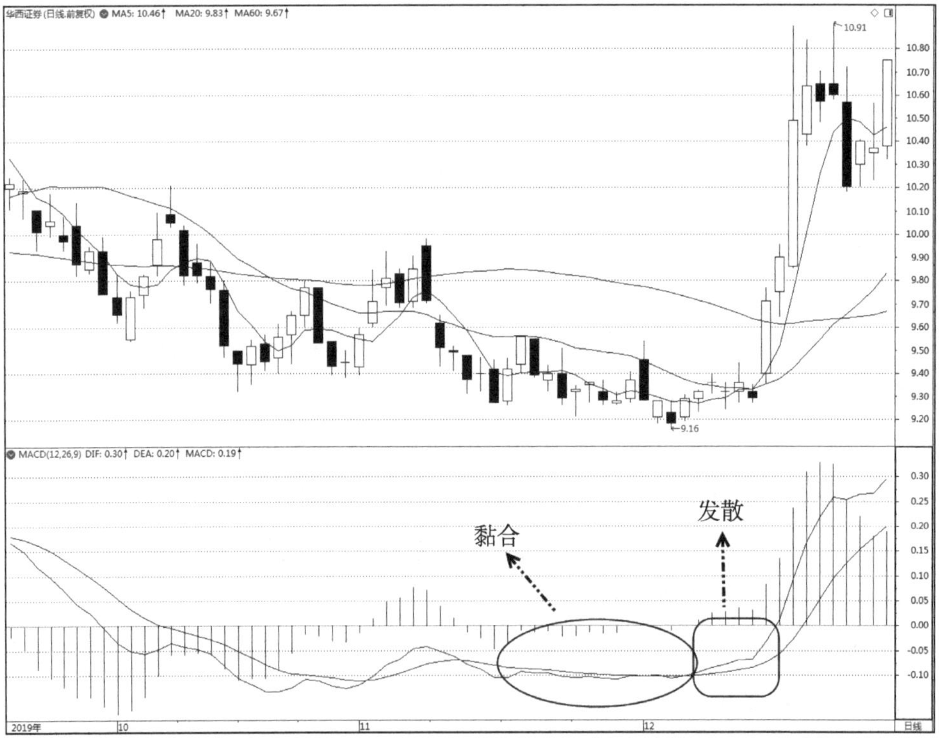

图 2-11

黏合形态是一种等待形态，等待变化，等待契机，等待突破方向。必须指出，黏合形态既可能出现在股价下跌之后的低位，也可能出现在股价上涨之后的高位。从概率上来说，股价下跌周期越长，下跌幅度越大，出现黏合形态后，股价反转向上的概率越高。反之亦然。

经过了黏合过程后，股价选择突破时的爆发力大多颇为可观，也就形成了发散形态，如图 2–11 所示。

黏合与发散形态，对于不同交易风格的交易者来说，具有不同的意义。中长线及波段交易者，对个股大跌之后出现的黏合形态，应当密切关注并寻找股价折返的低点建仓，然后耐心持有等待股价突破。

短线交易者并不适合在 MACD 黏合形态持续期间建仓，因为股价微弱的波动难以提供理想的盈利幅度。只有当发散形态出现时，才是短线交易者理想的介入点。以上两种建仓方式各有利弊，交易者应选择符合自身交易特点的那一种。

均线技术中也有黏合和发散的形态，技术含义与 MACD 指标相似，有兴趣的朋友可以参看《均线核心技术》一书。如果在实战中 MACD 指标和均线系统同时出现黏合或发散形态，那么这种技术上的共振更有利于我们判断股价的运行方向。

第三节　MACD 指标卖出点分析

一、MACD 指标卖出信号

MACD 指标发出的卖出信号，并不都具有确定性。过滤掉鱼目混珠的虚假信号，并从中发现有价值的交易提示，才是 MACD 指标卖出点分析的真谛。

从实战的角度来看，MACD 指标的卖出信号实在是太混杂，但综合其主要特征，可以大致分为以下几种。

1. 高位卖出信号

本节提及的“高位”，主要是指 MACD 指标处于历史高位区域或者近一段时间的相对高点区域，同时也指股价处于相对高点的位置。

当 MACD 指标处于高位时，如果 DIF 向下跌破 DEA 形成死叉时，行情必然出现了回落，这个回落的性质需要根据个股的技术环境进行具体分析。比如，个股在上涨行情初期阶段出现 MACD 死叉，交易者可以选择忽视短期调整，继续持仓。短线操作技术较强的交易者，也可以选择短线卖出再寻机买回的策略。

当个股经过快速上涨，MACD 指标在高位区域出现死叉时，交易者就需要高度警惕股价可能面临转折向下的风险。如图 2-12 所示，该股在低点启动上涨至股价翻倍的高位，A 点处 MACD 指标出现死叉后，该股由此发生转折，股价开始向下跌落。MACD 指标高位死叉，多数情况下是一个高度危险的信号。

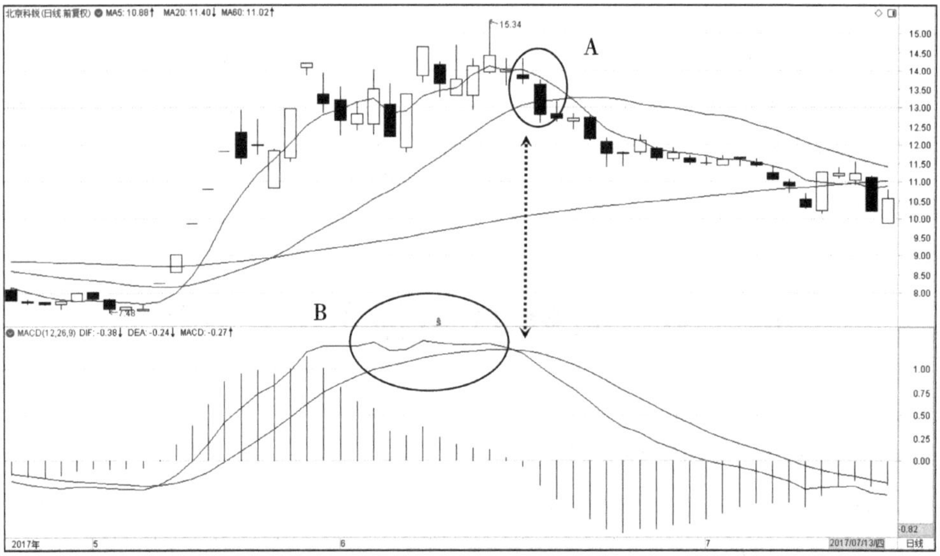

图 2-12

实战中，有一点必须明确：MACD 指标具有相对滞后性，当 MACD 指标在高位发出信号时，股价可能已经具有一定的跌幅，如图 2-12 中，A 点并非股价最高点。

解决 MACD 指标滞后性的办法，主要有以下两点。

其一是运用“分层透视”理论。这个理论的原理是通过层层分解的方式，来发现股价运行的真实轨迹（具体内容可参阅中国宇航出版社出版的《K 线图核心技术》一书）。

其二是分析 MACD 指标运行轨迹，如图 2-12 中的 B 点，MACD 指标处于逐渐收敛的态势，柱状线大幅收缩。出现这种技术形态时，交易者需要加强盯盘，一旦盘中有股价冲高回落的现象，至少应该在高位卖出部分仓位。

其实，MACD 指标的相对滞后性，并不全然都是缺陷，在一些特定的情况下，滞后性会转化为稳定性，能为交易者提供一个更具有确定意义的交易信号。比如在之后讲到的顶背离形态，MACD 指标的这个特性就很关键。

2. 0 轴线附近的卖出信号

0 轴线是一个反映多空双方攻守相对平衡的位置。当 MACD 指标在 0 轴线上下盘整，说明多空双方至少表面上处于势均力敌的状态。实战中，不乏多方起涨前故意示弱，或空方大跌前隐藏做空动能的情况。具体到个股走势上，到底是哪一种情形，需要根据技术环境进行分析。

本节讲述的 0 轴线卖出信号，主要包括两种常见形式。

（1）MACD 指标由上而下触及或跌穿 0 轴线。

当 MACD 指标由上而下触及或跌穿 0 轴线，说明股价正处于下跌过程中。如果是股价急速下跌，DIF 和 DEA 两条线非常顺畅，而且二者之间的距离会不断增大。在跌穿 0 轴线时，股价几乎不会有明显强度的逆向反应，并在之后会继续加速或匀速下跌。在这种情况下，MACD 指标由上而下跌穿 0 轴线，就是一个重要的卖出信号。

但是，上述这种极端行情模式并不常见。股价发生急跌，MACD 指标触及或跌穿 0 轴线，在多数情况下，股价会发生反弹甚至是以此为拐点产生趋势反转。

实战中最难判断的，不是股价在触及或跌穿 0 轴线时会不会发生反弹，而是反弹的幅度和性质，并且其中的一些反弹将会成为极其重要的卖出信号。

如图 2-13 所示，MACD 指标由上方下行并跌穿 0 轴线，之后在 A 点处股价发生反弹，但是这个反弹并未能改变股价继续下跌的趋势，A 点也就成为持仓交易者最后的卖出点。

图中 A 点的卖出信号其实很明确。

① MACD 指标跌穿 0 轴线后，随着股价的反弹，DIF 线横移，DEA 线继续下行。两条线并没有表现出向上方回收聚拢的迹象，这也反映出股价弱势反弹的性质。

②均线系统已初步形成向下交叉发散的态势，同时股价的反弹难以迅速突破这个短期均线系统，纠缠其间尽显反弹的羸弱。

当股价触及上方的压制而回落时，卖出信号就已经很明确了，交易者应该放弃股价继续上涨的幻想，及时减仓卖出。

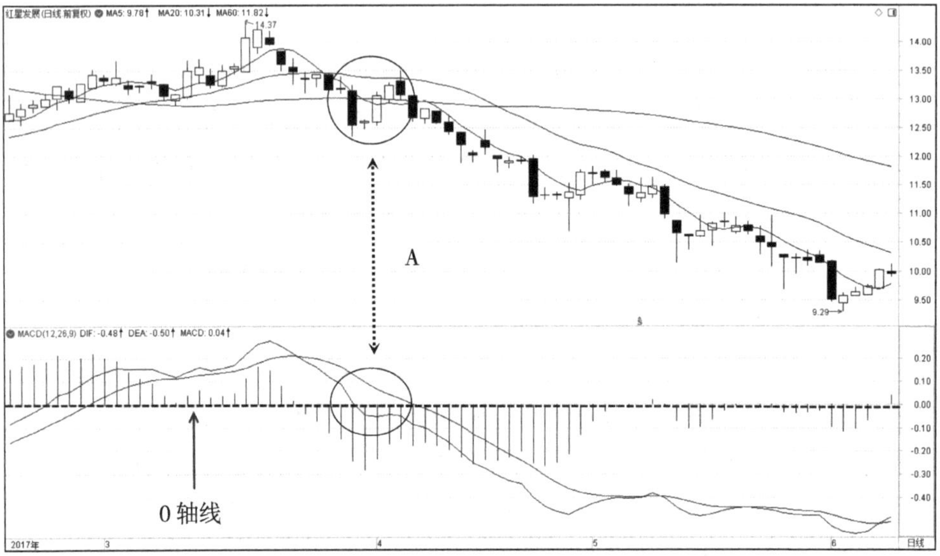

图 2-13

实战中，对于 MACD 指标由上而下触及或跌穿 0 轴线这种技术形态，必须结合技术环境进行分析判断，切不可认为出现这个形态股价必然就会深跌或大跌。在一些底部构筑完成的个股，或者涨升过程中正常回落调整的个股上，也会出现这种形态。

如图 2-14 所示，该股在涨升过程中出现回落调整，MACD 指标于 A 点处由上而下跌穿 0 轴线，但股价并未由此深跌，反而在不久后重新进入到快速涨升中。

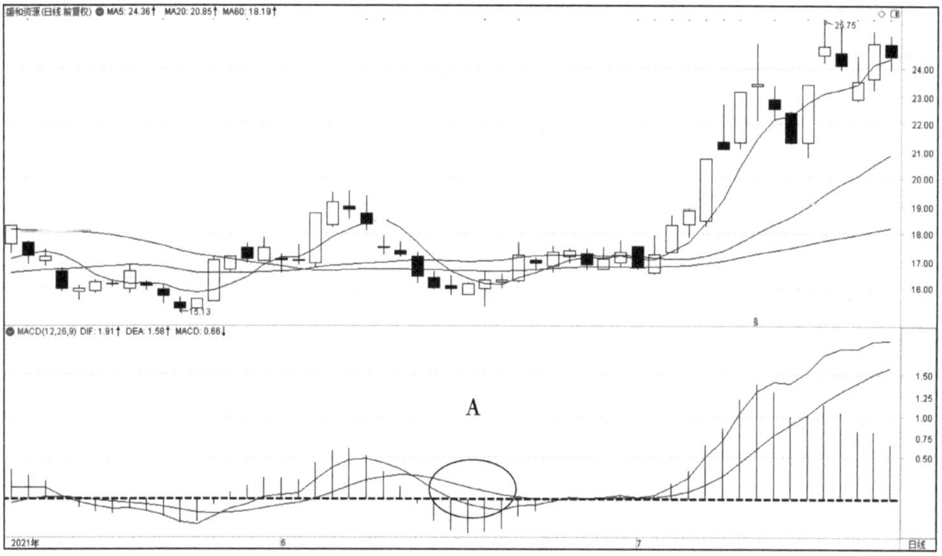

图 2-14

在图 2–14 这个案例中，MACD 指标由上而下跌穿 0 轴线发出的卖出信号，仅仅是一个意在清理浮筹的空头陷阱。这个空头陷阱，交易者其实只要从个股运行趋势、均线系统、股价运行重心这些技术环境指标上分析，就完全可以判断出来。

无论哪种技术形态，也不管是卖出信号还是买入信号，不从技术环境的角度进行分析，那么最终的判断结论大多会远离股价运行的真实轨迹。

（2）MACD 指标由下而上抵近 0 轴线。

当 MACD 指标由下而上抵近 0 轴线，说明股价正处于反弹涨升的过程中。这个反弹能否继续甚至是转化为趋势上的涨势，0 轴线就是一个考验。

实战中，MACD 指标由下而上抵近 0 轴线时，股价大多会发生幅度不等的振荡，只有急速上涨的个股会直接涨穿 0 轴线。但在升势结束之后，大概率仍会盘落到 0 轴线附近。

MACD 指标由下而上抵近 0 轴线是不是卖点，依然要从技术环境上着手分析。如图 2–15 所示，MACD 指标三次抵近 0 轴线后，股价都出现了幅度不等的下跌，那么这三个点为什么会成为卖点呢？

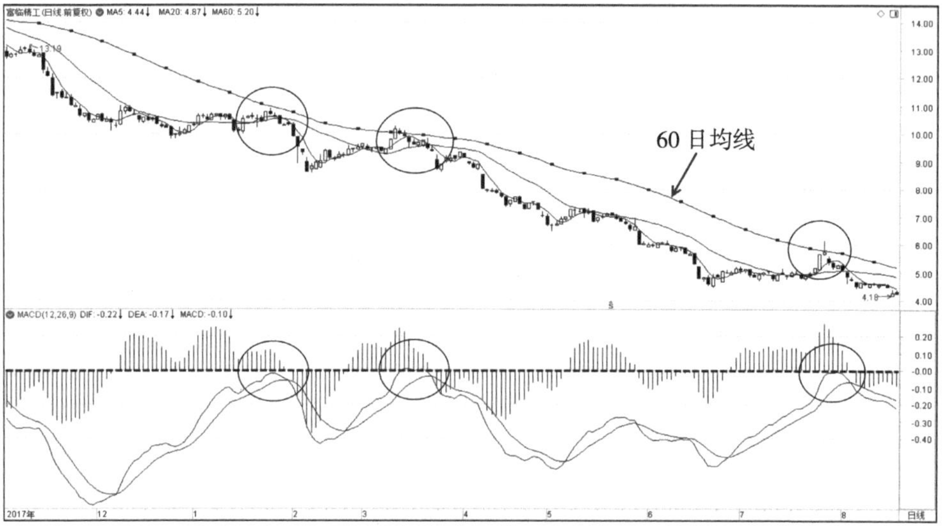

图 2-15

案例中的时间段在 2018 年，大趋势上同期相关指数处于下跌趋势中，该股同步处于下跌趋势也就不足为怪。在下跌趋势中，股价出现反弹，MACD 指标抵近或者涨穿 0 轴线，大多会成为重要的短线卖出信号，何况案例中的个股仅仅是一个弱势反弹，这就更加确定了卖出信号的真实性。

判断个股的涨升是不是弱反弹，主要在于：一是看涨升的角度（30 度区、45 度区、60 度区等内容，请参看中国宇航出版社出版的《均线核心技术》）；二是看支撑与压制。

①图 2-15 的案例中，股价涨升角度在 30 度区范围内，符合弱势反弹的形态特征。

②图 2-15 中短期均线处于缠绕状，60 日均线一直维持着稳定的下行态势，股价触及 60 日均线回落，显示出上方强大的压制。如果股价连一条中期均线都难以顺利收复，说股价强谁信？

当图中股价遇压制回落，便与 MACD 指标抵近 0 轴线的卖出信号发生共振，更加确认卖出信号的真实性。

3. 柱状线的拐点提示

MACD 柱状线的缩减或放大，对于股价运行趋向的强弱具有一定的拐点提示作用。当 MACD 柱状线持续收缩，表明股价趋向运行的力度正在逐渐减弱，当柱状线颜色发生改变时，趋向可能发生转折；柱状线持续放大，表明当前股价趋向正在逐步加强，直至柱状线再次发生缩减。

如图 2-16 所示，A 点处 MACD 柱状线的颜色发生改变，说明股价趋向发生转折。之后 MACD 柱状线持续放大，显示股价继续下跌的趋向得到加强。

MACD 柱状线持续放大到一定程度，只要股价不出现急速下跌，就会逐渐缩减。图中股价创下新低，但柱状线并未同步刷新低点，显示股价进一步下跌并未得到加强，跌势正在减弱并有结束的可能。

B 点处 MACD 柱状线的颜色发生改变，显示股价趋向可能发生转折，C 点处柱状线开始逐渐向上放大，说明涨势正逐步得以加强。

MACD 柱状线的缩减或放大，能够反映股价细微处的运行强弱程度，对于交易者观察个股趋向动能，提前做好交易准备，具有重要的作用。实战中，交易者可以将其作为一项辅助指标并结合 MACD 指标整体运行情况进行综合判定。

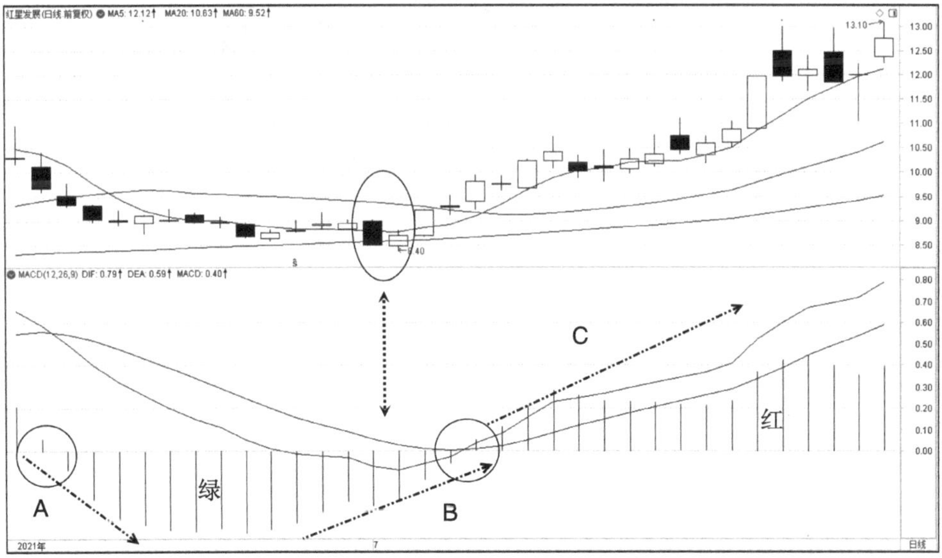

图 2-16

4. 顶背离卖出信号

顶背离是指股价在长时间或大幅度急速上涨后，又反复多次创出新高，而这时 MACD 指标不再跟随创出新高，则上升趋势可能发生扭转或阶段性回落。

如图 2–17 所示，股价经过快速上涨后，于 A 点回落调整，MACD 指标也基本同步出现下行。经过一段时间盘整后，B 点处股价再次创出新高，而 MACD 指标却难以上行刷新高点，二者之间出现背离，这种在股价上涨高位出现的背离叫做顶背离。

通常来说，随着顶背离的出现，行情可能即将进入到下跌趋势中。交易者此时应保持高度戒备，或提前降低仓位。

对于顶背离的分析和判断，要注意三点：（1）在长期或大幅上涨的高位出现；（2）股价重心横向移动或背离多次出现；（3）均线系统黏合，缺乏上行的动能。

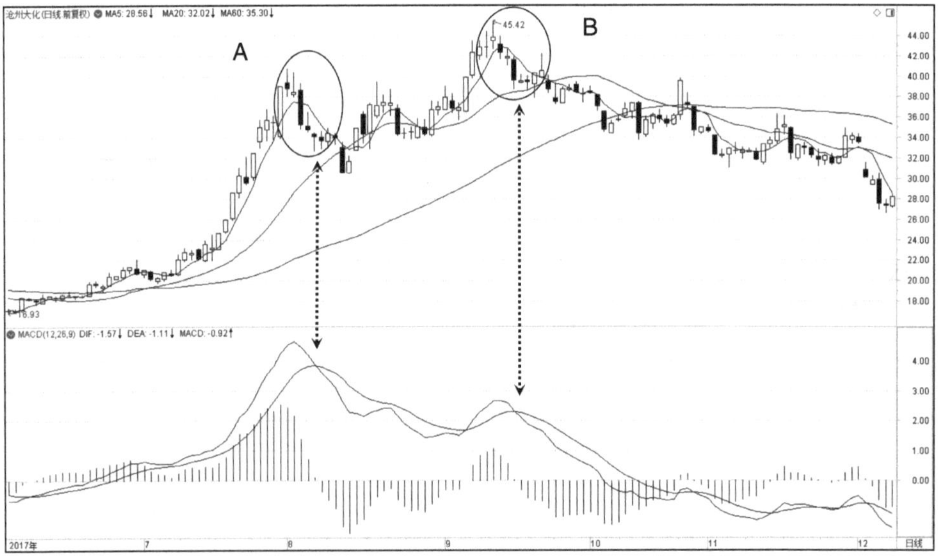

图 2–17

实战中，并不是所有的背离都是顶背离，交易者需要注意分析个股的技术环境。比如，一些刚刚走出底部、涨升幅度不大的个股，即使出现背离，也大多为涨升过程中的正常回落，经过一段时间的调整后，股价仍会再续升势。

5. 双死叉卖出信号

双死叉是指股价经过大幅上涨，运行于高位区域，在相对较短的时间内 MACD 指标中的 DIF 两次向下交叉 DEA。双死叉是技术分析中较为典型的卖出信号，即使是在个股涨势途中出现，也多会引发较大级别的调整。对于出现这种技术形态的个股，交易者应当高度戒备。

如图 2-18 所示，在股价上涨的高位区域，A 点处 MACD 指标第一次死叉，B 点处 MACD 指标再次死叉。在相对较短的时间内连续两次出现 DIF 向下跌破 DEA 的情况，这种现象说明目前的上升趋势可能即将发生扭转或出现阶段性下跌。

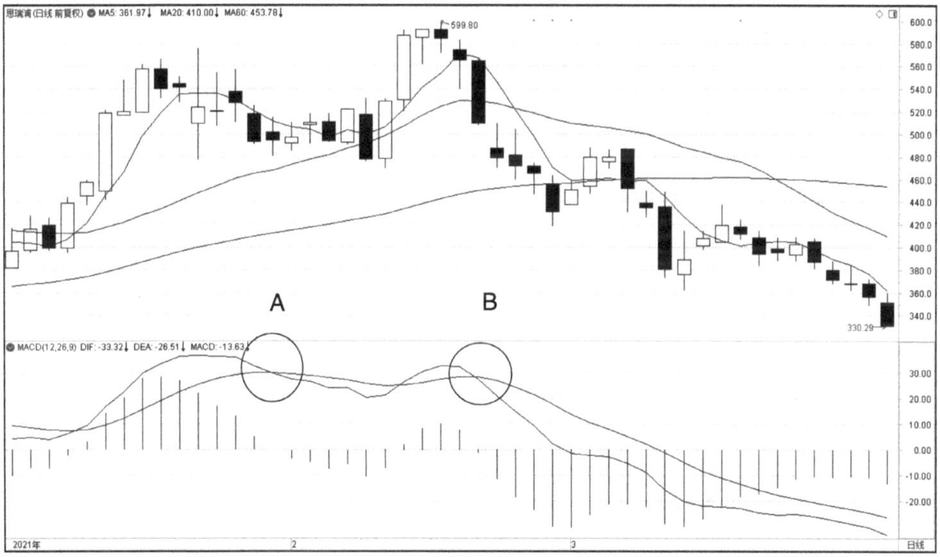

图 2-18

对于双死叉的认定，主要在于技术环境中的股价已有一定升幅，经过大幅涨升后出现双死叉，即使不是最终的顶部，也会带来大级别调整。但是，如果个股是从底部区域刚刚起涨，这时候出现双死叉，则大多为诱空陷阱。

如图 2-19 所示，在 A 点处股价和 MACD 指标刚从底部低点起涨，不久就出现一个双死叉，虽然股价当时也出现了回落，但下跌的幅度和级别都很小。

随后，在股价上涨过程中，又多次出现双死叉形态，但每一次股价回落，调整幅度都不大，而且很快就回归到上涨趋势中来。这种技术形态就是主力资金制造的诱空陷阱，目的在于清洗浮筹，收集筹码，不断提升市场上跟风资金的持仓成本。

实战中，对于这类个股也很好辨别。快速上涨的个股，MACD 指标会直接涨穿 0 轴线。但在升势告一段落之后，MACD 指标会盘落到 0 轴线附近，以测试支撑。这个时候，如果股价下跌，但 MACD 指标不再继续大幅下行到 0 轴线之下，而是在 0 轴线上下盘整，那么跌幅大多不会过深。

同时，还需要观测均线系统在这个阶段的表现。如图 2–19 所示，第一次双死叉出现后，股价能够得到均线系统的支撑，也说明跌势不会持久。之后的第二次、第三次双死叉，均线系统更是走出了多头发散的形态，意味着股价受到的支撑更加强劲。

综上所述，我们应该能够判别出双死叉这类“伪卖出信号”了。总之，股价高位的双死叉需要高度戒备，股价低位或涨升幅度不大时出现的双死叉，需要我们甄别其中的真假。

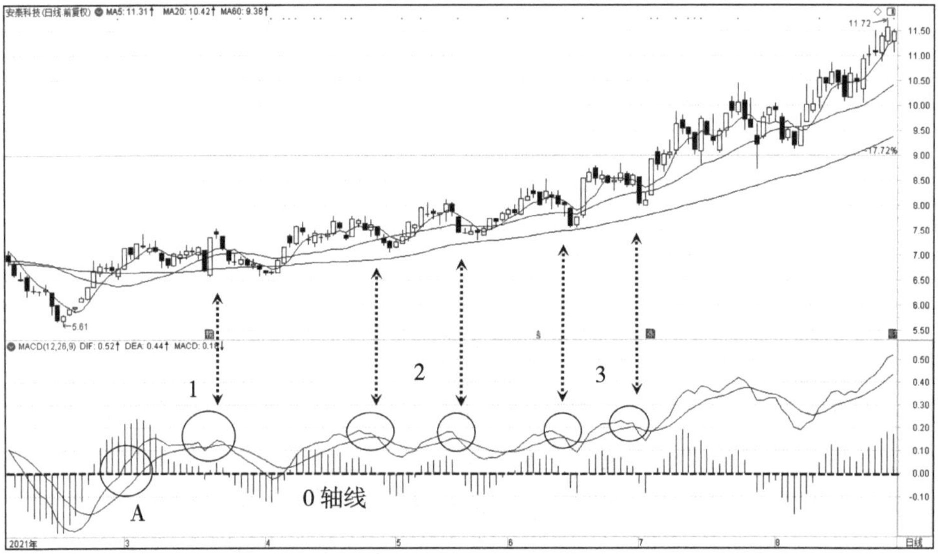

图 2–19

二、MACD 指标卖点实战研判

1. 顶背离的 0 轴线卖点以及与双死叉的区别

前面说过，实战中出现背离，并不一定都是顶背离，有些看上去很具有恐吓性的背离，其实只是构筑诱空陷阱的低级别高点。尤其对于涨幅相对不大，处于上涨趋势初中期的个股而言更是如此。

当股价经过长期、大幅上涨之后，在高位区域一次或多次出现顶背离时，交易者就必须做好离场的准备。

如图 2-20 所示，在大幅涨升的价格高位，A 点处股价与 MACD 指标同步创出新高后，出现一个盘整的过程，此时 MACD 指标从 A 点开始向下滑落至 0 轴线。至 B 点处，股价再次创出新高，但 MACD 指标却已经举步维艰，难以同步刷新高点，顶背离由此成立，这是交易者最佳的卖出时点。

形成顶背离后，股价下跌，MACD 指标再次下行并跌破 0 轴线，这时就要重点关注 0 轴线的卖出信号了，这个内容前面讲过。

当股价反弹受到均线系统的压制，而 MACD 指标向上反抽，无力重新收复 0 轴线时，就是持有仓位的交易者最后减仓离场的机会，如图 2-20 中 C 点所示。C 点这个技术点，在形成顶背离形态的个股中出现的概率较高，这就给了未能在顶背离时减仓的交易者最后兑现盈利的机会。

顶背离和双死叉都是重要的卖出信号，二者具有一定的相似度。多数顶背离形态的两个高点之间的时间间隔都比较长，也就是说顶背离形态的出现，往往意味着级别比较大的下跌调整可能到来。

双死叉形态中，两个高点之间的时间间隔相对较短，而且高点大多在相近位置附近，没有明显的差异。实战中，部分双死叉形态虽然两个高点的外观差异不大，但如果细究其具体数值，可能也具有背离的特征，这种情况并不影响我们按照双死叉形态进行分析判断。

如图 2-21 所示，A 点处 MACD 指标的最高位数值略高于 B 点，但这两个点在外观上没有明显差异。而 B 点的股价却明显高于 A 点，股价与

MACD 指标存在背离。类似于这种形态，我们以双死叉形态进行分析，对于最终的判断结论并无影响。

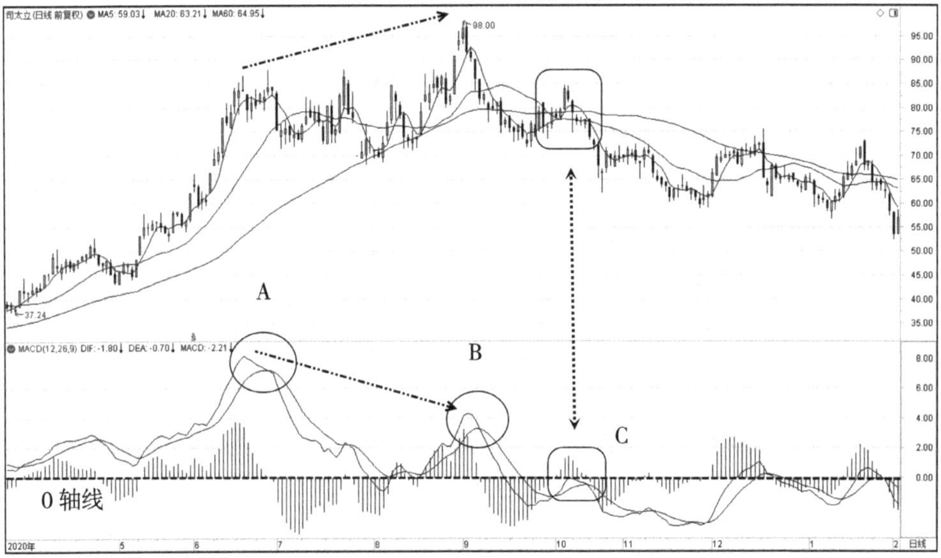

图 2-20

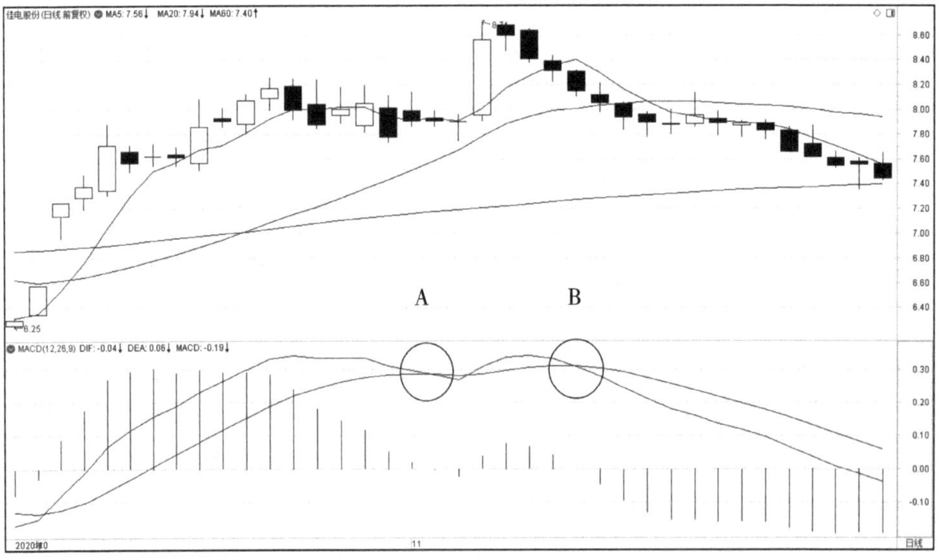

图 2-21

2. 柱状线的先行提示作用

趋向转化初中期，柱状线的表现最为强劲，但是随着趋向的持续运行，柱状线会逐渐失去反映趋势强弱的作用。原因在于：趋向扭转初期，随着资金的回归或逃逸，短时间内多方或空方极为强势。而在趋向运行一段时间后，博弈各方开始出现分歧，虽然趋向仍旧维持运行，但是在单一方向上不可能持续保持强势状态。

综上所述，柱状线在趋向转化初中期，往往具有一定的先行性提示作用。把握住这个技术要点，就能够比别人更早一步发现卖点或买点。

如图 2-22 中的 A 点，在股价涨势过程中，柱状线由放大到缩减，即使股价一度创出反弹新高，柱状线也仍旧维持着缩减的态势，显示多方强势正在急速下降。

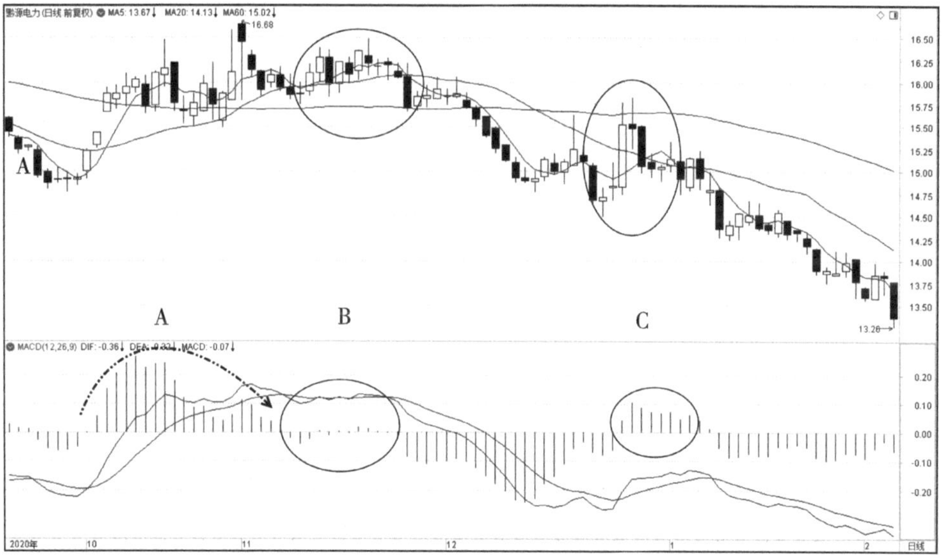

图 2-22

至 B 点时，股价处于横向小幅度盘整的状态，这时的柱状线几乎不可见。这种情况说明，在空方并未发起有强度的集中卖出时，多方已经无力维持目前运行的趋向。看到这种盘面，卖出就是唯一的选择。

C 点处，一波下跌结束后股价反弹，这时的柱状线对比 A 点趋向转化初期时的柱状线，明显处于孱弱的态势。在趋向转化初期阶段，多方都不能表现出现强势，还能指望之后会变得更好？看到这种柱状线表现，持仓者应该放弃继续做多的幻想。

第三章

玩转 KDJ

第一节　KDJ 指标基础理论

KDJ 指标又称随机指标（stochastics），是由美国人乔治·蓝恩（George Lane）博士发明的。该指标最初用于期货市场分析，后被广泛用于股市中短期趋势分析，是期货和股票市场上最常用的技术分析工具之一。

KDJ 指标利用价格波动的波幅来反映当前价格的强弱程度和是否有超买超卖现象，为交易者选择交易方向提供帮助。它的优势在于能够迅速、快捷、直观地反映行情的阶段性变化，因此更适合以中短线操作为主的交易者。

一、KDJ 指标设计原理

KDJ 指标是根据统计学原理，通过一个特定的周期（常为 9 日、9 周等）内出现过的最高价、最低价和最后一个计算周期的收盘价以及这三者之间的比例关系，来计算最后一个计算周期的未成熟随机值 RSV，然后根据平滑移动平均线的方法来计算 K 值、D 值与 J 值，并绘成曲线图来研判价格走势。

KDJ 指标主要是利用价格波动的真实波幅来反映价格走势的强弱和超买超卖现象，在价格尚未上升或下降之前发出买卖信号。它在设计过程中主要是研究最高价、最低价和收盘价之间的关系，同时也融合了动量观念、强弱指标和移动平均线的一些优点，因此能够比较迅捷、直观地用于研判行情。

KDJ 指标最初是以 KD 指标的形式出现，而 KD 指标是在威廉指标的基础上发展起来的。不过威廉指标只判断股票的超买超卖现象，KDJ 指标则融合了移动平均线速度上的观念，形成了相对准确的交易信号依据。在实践中，K 线与 D 线大多配合 J 线组成 KDJ 指标来使用。由于 KDJ 线本质上是一个随机波动的概念，故其对于掌握中短期行情走势比较准确。

二、KDJ 指标计算公式

首先计算周期（n 日、n 周等）的 RSV 值（未成熟随机指标值），然后再计算 K 值、D 值、J 值等。

以日 KDJ 数值的计算为例。

n 日 RSV=（C_n-L_n）÷（H_n-L_n）×100

公式中，C_n 为第 n 日收盘价，L_n 为 n 日内的最低价，H_n 为 n 日内的最高价。RSV 值始终在 1～100 间波动。

其次，计算 K 值与 D 值、J 值。

当日 K 值 =2/3× 前一日 K 值 +1/3× 当日 RSV

当日 D 值 =2/3× 前一日 D 值 +1/3× 当日 K 值

若无前一日 K 值与 D 值，则可分别用 50 来代替。

J 值 =3× 当日 K 值 −2× 当日 D 值

三、KDJ 指标应用法则

（1）K 值在 90 以上为超买，数值在 10 以下为超卖（见图 3−1 中的 A 点和 B 点）。

（2）D 值在 80 以上为超买，数值在 20 以下为超卖。

（3）J 值大于 100，特别是连续数天以上大于 100 时，股价可能会出现短期高点；反之，J 值小于 0，特别是连续数天以上小于 0 时，股价可能会出现短期低点（见图 3−1 中的 A 点和 B 点）。

（4）当 K 值由较小逐渐大于 D 值，图形上显示 K 线从下向上交叉 D 线，即为金叉，通常视为买进信号（见图 3−1）。

（5）当 K 值、D 值在 20 以下出现向上金叉，此时的短期买入信号较为准确；如果 K 值在 50 以下，由下往上接连两次上穿 D 值，形成右底比左底高的“W 底”形态时，后市股价可能会有相当的涨幅。

（6）当 K 值由较大逐渐小于 D 值，在图形上显示 K 线从上方下穿 D 线，即为死叉，通常视为卖出信号（见图 3-1）。

（7）当 K 值、D 值在 80 以上出现向下死叉，此时的短期卖出信号较为准确；如果 K 值在 50 以上，由上往下接连两次下穿 D 值，形成右头比左头低的“M 头”形态时，后市股价可能会有相当的跌幅。

（8）股价创新高，而 KDJ 值没有创新高，为顶背离，应卖出（见图 3-1 中的 C 点）；股价创新低，而 KDJ 值没有创新低，为底背离，应买入；股价没有创新高，而 KDJ 值创新高，为顶背离，应卖出；股价没有创新低，而 KDJ 值创新低，为底背离，应买入。

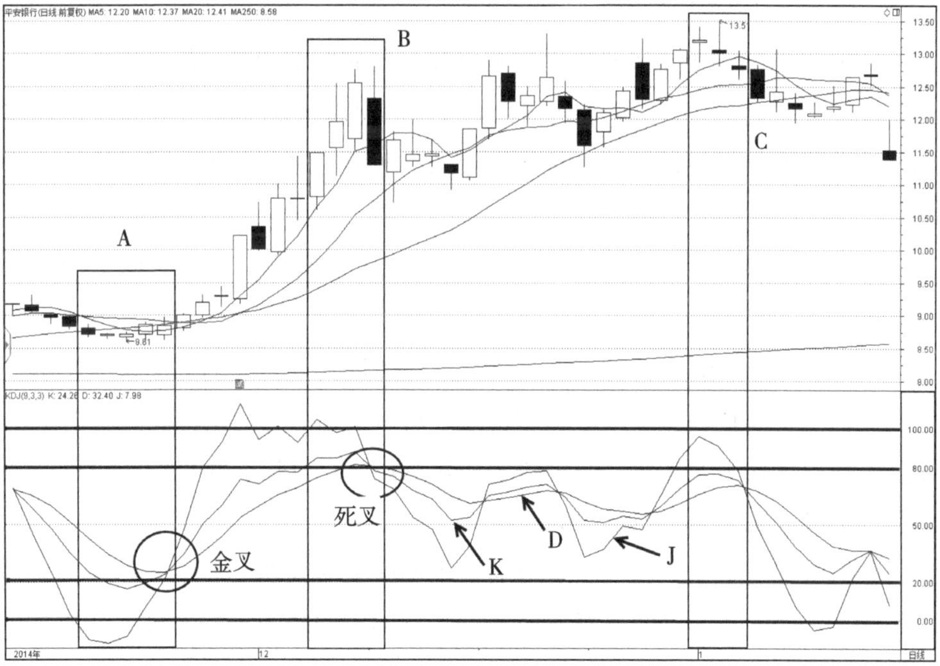

图 3-1

上述 KDJ 指标的应用法则都是传统理论中的规则，交易者可以参考但不可照搬，实战中的灵活变化，远不是这几条简单规则就可以涵盖的。本书谈及的 KDJ 指标实战应用法则，甚至会和这些传统规则相悖。正和前一章 MACD 指标一样，推陈出新，适应市场实战需要，才是技术分析应用的真谛。

第二节　KDJ 指标买入点分析

一、KDJ 指标买入信号

世界上没有任何一种技术指标能够百分之百精确地告诉你交易时机，并保证你战无不胜。任何技术指标都有其缺憾性和优越性两个方面，关键在于应用者是否能够全面地认知和灵活应用。

1. 逆转式向上交叉

KDJ 指标的向上交叉具有多种角度和不同的技术含义，值得交易者关注的是逆转式向上交叉。所谓逆转式向上交叉，是指 KDJ 指标整体向下运行期间，随着股价的反弹，KDJ 指标向上交叉，明显与之前整体向下运行的态势相逆。

如图 3-2 中 A 点所示，KDJ 指标向上交叉，明显与之前整体下行的态势相逆反，并且超过之前大多数交叉的高点。

这种交叉之所以称为逆转式向上交叉，是因为其具有的提前预示作用。逆转式向上交叉往往预示着股价即将迎来趋向或趋势上的逆转。如图 3-2 所示，A 点出现这个交叉时，股价的表现并不强劲，但到了 B 点时，股价一改之前的萎靡之态，走上扭转趋势之路。

KDJ 指标逆转式向上交叉，有着技术层次上的区别。

通常来说，KDJ 指标整体向下态势持续的时间越长（技术层次较高），出现逆转式向上交叉，则预示着股价未来的上涨力度越大。短时间内的逆转式向上交叉（技术层次较低）或者未能突破整体下行态势的一般性向上交叉，并不具备交易的参考价值。

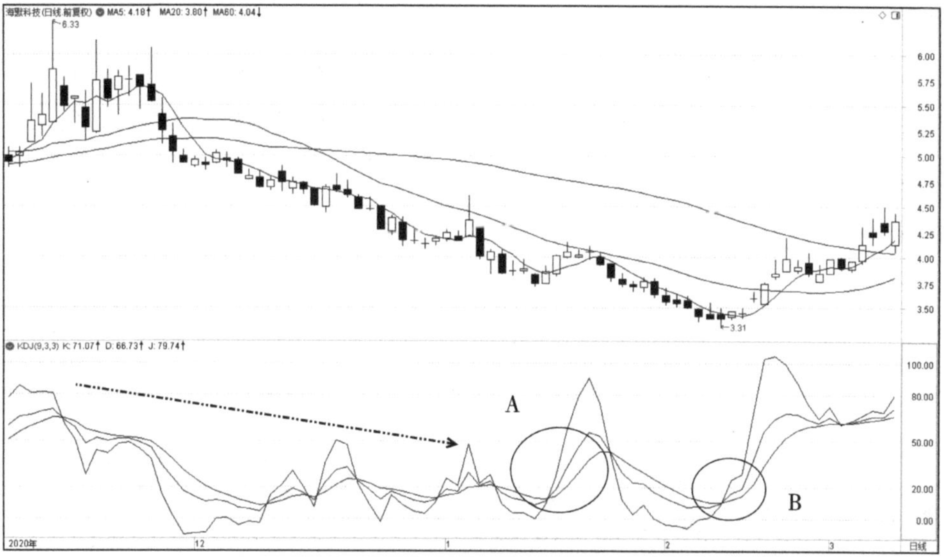

图 3-2

所有技术层次较高的逆转式向上交叉，可能都符合量化交易的要求，却不一定都适合中小交易者买入。KDJ 指标发出这个买入提示时，价格大多数时候都会出现相应的上涨，但是问题的关键在于，这个上涨是否具备获利的空间？幅度狭窄的上涨可能连手续费都赚不到，如果贸然介入，亏损的概率实在太大。

如图 3-3 中 A 点所示，至少三次出现了逆转式向上交叉，但是相对应的股价并未出现符合交易要求的涨升幅度。那么交易者该如何判断哪些是符合交易要求的逆转式向上交叉呢？

答案是：技术环境分析。

我们来分析一下图 3-3 中的 A 点和 B 点有什么不同。

就 KDJ 指标逆转式向上交叉的技术形态来说，二者并无明显区别，但从技术环境分析的角度，却可以发现二者截然不同的技术含义。

A 点处 KDJ 指标出现逆转式向上交叉时，均线系统依旧维持黏合态势，其对股价的上涨根本谈不到具有明显的支撑，更多的是测试作用。A 点的逆转式向上交叉，不适合短线交易者，但符合波段交易者寻找低吸买入机会的要求。

B 点处逆转式向上交叉时，可以明确地看出均线系统对于股价的上涨具有支撑作用，均线多头发散，上涨趋势已初具雏形。这种逆转式向上交叉，才是真正值得短线交易者重点关注的买入提示信号。

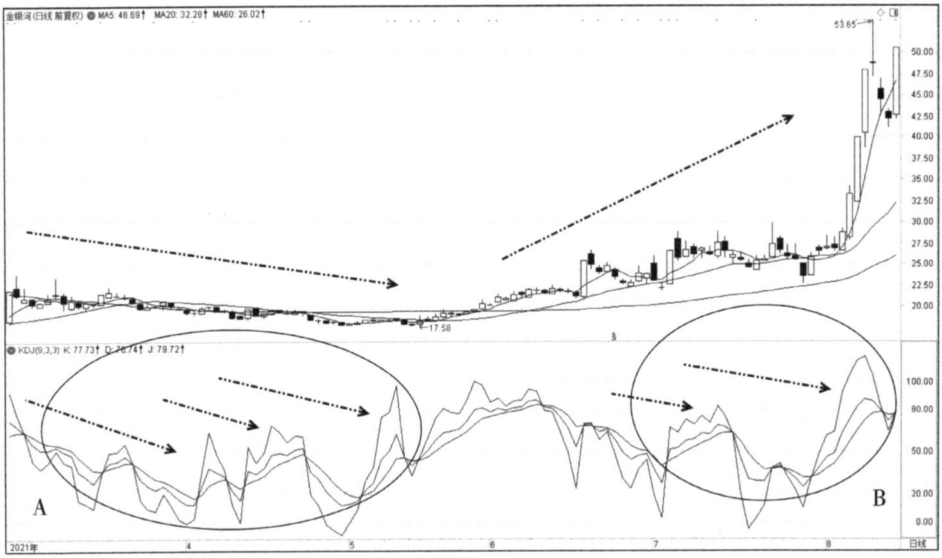

图 3-3

2. 背离买入机会

KDJ 指标背离，是指价格下跌而 KDJ 指标并不随之下跌，而是低点逐步抬升。但背离并不意味着必然出现交易机会，判断背离是否会带来交易机会，还需要技术环境分析的辅助和印证。

如图 3-4 所示，A 点时股价下跌，KDJ 指标同步下行，B 点和 C 点时，股价再创新低，但是 KDJ 指标却不再刷新低点，而是逐步抬升，继而形成向上交叉，这就是 KDJ 指标和股价之间的背离关系。

实战中，出现背离后，交易者需要做的并不是马上进行交易，而应该从技术环境分析的角度来寻找安全的介入时机。背离的出现，仅仅是提醒交易者该股存在买入机会，而这个交易机会是否符合买入要求，则需要不同风格的交易者自己用心去把握。

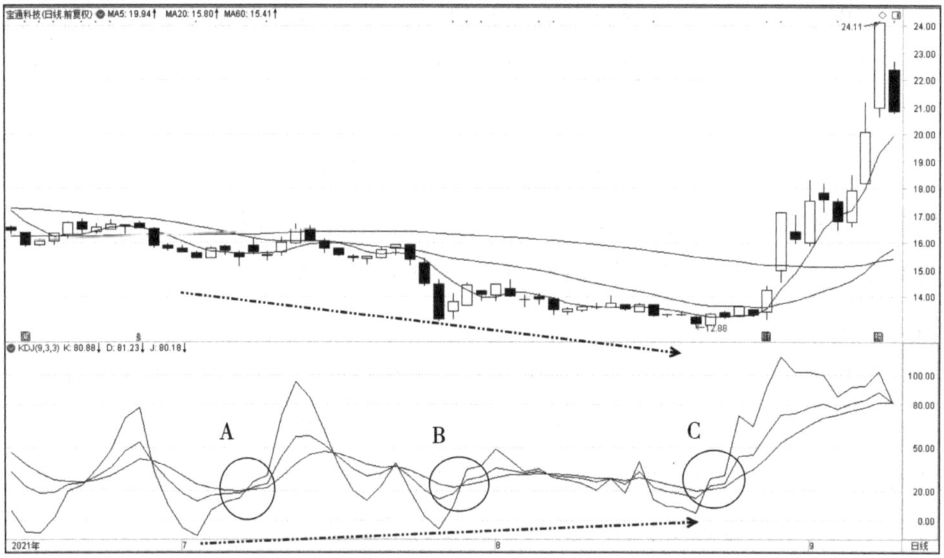

图 3-4

3. 暴跌中的买点

无论是上涨趋势还是下跌趋势，股价都会出现暴跌的情况。这种短期内的大幅度下跌，往往会带来不错的短线机会，KDJ 指标对此能够起到较为理想的提示作用。

图 3-5

如图 3–5 所示，该股处于上涨趋势中，至 A 点处股价出现快速回落，KDJ 指标的 J 线数值一度低于 0（图中虚线标示）。之后股价迅速转跌为升并回归原来的上升趋势。

实战中，J 线数值低于 0 时，一般出现在短期过度超跌阶段，多是由股价短期暴跌所引发。对于 KDJ 指标的这种做多提示，如果目标股票处于上涨趋势中，而且均线系统基本保持上行的多头势态，那么多数情况下是一个不错的短线买点。

如果目标股票处于下跌趋势中，股价出现暴跌而 KDJ 指标的 J 线数值低于 0，则交易者不可轻率介入做多。因为在下跌趋势中，股价暴跌有时是一种常态，也就是说暴跌发生后，股价经过短暂修复仍会继续暴跌。这种情况对于激进的交易者来说，意味着要遭受较大的交易损失。

图 3–6

如图 3–6 所示，在该股整个下跌趋势持续期间，J 线值多次下破 0 线后（图中虚线标示），只有个别的较强反弹有盈利机会，其他时候交易者如果介入，很难获取盈利。

在下跌趋势中，对于 KDJ 指标 J 线数值低于 0 的情况，可以说多数都不是合适的买点。只有当技术环境显示股价已经摆脱暴跌的态势逐步回暖，或者通过背离、逆转式交叉等技术工具发现股价具有可操作性，交易者才可试探性做多。

下跌趋势中参与做多，交易者必须明白超跌下的反弹可能多数都不会持久，所以操作时必须时刻警惕风险的存在，分析时不能只注重有利的一面，漠视诸多不利的技术因素。即便技术分析上已经无懈可击，仍旧必须做好一切离场准备，包括止损离场。

二、KDJ 指标买点实战研判

1. 高点钝化和低点钝化

在股价单方向持续运行时，KDJ 指标会呈现钝化的形态。KDJ 指标的钝化包括高点钝化和低点钝化。在传统理论中，KDJ 指标一旦出现钝化，就意味着失去技术提示作用。但是经过实战研究发现，KDJ 指标出现钝化并不必然导致指标失效，在特定的技术环境下，这种钝化仍具有重要的提示作用。

（1）KDJ 指标高点钝化。

KDJ 指标高点钝化一般出现在持续上升的趋势中。对于这种高点钝化，传统理论认为，交易者应当转多为空或采取其他技术手段研判。但笔者认为，KDJ 指标出现高点钝化，在做多交易中有时具有趋势持续的含义，交易者过早地转多为空，往往会带来策略性的错判。

如图 3-7 所示，随着股价启动上涨，KDJ 指标在 A 点处就进入到相对高位区域。之后在 B 点处，股价出现快速上涨，KDJ 指标则进入到 80 以上的高位，并基本保持高位横向运行的钝化形态。由此可见，只要 KDJ 指标高点钝化处于持续状态中，同时均线系统保持多头态势，交易者不妨坚持做多。

（2）KDJ 指标低点钝化。

KDJ 指标低点钝化多出现在持续下跌的过程中。如图 3-8 所示，股价下跌过程中，KDJ 指标整体下行到 20 线以下出现钝化，而股价仍旧保持持续性下跌的态势。

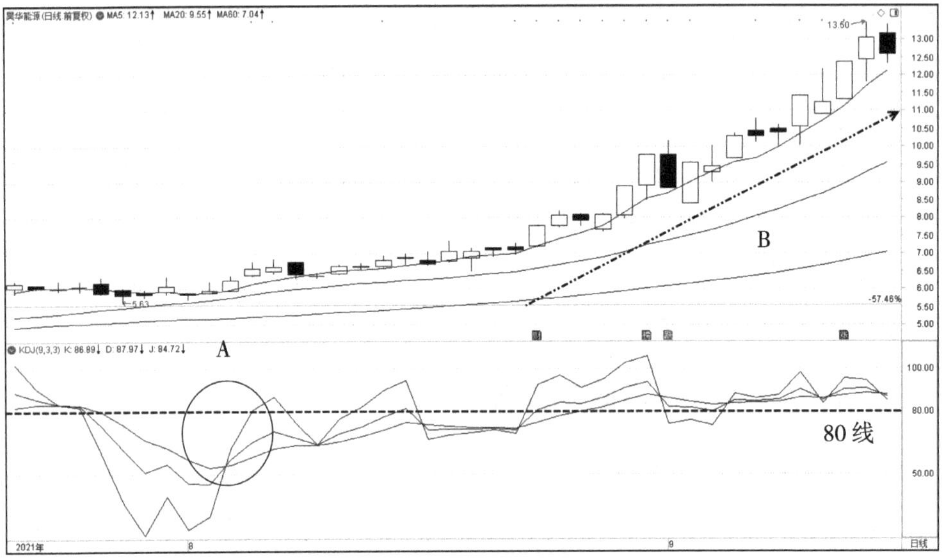

图 3-7

在 KDJ 指标钝化的持续阶段，交易者应避免盲动买入。如果是一直追踪的目标个股，交易者至少也要等到逆转式向上交叉等技术环境进一步发出支持做多的信号之际再采取入场行动。

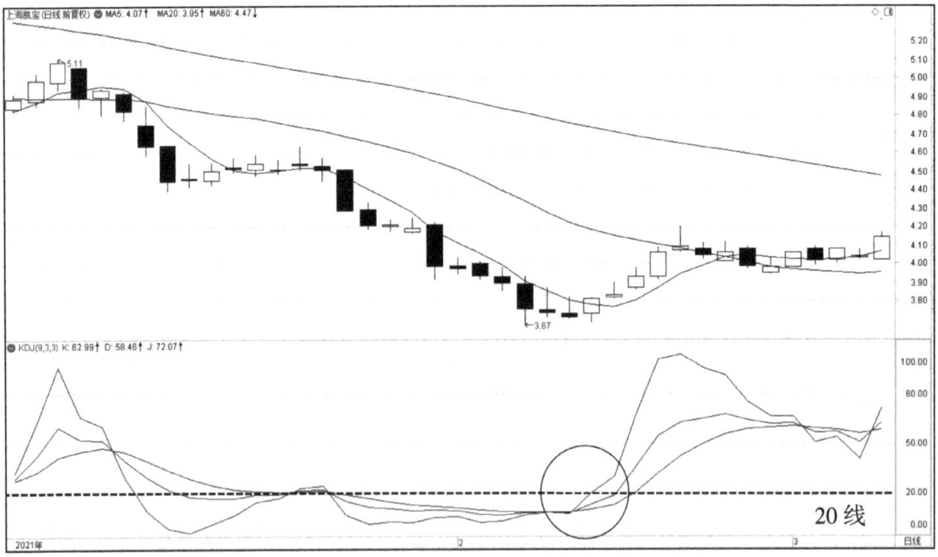

图 3-8

2. 背离与量能催化

交易者通过背离关系研判股价运行趋向时，需要参考技术环境分析。技术环境分析包括多种技术工具，其中也包括成交量因素。本书为使图例清晰不杂乱，大部分案例未加入成交量柱图。关于成交量分析，读者可以参看《成交量核心技术》一书。

成交量在技术分析中更像是潮汐和暗流，有时候突如其来的量能会使处于纠结中的技术环境变得明朗起来，有时却会让本来明朗的局面横生变故。但是因此就认为量能能够决定价格运行趋向，则会犯下本末倒置的错误。正如适宜的温度可以帮助鸡雏破壳而出，却不能决定一枚鸡蛋必然会孵化出鸡雏。量能不是价格趋势的决定性因素，但是它能够起到加速或延缓的催化作用。

如图 3–9 所示，A 点处股价下跌，KDJ 指标随之向下。之后股价反复下跌，而 KDJ 指标维持钝化状态不再创出新低，与股价多次形成背离，成交量在这个过程中逐步缩减。

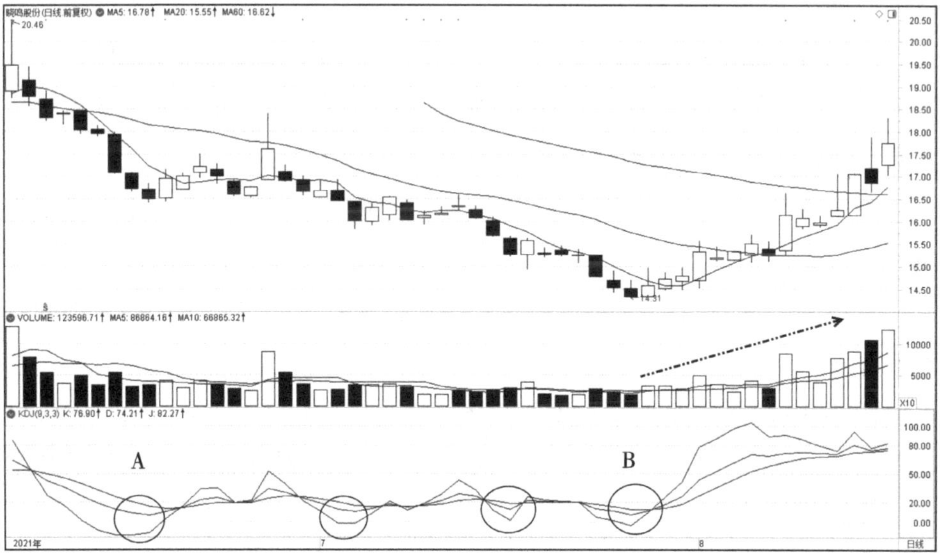

图 3–9

至 B 点处，股价又一次创出新低，而 KDJ 指标再次与之形成背离。B 点之后股价反弹，KDJ 指标呈逆转式向上交叉，同时股价逐渐得到均线系统的支撑，成交量开始出现增加的迹象。之后，成交量逐步呈现聚量的形态，完全有别于B点之前低迷阶段的量能。

实战中，既具有背离形态、逆转式向上交叉，也具有均线系统的支撑，如果成交量同时出现聚量形态的变化，那么多种技术工具同时发出共振，这种情形下的买点信号，其真实性和准确性将会非常高。

第三节　KDJ指标卖出点分析

一、KDJ指标卖出信号

利用KDJ指标寻找卖点时，交易者必须明确一点，即该指标发出的信号更多地适用于中短期行情研判，同时在具体操作中应注意技术环境分析的指向，避免因痴迷于指标提示而做出孤注一掷的交易决定。

1. 向下交叉卖出的两个条件

应用KDJ指标时，很多人将注意力集中在KDJ指标三条线之间的金叉与死叉上，并笃信向上的金叉必然意味着价格上涨，向下的死叉意味着价格将会下跌，以上这种观念在实战中几乎代表着失败交易。

如图3-10所示，A点处KDJ指标发生了向下死叉，但是股价只是出现一个短暂而平缓的调整，不久后KDJ指标又向上金叉，随后股价更是展开了凌厉的上涨行情。在A点选择卖出的交易者，必然会失去接下来的获利机会。

图3-10就是一个典型的KDJ指标骗线。应用KDJ指标，绝不能仅仅只关注向上或向下的金叉和死叉，而应更多地注意指标的整体表现以及技术环境分析。

就选择卖出信号而言，KDJ指标三线向下交叉能够采信的交易提示信号，应具备一定的条件。其一，价格出现快速大幅上涨；其二，KDJ指标相对高位钝化后三条线向下交叉。

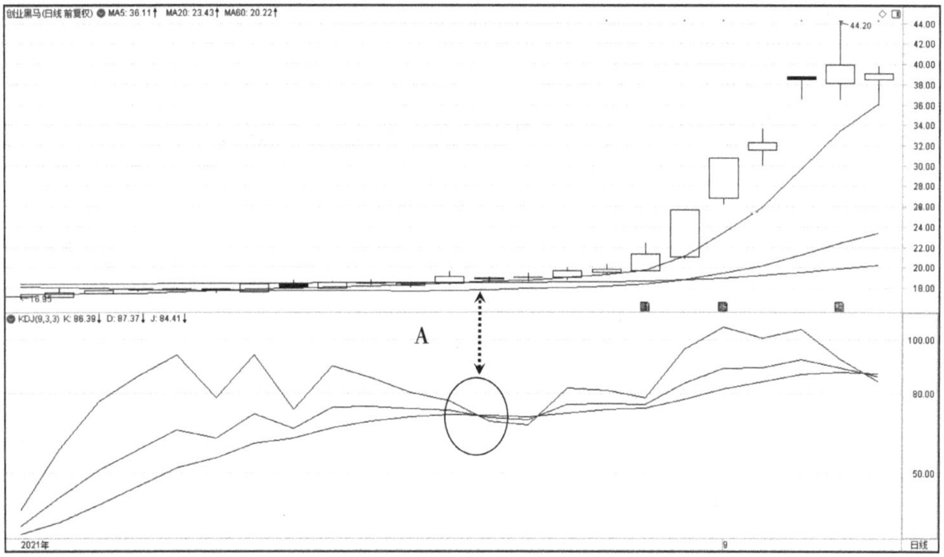

图 3-10

如图 3-11 所示，股价在一轮快速上涨过程中，A 点处 KDJ 指标呈现高位钝化的状态。在这个过程中，只要均线支撑良好，那么高位钝化并非洪水猛兽，交易者仍然可以继续持仓。

在 B 点处，KDJ 指标在高位钝化后三条线向下交叉，股价跌破上涨以来未曾跌破过的 5 日均线，这是一个高度危险的信号，交易者应该选择减仓操作。

当然，在实战中， KDJ 指标三线向下交叉提示价格下跌，并非都必须具备上述两个条件，也存在没有高位钝化而直接向下交叉后进入下跌趋势的情况，但是上述两个条件能够在一定程度上起到剔除骗线，保障提示信号相对准确的作用。

从图 3-11 中可以看到，B 点就是最佳的减仓点。如果交易者未能及时兑现盈利，那么在 C 点股价跌破 5 日、10 日均线，KDJ 指标再次死叉，也是一次减仓机会。

D 点处股价跌破 60 日均线，KDJ 指标又一次死叉，交易者如果等到这时才意识到减仓，盈利定会大幅缩水。

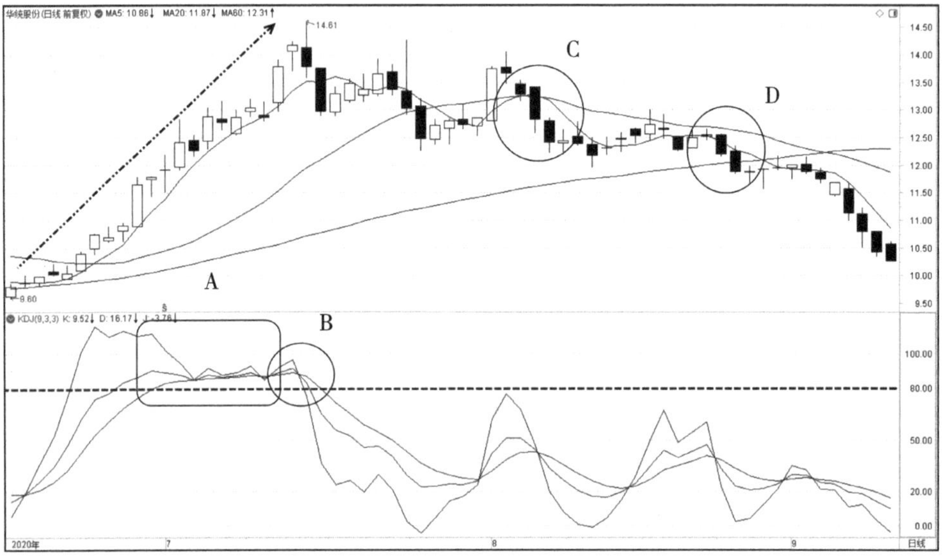

图 3-11

2. 高点渐下的短线思维

在下跌趋势运行过程中，KDJ 指标会因股价的弱反弹而多次出现向上交叉。这种交叉会给交易者带来一定程度的困惑和诱惑，持仓的交易者可能会萌发趋势转折向上的希望，空仓的交易者也会犹豫是否应该介入。

如果我们对技术指标的应用能够始终坚持从技术环境分析的角度入手，那么上述困惑和诱惑也就不复存在了。

如图 3-12 所示，该股处于下跌趋势中的横盘振荡期间，A 点处股价反弹，KDJ 指标随之上行。虽然 A 点的阳线涨幅达到涨停板，但是可以发现，如果交易者不能在第一时间低点买入，那么第二天追涨的交易者几乎没有盈利空间。

从技术环境分析的角度来说，在下跌趋势运行过程中，出现图 3-12 中 A 点所示的情况，仅凭一根涨停板阳线，我们没有任何理由改变观望的交易策略。

图 3-12 中股价由 A 点运行至 B 点时，至少趋向已经开始明朗，股价滞涨明显，短期均线系统横向运行，形态并没有产生积极向上的变化，基本可

以认定，A 点涨停板大阳线就是一个诱多陷阱。

B 点处的 KDJ 指标相比 A 点出现波动高点下移的态势。出现这种情况，对于交易者来说，就是一个股价即将下行的提示信号。KDJ 指标在该案例中的技术环境下，出现高点渐下的情况，这在实战中是很常见、也是准确性较高的一种卖点交易提示。

如果技术环境改变，比如在上升趋势中出现类似图 3-12 中 A 点至 B 点的情况，则不应盲目选择做空。在不同的技术环境下，技术指标同一形态有着全然不同的技术含义，交易者对此要有清醒的认识和理解。

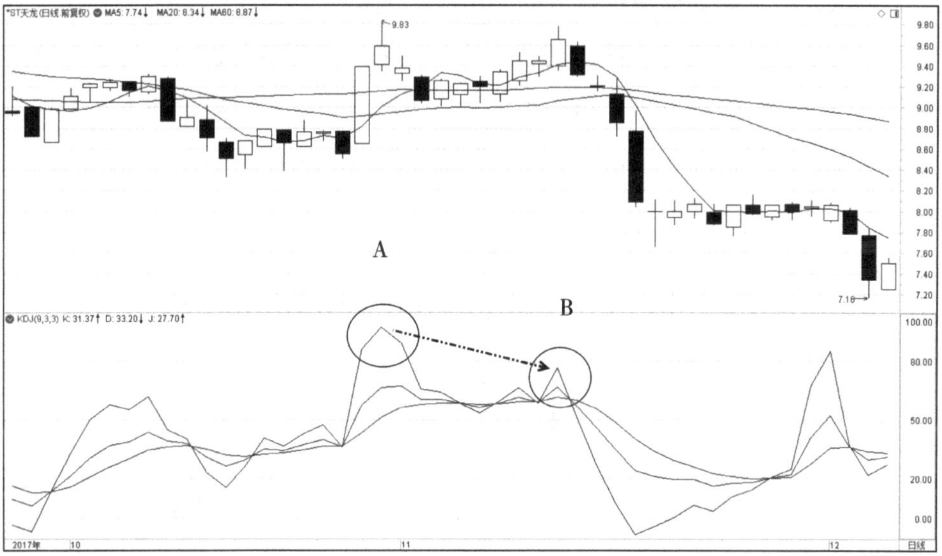

图 3-12

3. 背离与契合分析

当股价处于持续上升过程中时，KDJ 指标有时会出现与股价背离的运行趋向。如图 3-13 所示，KDJ 指标与股价同步上行至 A 点，之后股价继续保持上升态势，而 KDJ 指标整体呈现向下运行的态势，二者之间形成背离关系。

KDJ 指标与股价之间出现背离，并不意味着股价运行趋势必然会反转，如图 3-13 中 A 点至 B 点之间，股价一直保持上升。

在上升趋势维系期间，KDJ 指标与股价之间会多次出现背离，这种背离关系会在股价主动性回落过程中得以化解，随后股价仍旧延续升势。交易者如果仅仅依据这种背离关系，就武断地认定股价将会转入下跌趋势而匆忙卖出，那么十之八九会让自己的交易陷入不利的境地。

出现背离后，股价大多会出现不同程度和层次的下跌，但是我们必须明确一点，并不是所有的股价回落都适合交易者参与交易。比如，很多上升趋势维系过程中的股价回落，不论下跌幅度还是持续时间都极其微弱和短暂，交易者卖出后很难有足够的空间再买回。

那么，交易者如何选择适宜的卖出时机呢?

当股价和技术指标之间出现背离后，如果技术环境分析中，均线等技术工具也在背离过程中发出下跌提示信号，也就是说，对于股价的下跌出现多种技术工具的契合性共振，那么交易者选择卖出安全性相对较高。

如图 3–13 中的 B 点，股价创出上涨新高，KDJ 指标在与股价背离的基础上又出现高点渐下的态势，同时短期均线系统也在这时失去对股价的支撑。在均线理论中，虽然 5 日、10 日等短期均线的主要作用不在于支撑，而

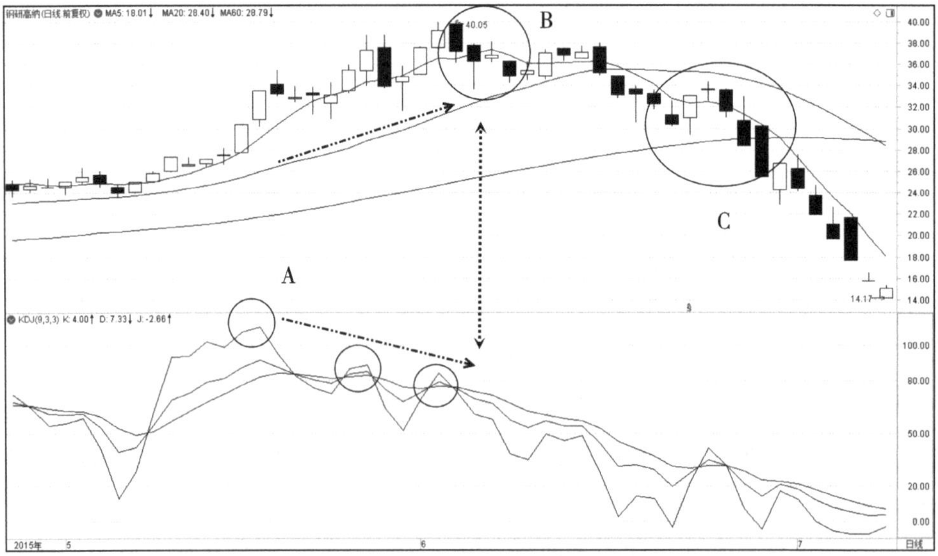

图 3–13

在于反映股价的涨跌强度，但由此也可以看出，B 点时股价的涨升强度明显下降。

图 3–13 中的这种技术环境告诉交易者，股价至少会面临一个短期回落。在指标契合共振的情况下，即使是短期回落，其回落幅度也可能较大，符合短线交易者对于卖点的要求。

二、KDJ 指标卖点实战研判

1. 高点渐下与背离的异同

高点渐下，是指股价整体处于下跌趋势或趋向中，当股价出现阶段性反弹或横盘振荡时，KDJ 指标表现出一种波动高点逐渐回落的形态。

背离的概念要宽泛得多，比如股价上升、KDJ 指标呈下行态势，即为卖出信号的背离。实战中，高点渐下与背离有相互交融的成分，其更多地应用于短期交易的判断上。

如图 3–14 所示，该股在图中 A 点处出现一根大阳线，KDJ 指标也随之达到相对高点，之后股价反复折返，呈盘整振荡的态势。

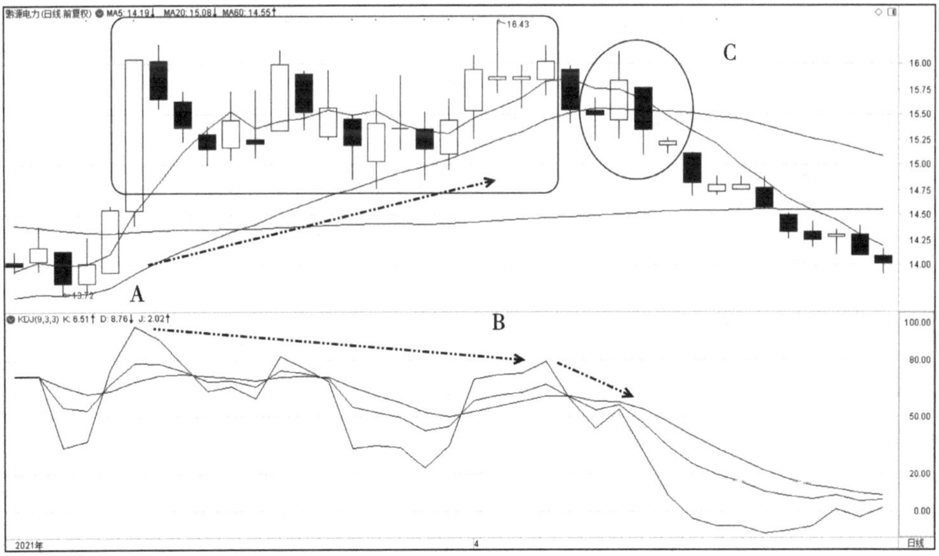

图 3–14

B 点处股价冲高刷新高点，而 KDJ 指标已经难以再创波动高点。KDJ 指标在 A 点和 B 点之间，出现高点渐下的形态。

交易者可以看到，其实 B 点处 KDJ 指标与股价之间是存在背离关系的，虽然形态上并不明显，但是在实战中，这种存在一定模糊性的背离关系，很容易造成误判。如果 KDJ 指标继续上行，就会让这种背离关系消失，让交易者在分析判断上陷于不知所措的境地。

图 3-14 中 A 点到 B 点的空间里，股价走势以折返为主，但 KDJ 指标很明确地显示出高点渐下的形态，这就为交易者指明了股价短期可能运行的方向。

如果说 A 点到 B 点仍不能让交易者认定这是一个卖出信号，那么 C 点股价跌破 5 日、10 日短期均线，KDJ 指标高点再次下行，应该给了交易者足够明确的提示。

2. *层次分析*

KDJ 指标过于频繁地提示交易信号，这是一个不可回避的弱点。对于 KDJ 指标的这个弱项，可以通过层次分析予以弥补。

所谓层次分析，是指借助不同系统周期，从更广的视角或更微观的层面，层层剖析股价与技术指标的真实运行轨迹。

比如，分析股票时，我们多习惯用日线系统。当日线系统不能给出一个相对确定的答案时，就可以从更长时间周期的周线、月线系统上来找寻答案，或者从更短时间周期的 5 分钟、30 分钟等分钟系统上查寻蛛丝马迹。

如图 3-15 所示，该股经过长期大幅度上升后出现回落，跌至图中 A 点时，KDJ 指标发出买点信号。但通过均线契合性分析发现，A 点并不具备买入的技术环境，那这里是什么情况呢？仅仅凭借图 3-15 的日线系统，很难得出一个确切的答案，这时候我们可以试着从周线和月线系统上来寻找线索。

图 3-15

图 3-16 是周线系统走势图。该股自高点下跌后出现反弹，至 A 点处再度回落，虽然近日价格出现反弹，但是结合 KDJ 指标与均线系统的提示进行契合性分析，可以认为这种反弹仅是日线层次上的，反映在周线系统上，更多地表现为一种股价的回抽，必然难以持久。

针对这种技术环境，后市如无重大变化，交易者不但不能买入，如果持有仓位，还应做好卖出的准备。

图 3-17 是该股月线系统走势图。从月线系统上可以看到该股前期具有巨大的涨幅，运行至图中 A 点区域时，股价下跌和 KDJ 指标向下交叉，明确提示股价向下转折的拐点信号。

当月线系统发出卖出提示信号时，即便不是价格的最终拐点，也必然会出现一波层次较高的大级别下跌行情，持仓的交易者理应选择卖出。图 3-18 中的 A 处，是该股的后期走势。

河池化工(周线) MA5: 7.23 MA10: 7.52 MA20: 7.72 MA60: 7.25
10.14
A
4.61
KDJ(9,3,3) K: 31.06 D: 33.05 J: 27.10
2010年

图 3-16

河池化工(月线) MA5: 7.52 MA10: 7.39 MA20: 7.03 MA30: 6.95
10.14
A
2.28
KDJ(9,3,3) K: 36.85 D: 45.99 J: 18.58
2008年

图 3-17

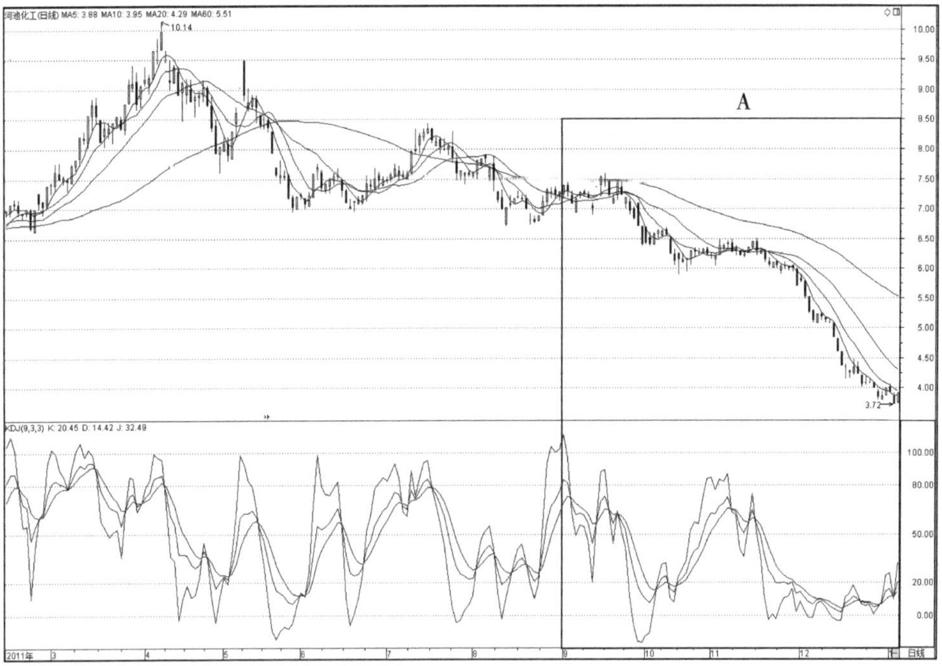
河池化工(日线) MA5: 3.88 MA10: 3.95 MA20: 4.29 MA60: 5.51
10.14
A
3.72
10.00
9.50
9.00
8.50
8.00
7.50
7.00
6.50
6.00
5.50
5.00
4.50
4.00
KDJ(9,3,3) K: 20.45 D: 14.42 J: 32.49
100.00
80.00
50.00
20.00
0.00
2011年
3
4
5
6
7
8
9
10
11
12
日线

图 3-18

第四章

玩转均线

第一节　均线基础理论

均线，全称为移动平均线，是指对最近N个时间段内的收盘价进行平均，将这些数值以曲线的形式相连接，即形成一条均线。

均线的基本原理是随着市场成本的变化，价格也将有所体现，成本的变化可能会导致趋势的延续或改变。移动平均线代表了一定时期内市场平均成本的变化趋向。

上面这段文字，是均线最基本最常规的释义。其实最为重要的是最后一句，即移动平均线代表了一定时期内市场平均成本的变化趋向。真正理解了这句话，才能明白均线在实战中的含义。

均线代表的是市场平均成本的运行趋势，其重要性在于反映现行价格得到支撑或受到压制的情况。而支撑与压制正是均线理论的核心与精华，均线分析的价值就在于此。

一、均线设计原理

移动平均线的基本原理是：随着市场成本的变化，价格也将体现这种变化，而成本的变化可能会导致价格运行趋势的延续或逆转。均线的高低起伏代表一段时间内市场平均持仓成本的盈虚消长。解读均线是一门学问，需要具备相关的专业知识。均线分析知识最好从基础开始学习，因为根基牢固与否，决定着未来的高度和方向。

二、均线计算公式

移动平均线的计算方法就是将最近 n 个交易日的收盘价相加并取平均值，然后将计算所得的一系列平均值以曲线的形式连接，即形成了均线。

计算公式为：$MA=C_1+C_2+C_3+\cdots+C_n/n$

其中，C 代表某时间段的收盘价，n 表示移动平均的周期，如 5 日、10 日、20 日、60 日等。

以 5 日均线为例说明。某股连续 10 日的收盘价为 10 元、10.5 元、10.3 元、10.1 元、10.7 元、10.2 元、9.8 元、9.6 元、9.7 元、10.5 元，则

MA=（10+10.5+10.3+10.1+10.7）/5= 10.32（5 日平均值）

MA=（10.5+10.3+10.1+10.7+10.2）/5=10.36（5 日平均值）

MA=（10.3+10.1+10.7+10.2+9.8）/5=10.22（5 日平均值）

MA=（10.1+10.7+10.2+9.8+9.6）/5=10.08（5 日平均值）

MA=（10.7+10.2+9.8+9.6+9.7）/5=10（5 日平均值）

MA=（10.2+9.8+9.6+9.7+10.5）/5=9.96（5 日平均值）

将上述 5 日平均值以曲线相连，即形成 5 日均线。10 日、20 日、60 日等均线的计算类同此。

上面讲的是算术移动平均线的计算，也是最常用的一种计算方法。移动平均线的计算方法还包括加权移动平均线等计算方法。所谓加权移动平均线，是指基于计算周期内越是近期的收盘价对未来价格波动的影响越明显，因此赋予其较大的权值。常见的有以下几种。

（1）末日加权移动平均线。

计算公式：$MA=(C_1+C_2+\cdots\cdots+C_n\times 2)/(n+1)$

（2）线性加权移动平均线。

计算公式：$MA=(C_1\times 1+C_2\times 2+C_3\times 3\cdots+C_n\times n)/(1+2+3+\cdots+n)$

（3）平方系数加权移动平均线。

计算公式：$MA=C_1\times 1+C_2\times 4+C_3\times 9\cdots+C_n\times n_2/1^2+2^2+3^2+\cdots+n^2$

（4）阶梯加权移动平均线。

计算公式：

$$MA=(C_1+C_2)\times 1+(C_2+C_3)\times 2+\cdots+(C_n-1+C_n)\times(n-1)$$
$$/2\times 1+2\times 2+2\times 3+\cdots+2\times(n-1)$$

三、均线应用法则

均线的发明者到底是谁，一直以来颇存争议。美国人约瑟夫·葛兰威尔（Joseph E.Granville）不管是不是均线的最初发明人，都不能否认他是均线理论的集大成者，以及他在技术分析领域开宗立派的地位。正是他对均线应用理论的贡献，才使得均线这一技术分析工具直至今日仍旧在技术分析领域发挥着巨大的作用。讲均线应用，葛兰威尔的均线八项法则是必须要讲的内容。

法则一：均线从下降逐渐走平且略向上方抬头，而股价从均线下方向上方突破，为买进信号。

实战中，并不是所有的均线走平、上升、价格随之突破都会带来适宜的买点，葛兰威尔的这一法则并不是按图索骥的模板。运用葛兰威尔法则一时，至少需要明确以下两点。

其一，设置的均线意义何在？比如我们设置 20 日均线，是一个介乎短期和中期均线之间的均线类型，它的走平和上升意味着股价可能会出现一波短期级别以上的行情。当行情的发展符合法则一时，我们分析的结论必然是——这不是一个日间的反弹行情，而是一个短中期以上的上升行情。不同的均线类型，出现同样的技术形态，市场意义会有较大的差别。如果将均线设置为 5 日，当出现符合法则一的形态时，则这种周期的获利空间非常狭小，而且最佳的交易时段会一闪而逝，可以说并不适合大部分交易者。

其二，行情所处的技术环境。如果大行情一直保持上涨趋势，那么这种技术环境下，个股走势符合法则一时，应是理想的买点，反之则应持谨慎的态度。

法则二：股价位于均线之上运行，回调时未跌破均线后又再度上升时为买进时机。

在一轮上涨趋势维持期间，股价会多次回探以寻求支撑，同时清理浮筹，提升市场持仓成本。交易者设置好适合自己操作习惯的均线类型之后，当股价在上涨途中回落至这条均线时，根据这条均线本身所蕴含的技术意义和代表的成本含义，股价未跌破这条均线便止跌企稳，也就说明股价在强势调整的状态之后仍将顺势运行。

法则三：股价位于均线之上运行，回调时跌破均线，但均线继续呈上升趋势，此时为买进时机。

在理解和应用葛兰威尔法则的时候，可以多参照一些道氏理论的内容，比如道氏理论中主要趋势和次级趋势之间的关系等。某条均线被股价跌破，并不意味着趋势必然会发生改变。实战中，在上涨趋势初步形成或运行期间，出于清理浮筹或收集筹码等多方面的需要，盘中跌破均线的强势回调很常见，尤其是中短期均线，会多次出现这种被跌破的情况。

法则四：股价位于均线以下运行，突然暴跌，距离均线太远，极有可能向均线靠近，此时为买进时机。

法则四提及的买进时机，多数情况下应当将其定义为一个短期交易行为，原因在于判断股价买入的条件仅仅是股价和均线之间的乖离率，而并非一个行情的趋势。

股价过快、过急的暴跌，使其短时间内远离成本密集区，会使持仓者产生惜售心理和逢低抄底资金的青睐。在跌幅和跌速较大、较快的情况下，一波反弹往往就会随之而来。所以，我们认为在法则四的条件下进行操作，交易者不可过分看好后市或有过高的盈利预期。当然，也不排除在不同的市场环境下，某些个股或指数会由此见到重要低点继而开始转势行情或者重新回归上涨趋势之中。

法则五：股价位于均线之上运行，连续数日大涨，离均线愈来愈远，说明近期内持仓者获利丰厚，随时都会产生获利回吐的卖压，是卖出信号。

股价向上过度远离均线，脱离成本区，意味着持仓者短期盈利大幅增加，必然会诱发兑现的欲望。法则五和法则四都是分析股价在极端行情下的交易策略，以均线为参照。法则四是讲股价超卖，而法则五是股价的超买，无论是超卖还是超买，都会给交易者带来不同程度的获利机会，前提是交易者必须清醒地认识到超卖或超买的来临，而不是跟随超卖而卖，跟随超买而买。

任何事情在单一方向上的过度表现都必然会引起逆转或崩溃，即所谓“全则必缺，极则必反”。在股票交易上，有时候用哲学的方式来思考和分析，比精确的数学计算还要管用。

法则六：均线从上升逐渐走平，而股价从均线上方向下跌破均线时，说明卖压渐重，为卖出信号。

观测均线与价格之间的关系，不应只注重其中的“形”，比如看到股价首次跌破均线便认定下跌必然到来。在交易过程中，仅依据技术分析的“形”，并不能得出确定性的结论。在股价首次跌破均线时，如果交易者认为下跌必然会到来，于是出手做空，之后指数并未直接开始下跌，而是返身收复均线，这个时候空头仓位就会让人很焦灼。倘若心态不过关，因而选择平仓或反手做多，亏损就成了唯一的结果。无论是葛兰威尔法则还是其他理论，在应用时都不能只看其“形”，还要注重资金与筹码的真实流动关系。

均线理论在实战中的应用，不能脱开资金与筹码流动关系的配合分析。看明白了均线与股价的“形”，只是在理论上刚刚入门，资金与筹码的流动关系才是交易行为的决定性因素，这也是道氏理论中强调客观分析、剔除以主观愿望进行交易的原则。资金与筹码流动关系理论，笔者称之为“逃逸与回归理论”。

法则七：均线和股价在下行趋势中，股价反弹并涨升至均线上方，而均线却继续下行，是做空信号。

法则七其实是对道氏理论中主要趋势、次级趋势和短期趋势之间关系的一种技术性阐述。当主要趋势或者次级趋势为下跌时，短期趋向的逆向表现并不足以改变趋势。在均线保持持续下行的态势下，说明当前的下跌趋势方兴未艾，在大多数情况下，短期上涨对整体下跌的趋势而言只能是螳臂当车。也许有人会提出质疑，大趋势的改变也是从小趋向开始的，没有短期上涨的开端，就不会带来中长期趋势的扭转。鉴别一个短期上涨是扭转趋势的开端还是一个短命反弹，关键就在于上面所提及的“逃逸与回归理论”，反转和反弹，一样的外形，但绝不会是一样的内涵。

法则八：股价位于均线下方运行，反弹时未能突破均线，当股价再度出现下跌，此时为卖出时机。

应该说法则八论及的是一个比法则七更弱势的反弹形态，这种弱势形态在不同交易品种的熊市中都可以经常看到。当这种弱势形态的反弹出现时，冲动的买入者必然会遭遇资金亏损的代价。有时候，你可以把均线看成一道长城，价格不能强势翻越这道“长城”，就说明目前的趋势还处于青黄不接的饥荒期，多方孱弱的身体目前完不成这项“突破运动”，那么做空或等待就是理想的选择。

葛兰威尔法则就讲到这里。笔者所认识和理解的葛兰威尔八项法则并不是一个固有模型或计算公式，在交易中，没有任何一种理论或经验值得你镌刻成碑文，永远不进行更新和修正。真正能够赚钱的、管用的理论，必然是深入你的理念之中，并且经过实战的千锤百炼之后所形成的。

四、均线形态与转化

均线如同奔流的江水，K 线则像是在水中行进的船只。水能载舟，亦能覆舟，更有逆水行舟和顺水行舟之别。

总之，在运用均线判断行情变化时，永远不要忘记一点：均线是灵动的，K 线也在不停的变化之中，呆滞、机械地理解和应用 K 线与均线之间的关系，必然得不到理想的结果。

1. 顺水行舟形态

当均线行进的方向与 K 线运行方向保持一致的时候，就称之为“顺水行舟”。“顺水行舟”有两种技术形态，其一是 K 线与均线同步保持整体向上态势，也称之为多头排列，如图 4-1 所示。

其二是 K 线与均线同步保持向下态势，即空头排列，如图 4-2 所示。

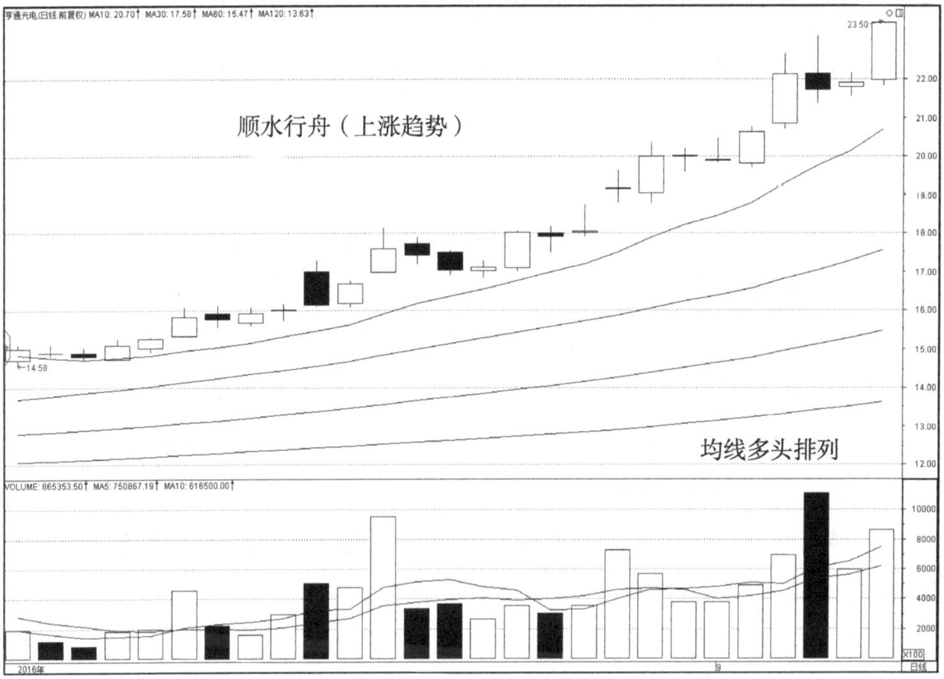

图 4-1

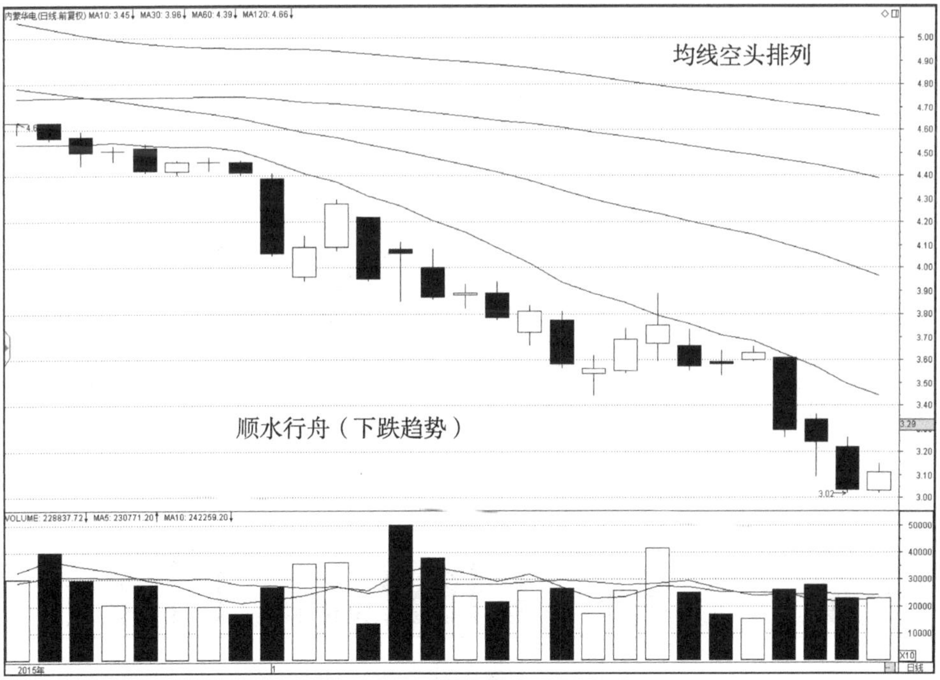

图 4-2

在“顺水行舟”态势下，均线多头排列时，K线上涨往往很火爆；空头排列时，K线下跌则很凶悍。正如船在顺风顺水的条件下行驶时，可以达到“轻舟已过万重山”的境界。

2. 逆水行舟形态

当均线运行方向与K线运行方向相逆时，就称为“逆水行舟”。“逆水行舟”也有两种技术形态。

其一是均线向上行进而K线向下运行，这种形态一般出现在K线上涨过程中的正常回落整理，或者行情终极拐点时，如图4-3所示。

其二是均线向下运行而K线向上运行，这种形态一般出现在下跌途中的反弹抵抗，或者见到行情拐点时。

“逆水行舟”意味着需要耗费远远大于常态的能量，当这种超常能量不能持续补给的话，也就到了行情停止前行甚至逆转的时刻。通常情况下，“逆水行舟”形态持续的时间都较为短暂，如图4-4所示。

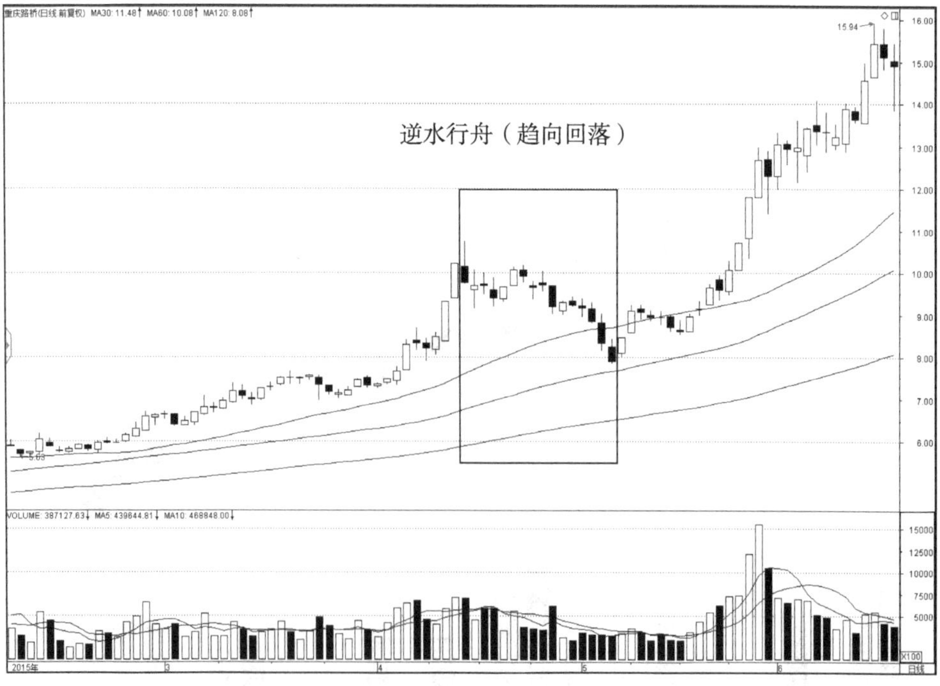

图4-3

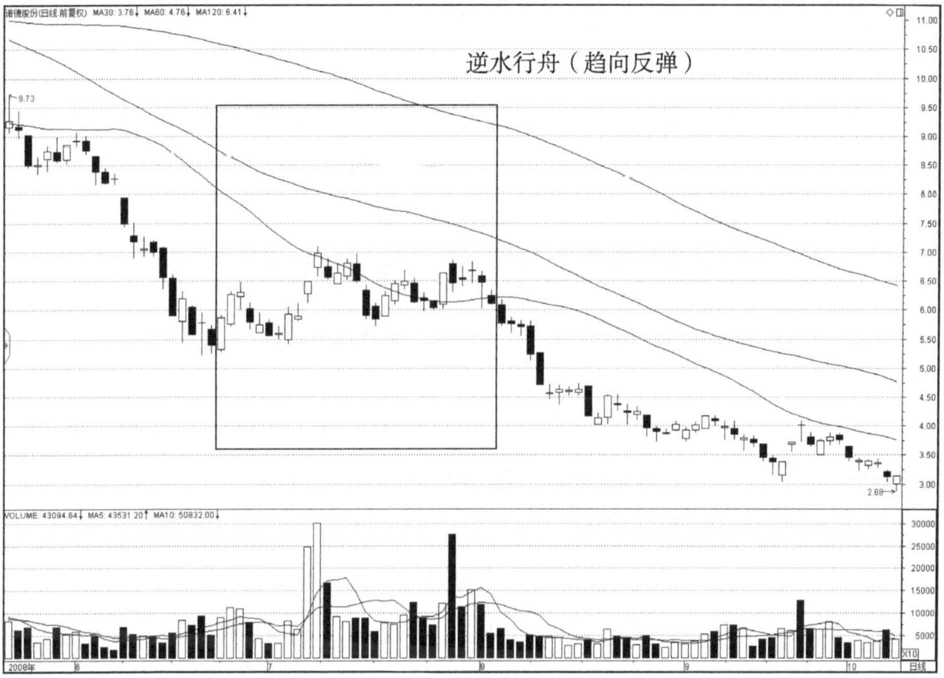

图 4-4

确认 K 线与长期均线系统的趋势，关乎到交易者在一个较长的时间范围内所采取的主要交易策略。K 线与长期均线系统的趋势，也是交易者鉴别自己的交易行为是顺势而为还是逆势而为的一个标尺。

通常来说，符合趋势的顺势而为应当成为交易者的主要交易方向和交易策略，参与逆水行舟形态下的趋向行情，则是与趋势相逆。与趋向顺势，只能是短期交易方向和轻仓配置。

在上升趋势的市场中，当然应以做多为主要的策略和交易方案。同时，在参与回落（逆水行舟之趋向回落）行情时，应当控制好做空的尺度和界限。在下跌趋势的市场中，当然以做空或观望为主，主要参与趋向反弹行情，回避短期反弹。

3. 顺逆关系的转化

无论是“顺水行舟”还是“逆水行舟”，总是随着行情发展的变化而变化，不可能永远不变。热火朝天的牛市终会终结，而肃杀清冷的熊市也必将有结束的一天。

“逆水行舟”形态可能会在运行途中结束，继而回归到原有趋势，也可能会在运行中得到强化延长或转化。“逆水行舟”的转化，是指由原来的趋向行情转化为趋势行情。

“逆水行舟”形态代表着趋向性行情，多数时候当其运行至一些重要的均线关口，往往也就是趋向性行情结束的时候，随后就会回归到原来的大趋势运行中。

当“逆水行舟”形态连续攻克一些重要的均线关口时，意味着其处于形态的加强延长状态中，或者这个“逆水行舟”形态可能正担负着趋势转化的重要使命。

如图 4-5 所示，该股经过长期大幅下跌后，在 A 点出现与中长期均线相逆的“逆水行舟”形态。通常来说，这个形态下的反弹行情，多数在遭遇到 60 日均线重要关口时，就会结束反弹重回跌势。

但是随着行情的发展，我们发现这个“逆水行舟”形态开始出现强化，轻松突破了重要的均线关口 60 日均线后，略加盘整便继续向上攻击 120 日均线。

此时就应当重新审视这个“逆水行舟”形态的性质是不是正在发生转化，而不仅仅是单纯的趋向强化。是不是趋势转化，形态自身就会告诉我们。

之后股价迅速突破 120 日均线，回抽破掉均线，但很快收复并继续升势，有挑战 250 日均线的势头。实战中，很多交易者遇到这种情况可能担心会不会错过一轮升势，有的还会选择追高买入。

但学过脱线形态的都知道，该股股价连续急升已经和最短期均线形成脱线，同时上方的 250 日均线是极为重要的均线关口且呈下行态势。这两方面因素叠加分析，可以得出一个结论，即使股价向上穿越 250 日均线，也很难形成真正的突破，冲高回落是大概率的结果。（脱线形态等理论，见《均线核心技术》一书。）

该案例中，该股股价果然冲高回落。这个回落过程中的股价表现，对于分析“逆水行舟”形态是否存在转化的可能极具价值，也是确定是否存在介入做多时机的关键。

A 点后，长期均线 120 日均线在此处已经由前期的下行转为走平并逐渐转为上行，该股股价回落过程中受到 120 日长期均线的明显支撑，这是一个初步倾向做多的积极信号。

之后股价在多条均线间出现盘线形态，运行重心缓步上行，这里就是低吸的一个交易时机，“逆水行舟”形态的转化至此初步确认。

当股价再度向上攻击并突破 250 日均线，这个阶段的盘线就是低价位介入的最后时机，也最终确认“逆水行舟”形态由反弹趋向成功转化为上涨趋势，下跌趋势也正式转为上涨趋势。

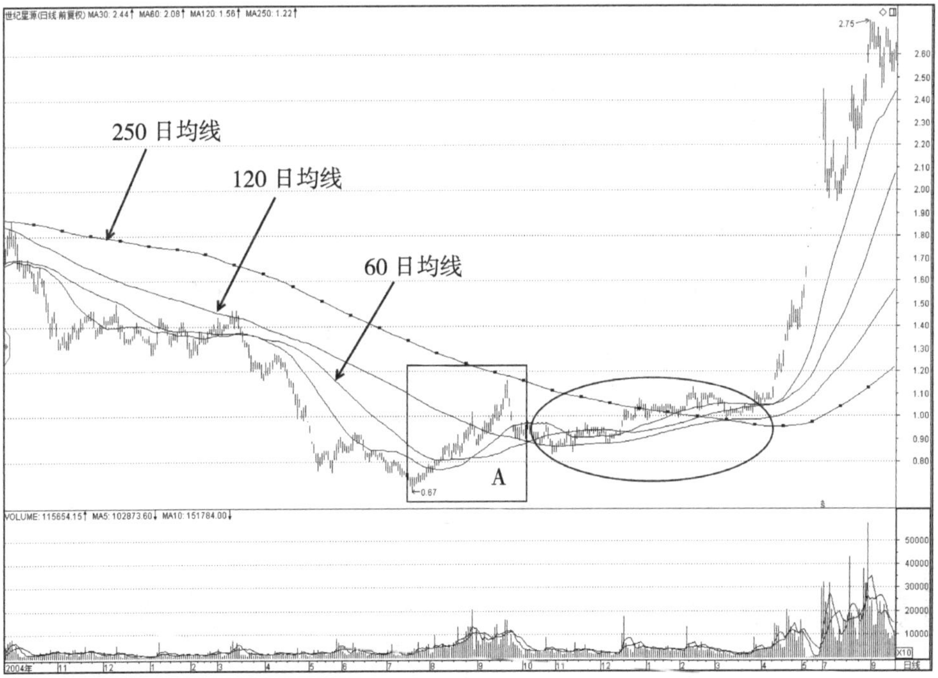

图 4-5

逆势而为并不等同于盲目地与趋势对抗的交易行为，大多数时候，逆势而为是指与市场普遍的心理预期相逆。还有一些时候，逆势而为是指处于趋势转化过程中，这时所谓的逆势，正在或已经转化为顺势而为。

“顺水行舟”和“逆水行舟”形态在实战中最显著的作用，就是能够提示交易者根据股价运行趋势选择做容易做的交易，赚容易赚的钱，追求交易中的难度，市场并不会给你特别加分。

五、均线基础分类

均线分析包括很多类别，例如，从均线时间周期上，可以分为短期均线、中期均线、长期均线；从均线数量上，可以分为单条均线、多条均线（均线系统）；从均线形态上，可以分为空头排列、多头排列、死叉、金叉、价压、价托、黏合、发散等。如图 4-6 所示。

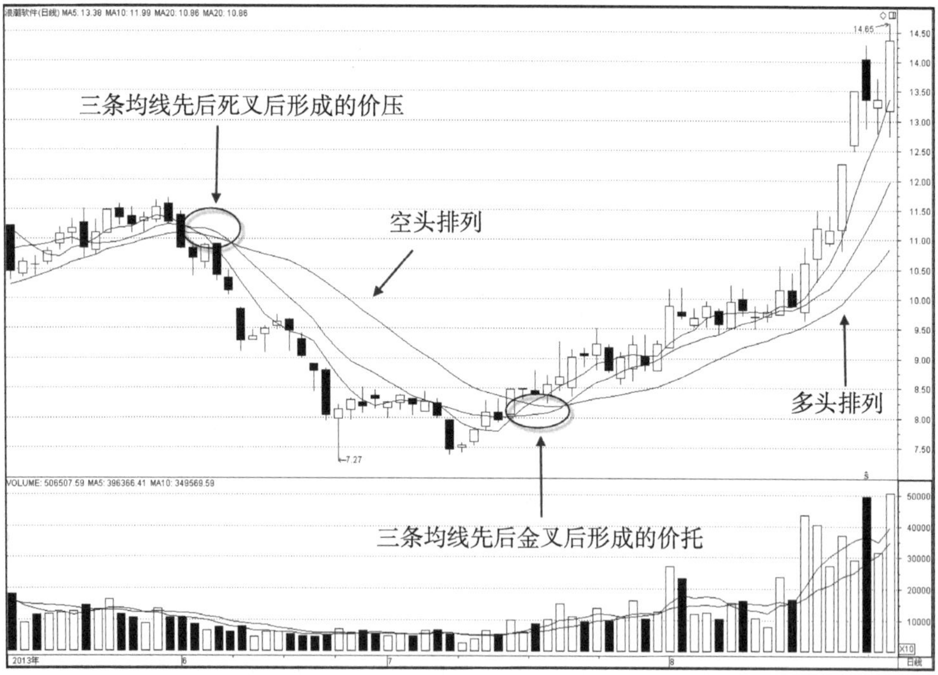

图 4-6

第二节 均线买入点分析

一、均线买入信号

无论是做多还是做空，顺势而为都是交易成功的重要法则，这里的“势”，指的就是趋向和趋势。均线的高低起伏从表面上看似乎是虚浮不定的，然而通过分析具体的技术环境，却能够发现其中隐藏的脉络。

1. 低位交叉的买入条件

股价经过一波大幅下跌后开始反弹，短期均线之间出现向上交叉时，并不一定都是适宜的买入时机，但是在之后的交易日，股价回落如能在短期均线附近得到支撑，则至少是短期买入时机。

如图 4-7 所示，A 点处股价反弹，5 日、20 日均线向上交叉，之后股价出现回落，但在 20 日均线附近得到支撑，随后股价继续上涨。

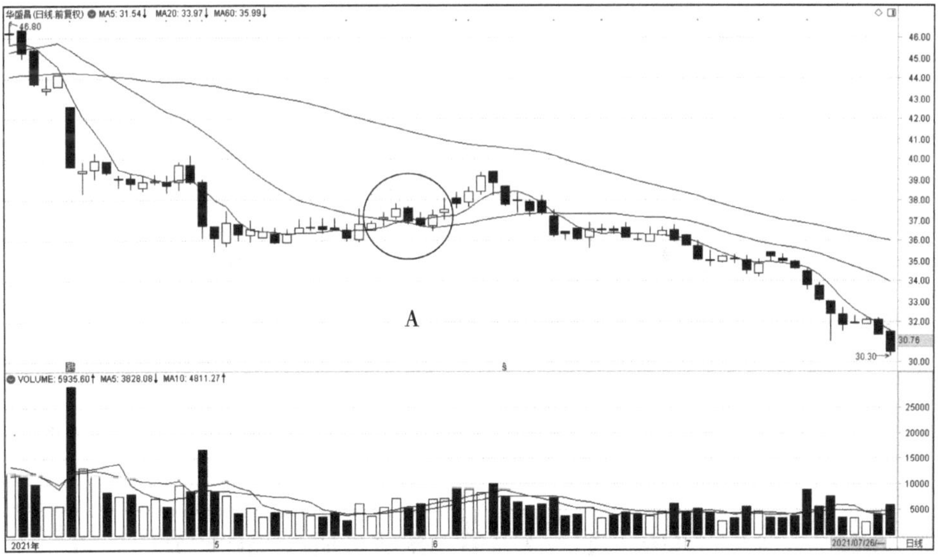

图 4-7

实战中，类似于图 4-7 的案例，只符合量化交易或带止损条件的超短线交易者，并不适合大部分交易者。因为在股价反弹过程中，短期均线初次向上交叉具有很大的不确定性，即使出现上述案例中的上涨，其涨幅也相对较小，适宜的卖点可能稍纵即逝，较难把握。所以，单独的低位交叉一般不能单独成为买入依据，还需要其他技术研判手段。

实战中，二次或者多次金叉出现时，只要价格保持低点逐步抬升，同时价格在短期均线附近能够得到有效支撑，说明股价涨升强度在不断增大，做多信号较为可靠。

在价格大幅下跌后的反弹过程中，多次金叉和由此形成的均线系统间的低点价托，也是一个理想的买入信号。

实战中，价托对于股价的支撑作用非常显著，股价涨势过程中的大幅回落往往会于价托附近结束。如图 4-8 所示，A 点处三条均线形成价托，之后股价涨升后回落，但是都在价托上方止跌回升，显示出价托的支撑力度。B 点处股价出现较大幅度的回落，其回落低点也并未触及 A 点形成的价托，之后股价探明支撑，开始进入快速上涨阶段。

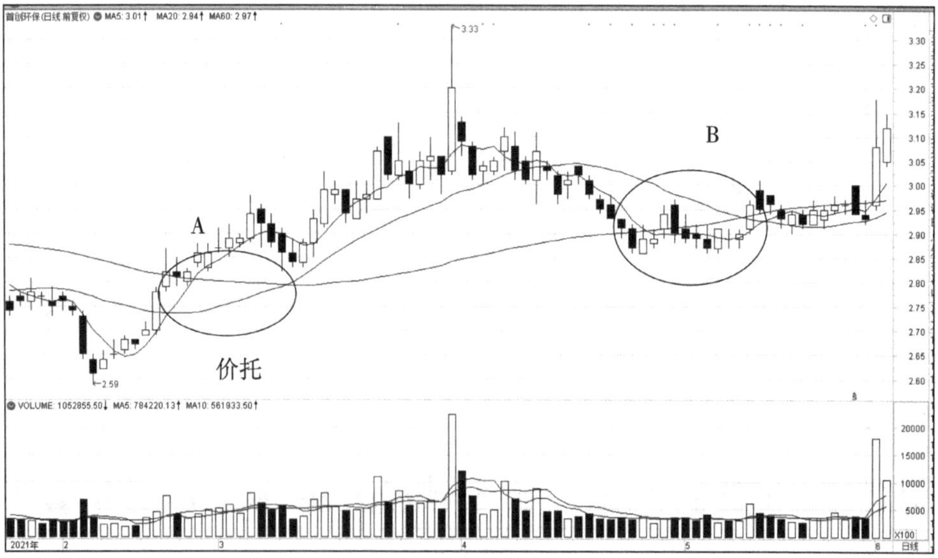

图 4-8

需要注意的是，不同周期的均线和均线系统形成的价托，其支撑作用有明显的区别。由短期均线形成的价托，其支撑力度不能和中期、长期均线形成的价托相提并论，其代表的价格趋势在级别上也有着较大的差别。

2. 趋向均线的提示信号

在快速上涨过程中，股价往往会依附某条短期均线运行，这条均线就称为趋向均线，意思是最能反映当前股价趋向的均线。当股价发生振荡时，只要这条趋向均线仍旧能够提供有效的支撑力度并保持整体上行的势头，交易者就可以稳定持仓或短线加仓。

如图 4-9 所示，该股股价主要依附 5 日均线上涨，只要这条趋向均线保持上行并能够提供支撑，短线交易者就可以继续持仓。

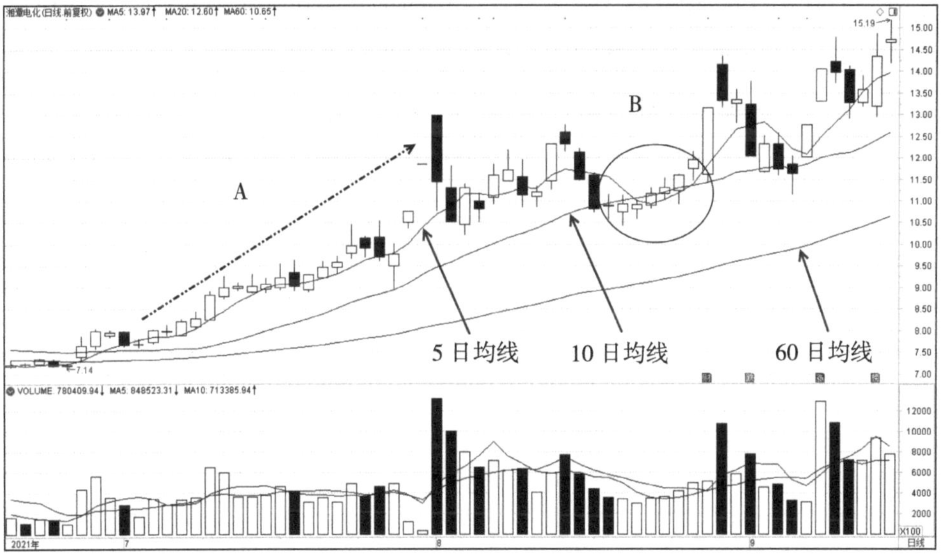

图 4-9

如果以 5 日均线为趋向均线，也就意味着交易者必然是短线交易。股价与 5 日均线之间的支撑与压制关系转化得非常频繁，交易者必须具有相应的盘间速判能力和充足的盯盘时间，以随时应对突发变故。

图 4-9 中，在 A 点处股价急速上涨，与 5 日均线形成跳线形态，这时出现的变量（详见《成交量核心技术》），应该能够给短线交易者足够的卖出提示。

随后股价振荡，至 B 点处股价跌至 10 日均线。至此，以 5 日均线作为趋向均线的交易者应该早已出局，而以上行态势更为顺滑的 10 日均线为趋向均线的交易者，仍可继续持仓，至于以 60 日均线为趋向均线的交易者，稳定持仓应是较佳选择。

不同的交易者，在交易中应当根据自身特点和交易风格来选择适宜的趋向均线，以便能够在实战中收获到更大的盈利。

3. 均线黏合后的买点选择

在长期下跌趋势运行的末期，当短中期均线系统由黏合或聚拢的态势逐渐开始显现向上发散乃至多头排列时，是较好的买入时机。

如图 4-10 中 A 点所示，股价低位均线呈现横向盘绕、聚拢、黏合的运行态势，其实这种态势并不是交易者最佳的买入时机。虽然这个阶段股价看起来很低，但是过早介入其中，往往会受到短期波动的影响，部分意志不坚定的持仓者，可能会因此做出错误的判断。

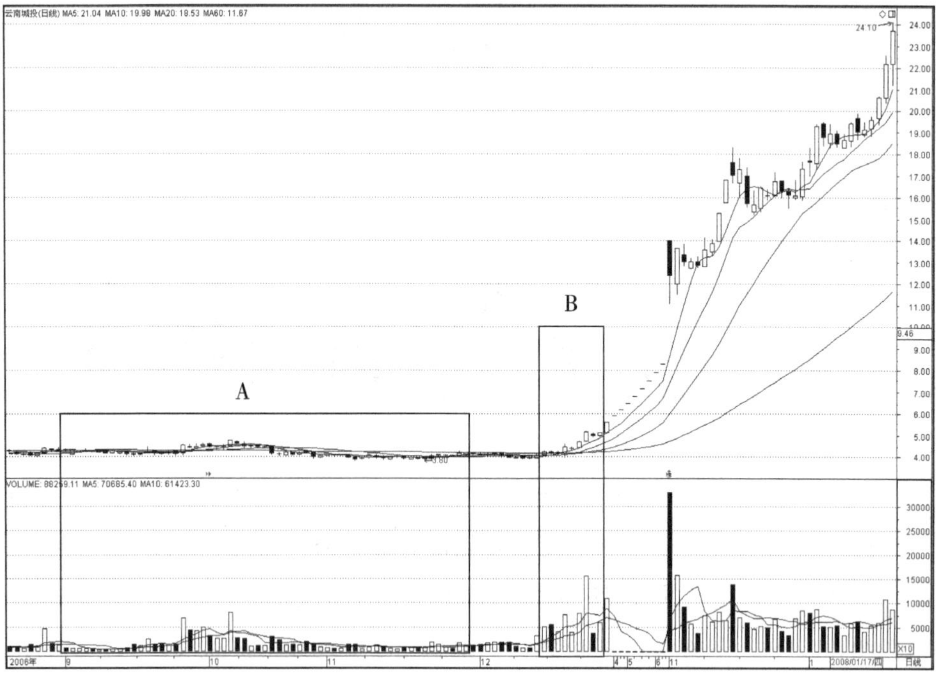

图 4-10

对于以技术分析为交易主导的交易者来说，技术细节上的选择、把握和处理，则会提高交易的成功率。图中 B 点处，均线系统呈向上发散、多头排列时，交易者选择此时介入做多，则可以享受到股价拉升的快乐，并避免了均线黏合阶段股价来回折返拉锯所带来的心理煎熬。

实战中，股价与均线的变化不会都像图 4-10 中那样水到渠成。交易的博弈性决定了只能是少数人获利，而波诡云谲、尔虞我诈则是交易必然的组成部分。

如图 4-11 所示，该股均线经过横向盘绕、聚拢、黏合的运行态势后，在 A 点处股价与均线系统并没有直接展开升势，反而开始连续下跌，均线系统向下发散。

这种态势必然会让部分交易者因恐慌而抛售持仓筹码，但是这个下跌过程非常短暂，很快股价与均线系统就转势向上运行。图 4-11 中的这种情况，是主力资金故意的挖坑行为，在拉升前夕清理掉不坚定的持仓者，这在实战中并不罕见，也是交易中必然存在的诡诈与狡黠。

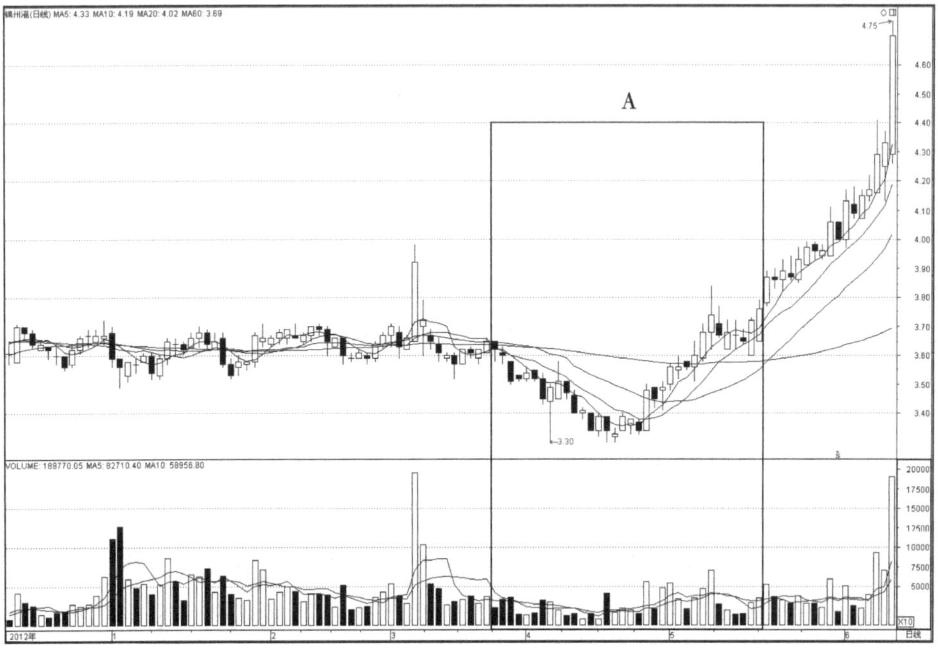

图 4-11

4. 中期均线间价托的应用

股价经过一轮下跌后出现反弹，当中期均线之间首次发生向上交叉，同时股价突破 60 日均线并得到支撑时，交易者可试探性参与做多。中期均线系统如果在之后形成价托，则远比短期均线的价托更有说服力，在技术研判上也更为准确可靠。当股价回落，这个价托如能提供强有力的支撑，可以更进一步确认中期上涨行情启动，交易者可积极介入做多。

如图 4–12 所示，该股结束下跌过程后，开始一波上涨行情，至 A 点处 20 日均线金叉 30 日均线，同时股价突破 60 日均线并得到该均线的支撑，这时交易者只能试探性地介入或者继续保持观望。至 B 点时，均线系统形成价托，并在股价发生回落时提供了有效支撑，这时才是交易者适宜的做多点位。

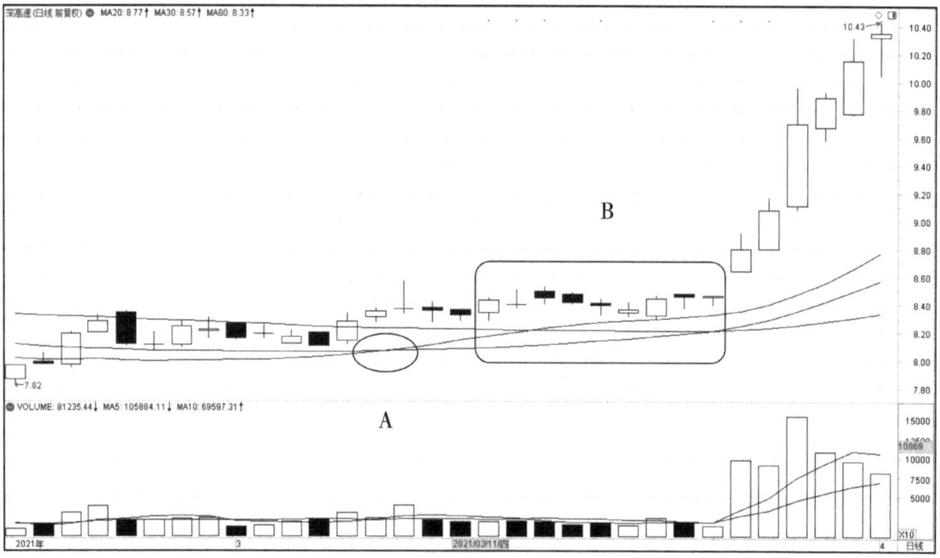

图 4–12

5. 中期均线支撑下的趋势维持

中期均线系统保持同步匀速向上，说明目前的上涨行情正处于稳定及旺盛的运行阶段。价格如果回落至 20 日或 30 日均线附近并得到支撑，是交易者介入或加仓的机会；如果跌破 30 日均线，而 60 日均线仍旧能够提供强力支撑，只要中期均线系统整体趋势未发生改变，交易者可继续稳定持仓。

如图 4-13 所示，在 A 点和 B 点，股价回落在 20 日或 30 日均线附近均得到支撑，并由此重新回到上涨趋势中。C 点时股价回落跌破 20 日、30 日均线并触及 60 日均线，但在保持上行态势的 60 日均线上受到支撑，股价由此继续上行。

股价能够得到中期均线的趋势支撑，说明短期内不存在大幅度回落或转势的可能，同时也告诉交易者当前价格运行仍旧处于升势旺盛期，不必为一时的股价回落而改变交易策略。

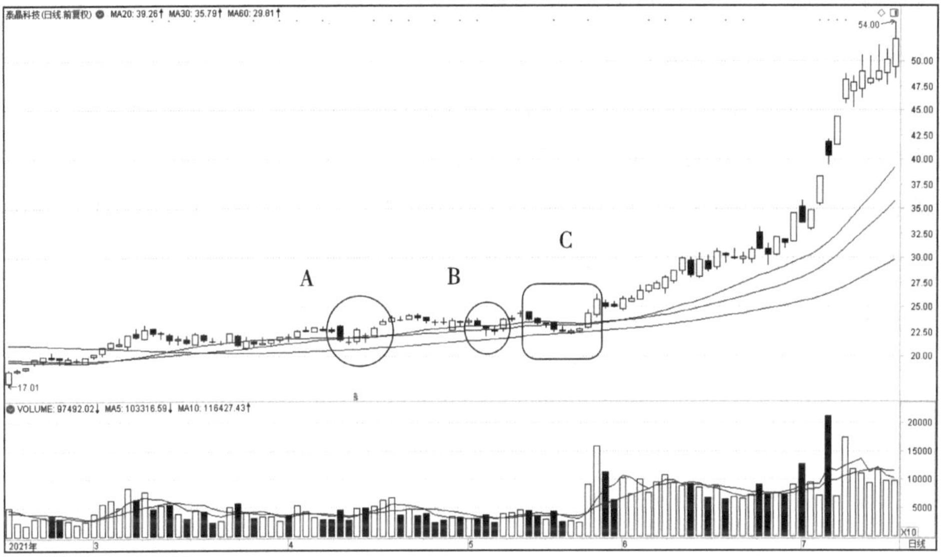

图 4-13

6. 辨别率先启动的牛股

当市场长期处于下跌趋势中，一些个股或板块会先于市场整体行情启动上涨趋势，这部分股票在大幅拉升之前，大都具有一个技术上的特点，即股价稳步突破中长期均线并得到有效支撑。对于具有这个技术特征的股票，交易者可予以重点关注。

如图 4-14 中 A 点、B 点所示，股价成功突破长期均线系统，并在之后股价回落的过程中受到中长期均线系统的支撑。这种技术形态意味着该股股价基本脱离原来的下跌或底部构筑阶段，已经进入到上涨趋势中。提前于市场展开上涨趋势的个股，是交易者应该重点关注的对象。

随着升势的展开，中长期均线之间出现价托，对股价形成较强的支撑，这也是比较理想的介入做多点位。实战中，交易者还要注意把握哪些才是最佳买点，急切地追高介入，虽然从长期趋势上看耽误的只是时间成本，但对交易者的持仓心态则会带来不利影响。

如图4-14中的A点，如果交易者选择在中长期均线第一次金叉时追高买入，且在之后股价冲高的过程中不卖出，就要承受股价一个快速回落的过程。这个回落所带来的账户上的浮亏，会让大部分交易者心生恐惧，很可能导致一部分人割肉出局。

通常来说，中长期均线系统的优越性在于确认趋势以及压制与支撑关系，对于提示股价短期买点的作用甚微。图4-14中A点这个位置，就只能利用短期均线来寻找短线买点。而图4-14中的B点，当股价快速回落到三条中长期均线构成的价托上下，股价回升并在之后明显受到价托的支撑时，才是交易者比较稳妥的介入点位。

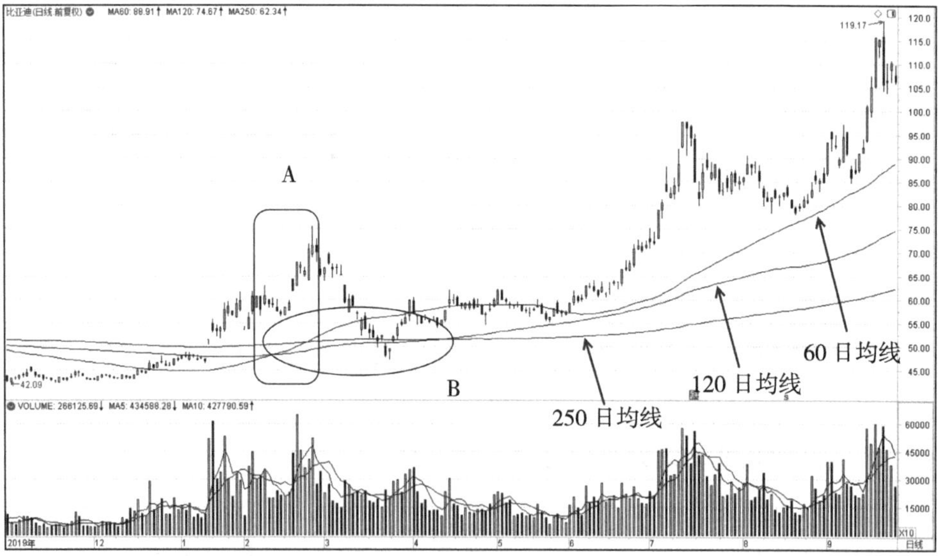

图4-14

中长期均线在稳定上涨过程中形成价托，具有涨势持续的含义，是交易者寻机介入或稳定持仓的信号。但是，在下跌趋势中，个股突发性暴涨所形成的中长期均线之间的价托，其技术意义则另当别论。

如图 4-15 所示，股价几乎呈直角上涨，成交量暴增，在 A 点处中长期均线形成了金叉和价托。在这种极端行情中出现的金叉和价托，并不具备常规行情中的技术含义，不久股价便冲高回落。在下跌趋势中出现一些凌厉的反弹行情，也会使得长期均线系统形成金叉和价托，但是价托后上涨行情往往也就走到了尽头。

图 4-14 和图 4-15 中价托的主要区别在于：图 4-14 中是价格稳步上升带来的中长期均线之间形成价托，而图 4-15 中是价格突发性暴涨情况下出现的价托。

从技术环境分析的角度来说，中长期均线系统形成价托后，如果股价发生回落，要看这个价托是否具有支撑力度。如果股价能够在价托的上下得到支撑，也就意味着上涨趋势仍将延续。图 4-15 中的价托，股价回落却不能得到价托应有的支撑，那么这个价托的技术意义就值得怀疑。

图 4-15

二、均线买点实战研判

1. 上涨趋势中的均线波动变速

在一轮主要趋势（上涨或下跌）运行的过程中，会多次出现与主要趋势相逆或横盘的均线形态，这些形态最终形成的短期行情或次级行情（上涨或下跌），对主要趋势运行节奏起到加速或者减速作用，此即为均线的波动变速，又称为“涟漪效应”。

在一个上涨趋势形成的初期，如果发生过较大级别（时间和幅度）的回调，那么在之后的上涨过程中，很少会出现超过这一级别的回落行情，整体升势会较为稳定和顺畅。一旦出现接近或者超过这一级别的回落行情，则极有可能意味着涨势接近尾声。

如图 4–16 所示，A 点处是该股上涨趋势形成初期出现的一波明显回落行情，之后股价一直维持着明显的上升趋势。这种态势对于交易者来说是最容易把握的，也是易于控制持仓和交易策略的。

B 点处股价出现大级别的回落，振荡幅度明显超过 A 点，交易者需要警惕股价可能面临顶部风险。一轮上涨行情运行过程中，越是涨势顺畅、折返振荡幅度小、次数少的个股，越是要注意防范突如其来的见顶风险。

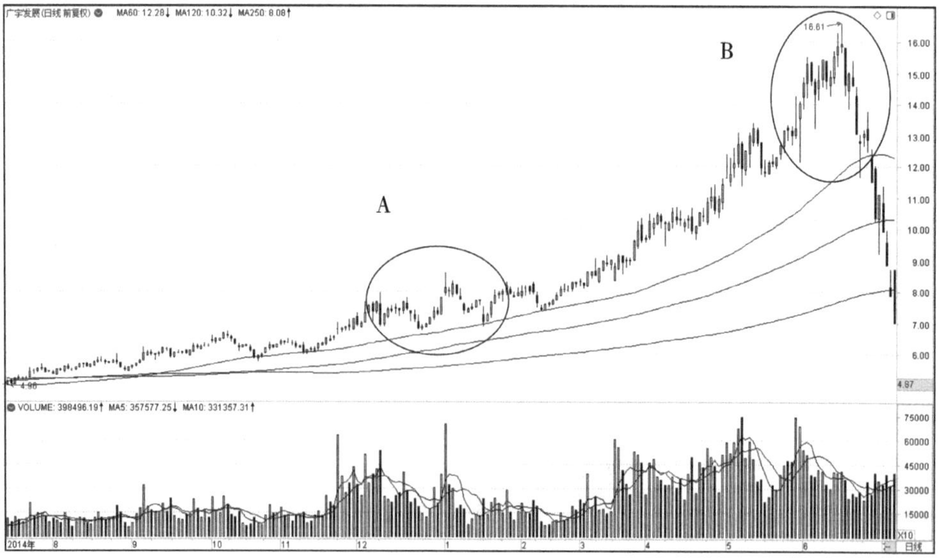

图 4–16

对于大部分个股来说，在上涨趋势初中期，如果走势一直较为顺畅，并未出现过较大级别的回落，那么在之后的上涨过程中，必然会出现中级以上级别的回落行情，而且随着整体涨势的延续，此后发生回落的幅度和级别大多会逐渐加大，直至出现趋势拐点。

如图 4-17 所示，该股在升势初期股价走势表现得极为强势、顺畅，至 A 点处出现中级回落行情，但此次回落受到均线支撑后重回上涨趋势。实战中遇到这种情形，可以根据均线波动变速规则，预判下一波回落行情的级别可能会更大，如图中 B 点处。

当股价从 B 点结束回落并再次开始上涨时，交易者这个时候应当在持仓和交易策略上做好准备，以迎接下一波更大级别的回落或者转势。图中 C 点处，股价跌破均线支撑并就此终结上涨趋势。

上涨趋势中的均线波动变速，能够为交易者在做多阶段的持仓和交易策略带来助益，能够使交易者更好地观察和掌控个股的运行阶段。如果说单条均线或均线系统分析是交易中的战术，那么均线波动变速分析就是战略。能够看得更远、更广阔的人，无疑将会赢得更多的机会。

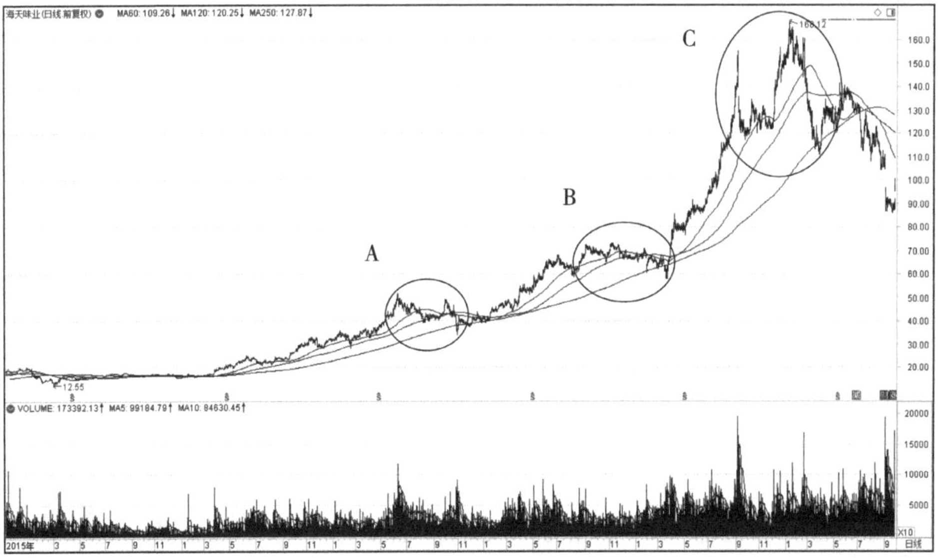

图 4-17

2. 均线黏合与向上发散

均线黏合并不是一个意味着行情必然逆转的形态，尤其是中短期均线之间的黏合。在主要趋势为上涨或者下跌的市场中，中短期均线时常会发生黏合，但是最终方向选择往往仍旧为原主要趋势的运行方向，这种黏合只是主要趋势运行中的一种横盘走势。

在判断趋势扭转时，越多的中长期均线加入到黏合中，黏合过程维持的时间越长，之后选择趋势突破的可能性越大。当均线从黏合状态中出现向上发散形态，这个时候就是交易者选择介入的时机。

如图 4-18 中 A 点所示，5 日、10 日、20 日、60 日、120 日、250 日均线在大跌之后的价格低位区域相继加入黏合的过程，这个过程大约维持了两年多的时间。

在短期、中期、长期均线发生黏合时，并不意味着价格就必然龟缩不动，图中可见，在均线黏合期间，价格出现多次急速反弹。虽然这类反弹来去匆匆，但是却对调适均线系统逐步形成多头排列起到重要的作用。A 点过后，均线向上发散形成多头排列时，是交易者做多的时机。

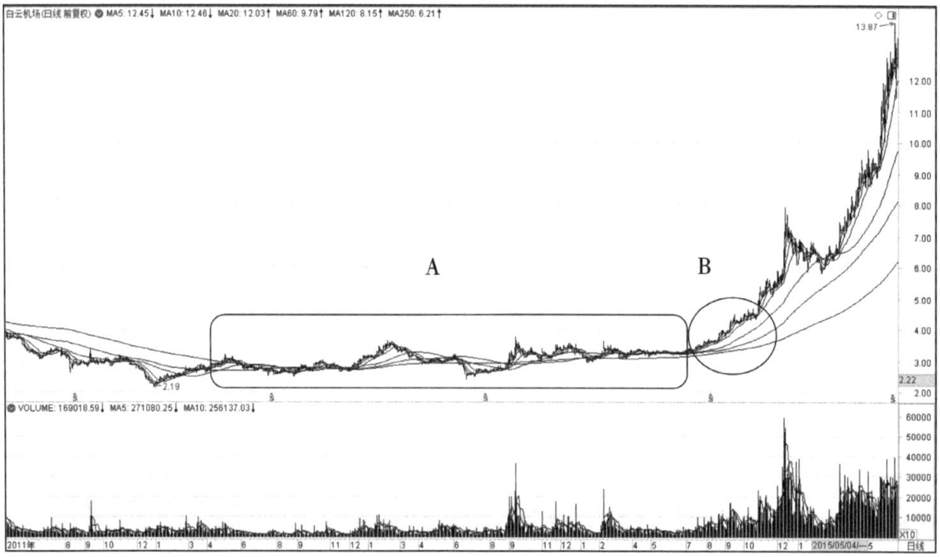

图 4-18

实战中，在长期大幅下跌趋势的尾声阶段，往往会出现短期均线向下发散的空头陷阱。如图 4–19 所示，各条均线相继加入到黏合状态中，A 点处股价下跌，短期均线向下发散，行情似乎选择了向下运行，但是接下来可以看到，股价跌至 250 日长期均线附近时便止住了跌势，明显受到长期均线的支撑。

通常来说，在长期大幅下跌趋势中的下跌，下方的任何支撑都是心理上的，也是不堪一击的，而能提供有效支撑并能够由此引发价格上升的，必然是主动攻击型资金所为。这种行为如果出现在长期大幅下跌趋势的尾声阶段，则意味着多方至少已经处于布局阶段。

图 4–19 中 A 点的空头陷阱非常常见，这种空头陷阱能够让做多或持仓信心不足的人，误以为跌势再次启动而仓皇出逃，从而使得价格低位的持仓筹码大幅减少，有利于在之后拉升过程中减少大量获利盘抛售的阻力。

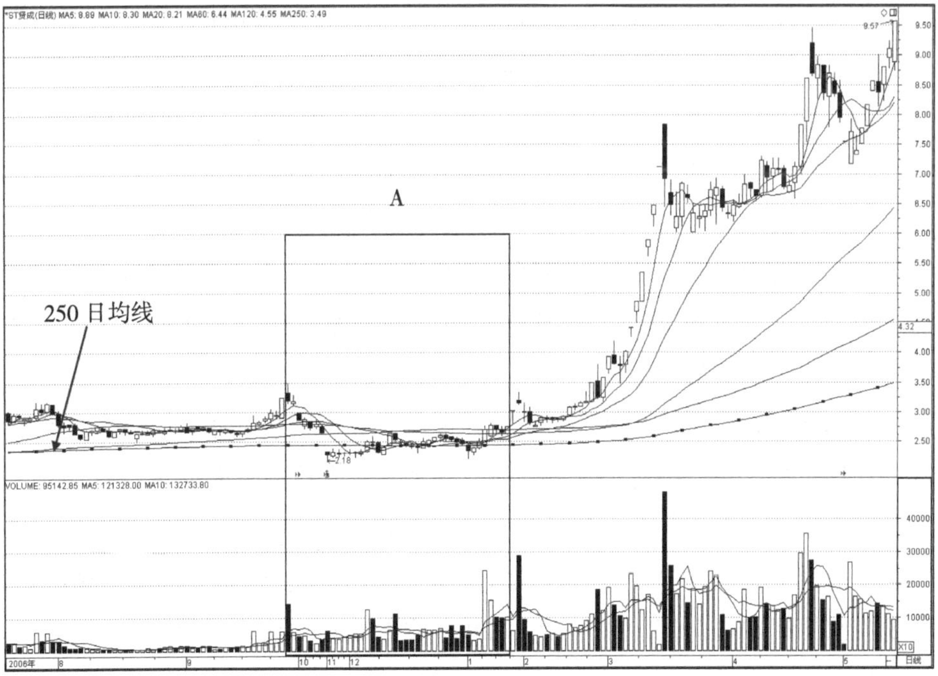

图 4–19

交易者对于均线仍旧处于黏合状态中的品种可保持关注，但不必过早介入，等待价格得到均线系统的支撑，均线出现向上发散和多头排列时，再择机做多。

均线的向上发散和多头排列对于价格的支撑作用是极其强劲的，所以一些刚刚走出黏合形态的品种，往往都具有极强的爆发力。交易者对于出现均线向上发散和一直保持多头排列的投资品种，可以采取介入或持仓的策略，直至价格和均线多头排列形态出现变化，再参考技术环境分析来决定仓位的去留。

3.“回家”形态

股价与均线之间有一种相互牵引的关系。因为均线本身的制作原理就是描述价格的平均成本，所以在上涨阶段，当价格过快、过分地远离均线之后，获利丰厚的人就会抛出，从而导致股价回归平均成本区。

在下跌阶段，过于凶悍的跌势也会吸引抄底资金的注意，所以股价会发生反弹，同样会向平均成本区靠拢。在一轮主要上涨趋势中，股价会多次出现回归均线的情形，这种情形就是回家形态。

回家形态在升势中出现时，往往给人以上涨行情终结、趋势扭转的感觉，其整体的回落幅度和维持时间都相对较大、较长，缺乏技术研判深度和意志力较弱的人，很可能在这种回落中放弃做多的信心，从而选择清仓出局。但是，不久之后，行情却峰回路转，重回上涨趋势，这些清仓的交易者就会面临踏空的境地。认识回家形态，能够让交易者坚定做多信心，认清行情回落的性质，并在交易中从容应对。

如图 4-20 所示，该股在一波升势过后，股价缓慢回落，A 点处股价直抵 120 日均线，并最终在 120 日均线上得到有效支撑后重回上涨趋势。

通常来说，在一轮升势维系过程中，价格会经常性地回归短中期均线的“家”，而短中期均线也会提供必要的支撑，从而使得行情继续维持上涨趋势。但是急涨暴升或长时间上涨过后，120 日或 250 日均线则是价格“思乡情结郁结的家”，不得不回。

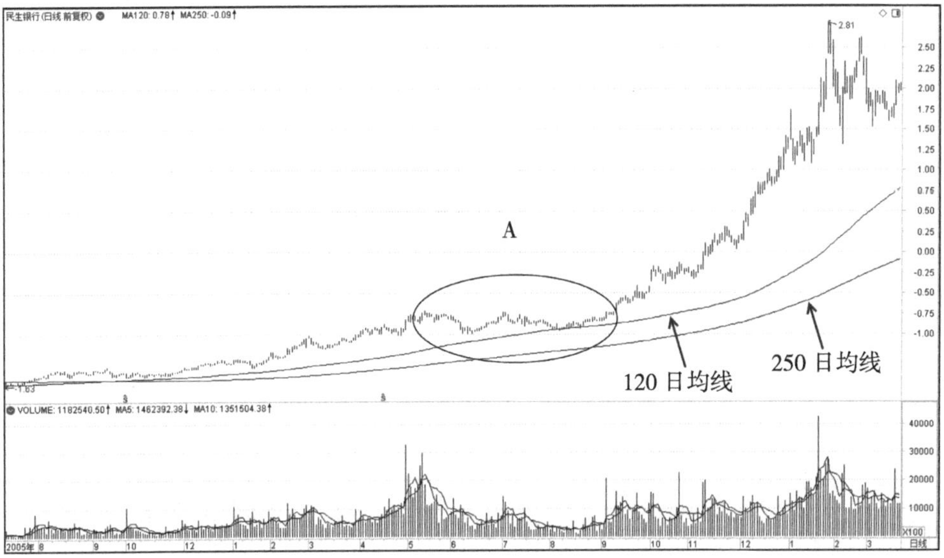

图 4-20

图 4-20 中的回家形态，股价表现较为平缓，是以延长回落时间代替回落空间的方式实现的，其整体回落在 120 日均线上得以终结。实战中，还有一种是以加大振荡回落空间来代替回落时间的回家形态。

如图 4-21 所示，该股于 A 点处出现回家形态，并于 250 日均线上结束回落继续上升。这个回家形态维持的时间较短，但回落低点却一度跌破 250 日均线，造成的恐慌情绪远大于图 4-20 中的形态。

实战中，辨别回家形态和转势下跌的关键，在于技术环境分析和支撑与压制关系的转换。如图 4-21 中 A 点所示，250 日均线能够提供有效的支撑，则上涨行情得以继续；技术环境上，均线系统整体并未由此转入空头排列，而是出现一个交叉状态后继续向上发散。

传统理论认为，支撑与压制关系的转化有两个标准，其一是突破后有 3% 的幅度；其二是突破 3 个交易日以上。这个标准过于呆板，与现在行情的运行特点有一定差异。笔者认为，确认支撑与压制转化的标准只有一个，即突破压制后要获得支撑，突破支撑后要存在压制，这才是价格和均线之间真实有效的突破认定标准。

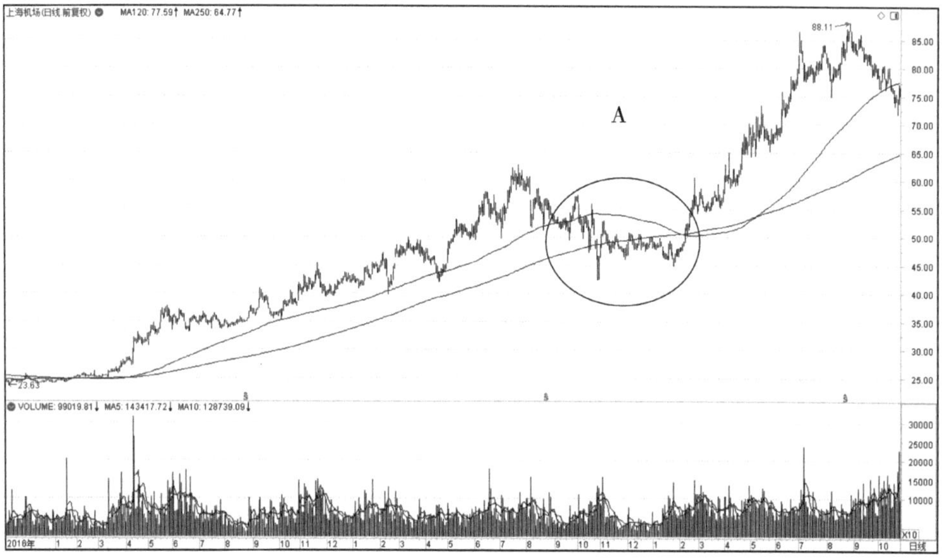

图 4-21

第三节 均线卖出点分析

一、均线卖出信号

均线具有的表达市场平均成本的特性，对于股价内在运行轨迹存在一定的牵制作用。股价过快远离均线时，必然会受到牵制而回归。基于此，均线的买点或卖点分析也就多了一个线索。

1. 远离短期均线的股价趋向变化

股价暴涨并迅速大幅远离短期均线，随着乖离率不断加大，股价下跌的概率也随之大增。如图 4-22 所示，以 5 日均线为例，A 点处股价在飙升中逐渐远离 5 日均线，不久便在冲高后出现回落。对于这类个股，短线卖点应选在成交量出现变量，股价难以继续强势上涨的时刻。

一般而言，价格暴涨远离短期均线后，回落形式不一而足。有的个股会在暴涨后直接暴跌并跌回起涨点；有的个股暴涨后回落非常平缓，会在之后形成高位横盘形态；有的个股和图 4–22 中一样，回落后再度上涨（见图中 B 点），但是随后股价却难以在短期均线上得到应有的强力支撑，由此开始转入下跌；实战中，还有的个股会在微幅回落后再度开始暴涨。

综上所述，价格暴涨并迅速、大幅远离短期均线，其后市走势情况较为多变。交易者研判这类个股的关键，就在于短期均线的表现，能够维持强势上涨的个股，必然会在短期均线附近得到支撑；反之，则说明短时间内该股已经不具备短期强势上涨的动力。

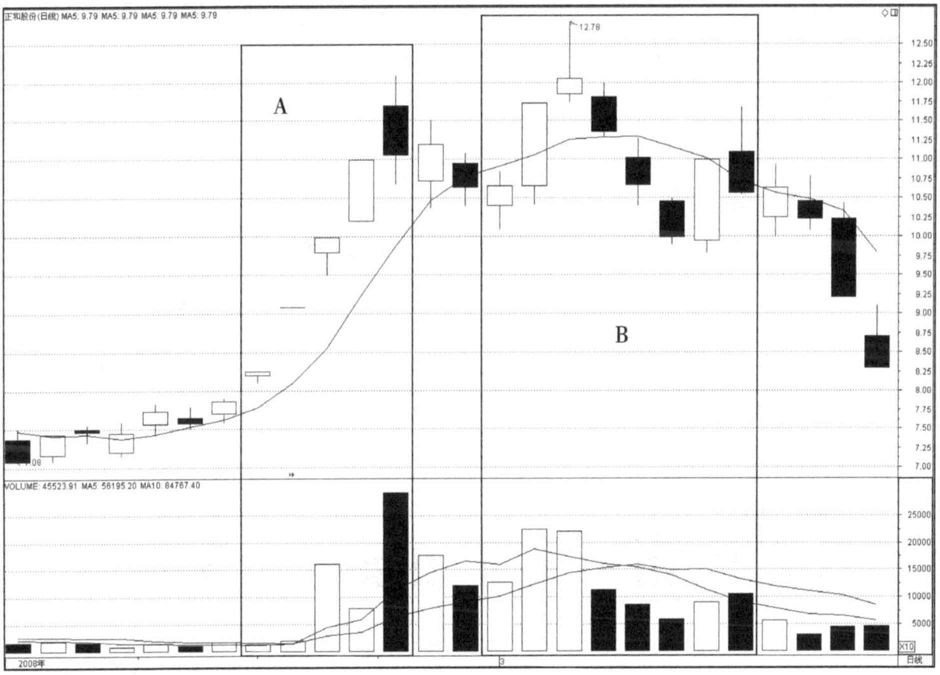

图 4–22

2. 重心下移与短期均线多次死叉

在股价大涨过后的高位区域，短期均线之间发生死叉，如果在之后的走势中股价难以延续强势并出现重心下移的态势，股价在短期均线之间相互缠绕，最终均线再度死叉并向下发散时，就是交易者卖出的信号。

如图 4–23 所示，A 点处股价在上涨高位出现盘整走势，运行重心逐步下移。随着股价下跌，5 日、10 日均线发生死叉。虽然之后股价强势反弹，但是至 B 点时再次疲软，5 日、10 日均线也再次死叉，股价运行重心明显下移，此时的卖出信号已经很明确。尽管后来股价又一次反弹，但在 C 点处，无论是短期均线还是股价运行重心，都已经疲态尽显。

上涨趋势维系期间，在股价出现短期调整或阶段性回落过程中，短期均线之间的死叉很常见，也是长期上升趋势维系期间的正常现象。但是，股价在上涨高位出现横盘走势并呈重心下移、短期均线多次死叉时，交易者应做好短期卖出的准备，股价极有可能面临一波大幅度的下跌行情。

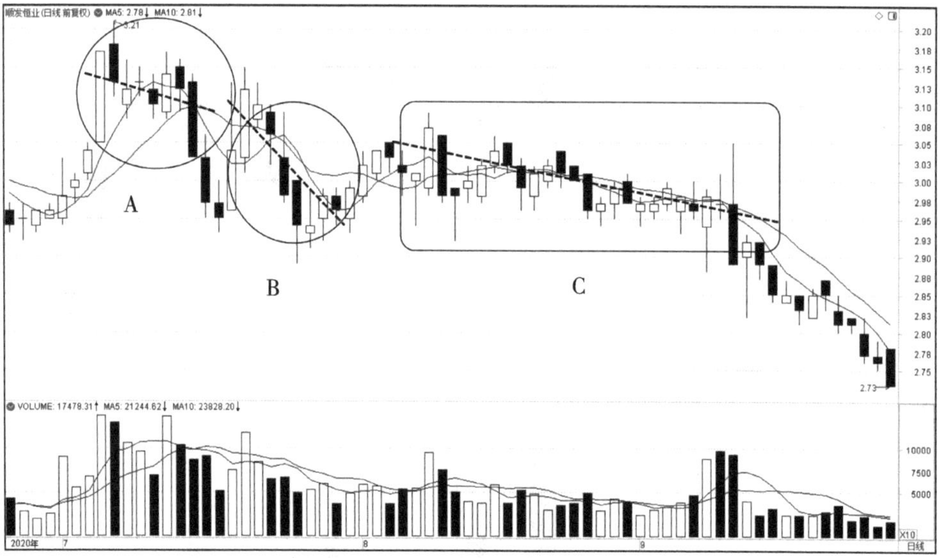

图 4–23

3. 弹升乏力下的价压构成

下跌趋势构筑初期，价格跌破 5 日均线后出现反弹，但是反弹高点始终在 5 日均线上下徘徊不前。如果此时 10 日均线和 20 日均线同步呈现缓慢逐渐回落的态势，三条均线先后死叉并形成价压，则后势行情至少面临着趋向性转折。

价压的卖点信号，对于没能在股价高点及时卖出的持仓者来说，是一种补救措施。因为等到价压出现时，股价必然已经具有一定的跌幅，想要再等股价回到高点，短期内很难实现。所以，对于短线交易者而言，价压就是出逃的最后一班车。

如图 4-24 中 A 点所示，股价回落并跌破 5 日均线，10 日均线和 20 日均线随之出现缓慢回落的走势。这种技术环境表明，短期均线系统此时已经体现不出应有的支撑作用，股价短期强势上涨暂告一段落，短线交易者应当及时寻机卖出。

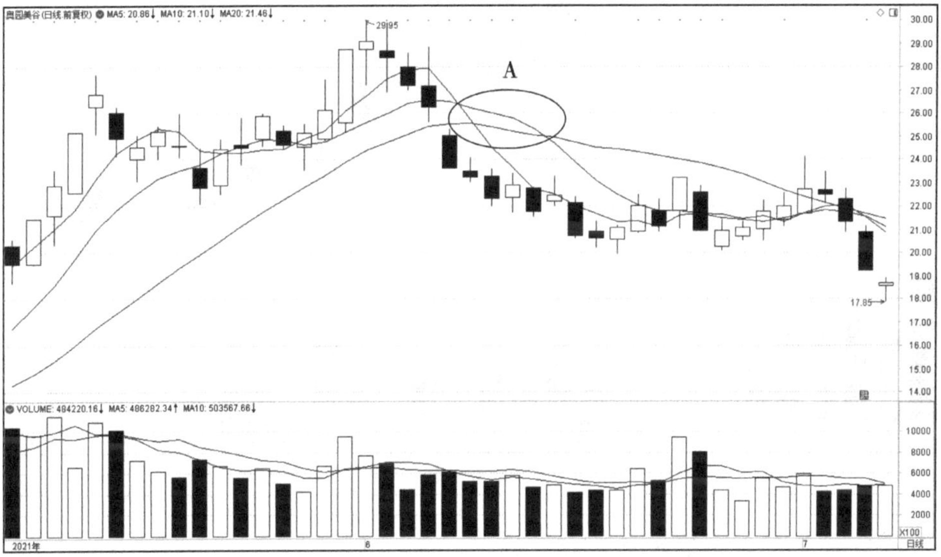

图 4-24

4. 短期均线压制下的趋向维持

行情处于下跌过程时，如果股价在下跌过程中始终受到短期均线系统的压制，那么交易者应静观其变或选择融券做空。

对于习惯在股价连续阴跌中猜测股价拐点的交易者来说，如果股价连短期均线系统的压制都不能有效突破，就说明目前行情还处于空方全面主导的阶段，任何做多的想法都是不切实际的。

如图 4–25 所示，该股在下跌期间一直受到短期均线系统的压制，5 日、10 日、20 日均线保持空头排列。股价每一次反弹都在 5 日均线附近结束，说明股价的下跌走势正处于旺盛期，交易者决不可有入场抢反弹的贪念和冲动。

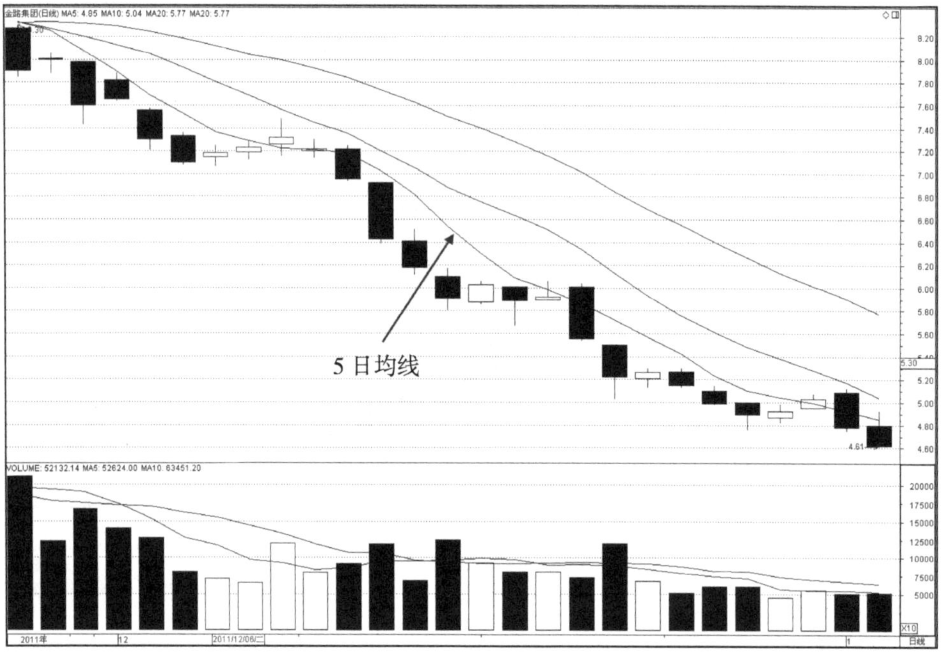

图 4–25

5. 从黏合到向下发散的趋向性

当短期均线系统在价格大幅涨升后的高位由黏合状或聚拢状转而向下发散，形成空头排列时，至少会引发一波短期急速回调。实战中，如果之后跌势并未向纵深演化，则多数为价格的趋向性变化。

如图 4–26 中 A 点所示，5 日、10 日、20 日均线系统呈缠绕状运行，股价小幅度横向波动。当均线系统向下发散时，股价顺势发生急跌。实战中，当均线系统由横向缠绕状态向发散和空头排列状态过渡时，往往意味着一波暴跌行情即将开始，交易者应及时选择卖出。

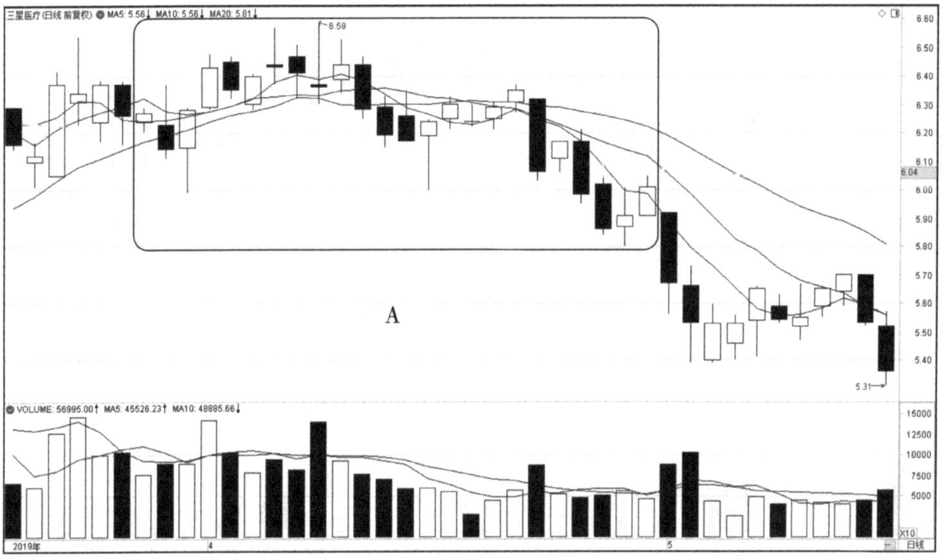

图 4-26

6. 乖离过大与升势转化

股价经过一段时间的上涨后，交易者应注意观察中期均线以及均线与股价之间的间距。其相互之间的距离过度拉大，意味着乖离率过大，升势随时可能转化为修复式下跌，甚至可能就此转势。

如图 4-27 所示，以 20 日和 60 日均线为例，股价迅速涨升并逐渐拉开和 20 日均线之间的距离，同时 20 日和 60 日均线之间的距离也拉大。图中的 A 点处和 B 点处，股价一旦过度远离 20 日均线，就会发生回落。

实战中，多条均线的厚度空间，对股价上涨具有维护作用。但是短期过度增大的厚度空间，则会降低维护作用，反而对股价起到牵引向下的作用。C 点就是这种情形，股价回落到 20 日均线附近寻求支撑，但 20 日均线经过之前的快速上行，已经远离 60 日均线，不但对股价起不到支撑作用，反而会随着股价下跌而逐渐向 60 日均线靠拢。

股价迅速远离中期均线，导致乖离率激增，意味着短中期资金获利幅度不断增大，于是兑现盈利的欲望也就变得越大，股价回落的概率也就越大。当均线之间以及均线与股价之间的距离过度拉大时，交易者应警惕股价可能出现回落。

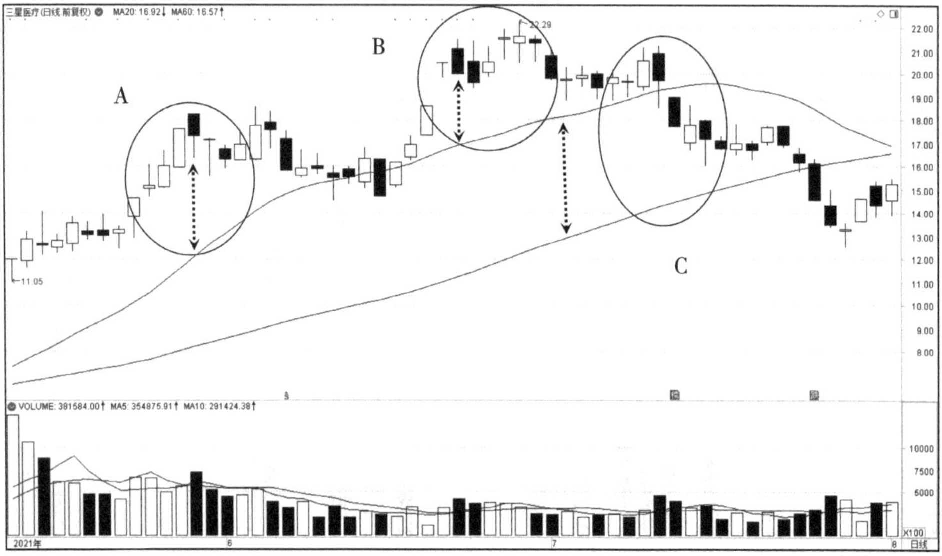

图 4-27

7. 支撑与压制的转化细节

在上涨趋势中，价格出现向下调整，一旦跌破中期均线并在之后受制于中期均线的压制不能迅速回升，说明跌势将持续发酵。如果之后中期均线系统内各均线相继发生死叉或形成价压时，行情可能会演化成较大级别的下跌或出现转势。

如图 4-28 所示，股价在涨势中出现回落并跌至 20 日均线之下，A 点处股价反弹，但是受到 20 日均线的压制不能有效突破，而是转入继续下跌，之后中期均线之间形成死叉和价压，随后行情跌势愈演愈烈。

价格跌破均线时，并不必然代表该条均线的支撑已经不存在。当价格在之后向上回升却遭遇该条均线的压制不能有效收复时，才能认为原有的支撑已经转化为压制，行情的性质正在发生改变。

某条中期均线从对价格的支撑转化为压制后，交易者如果策略性做空的话，还需要关注中期均线系统的表现，例如均线间的死叉、价压是否出现，周期略长的均线有无趋向性变化等。

图 4-28 中，A 点之后股价迅速下跌，而下方 30 日均线和逐步走平的

60 日均线并没有提供应有的支撑，均线之间反而由此形成死叉、价压，股价经过短时间横盘后，最终进入快速下跌阶段。

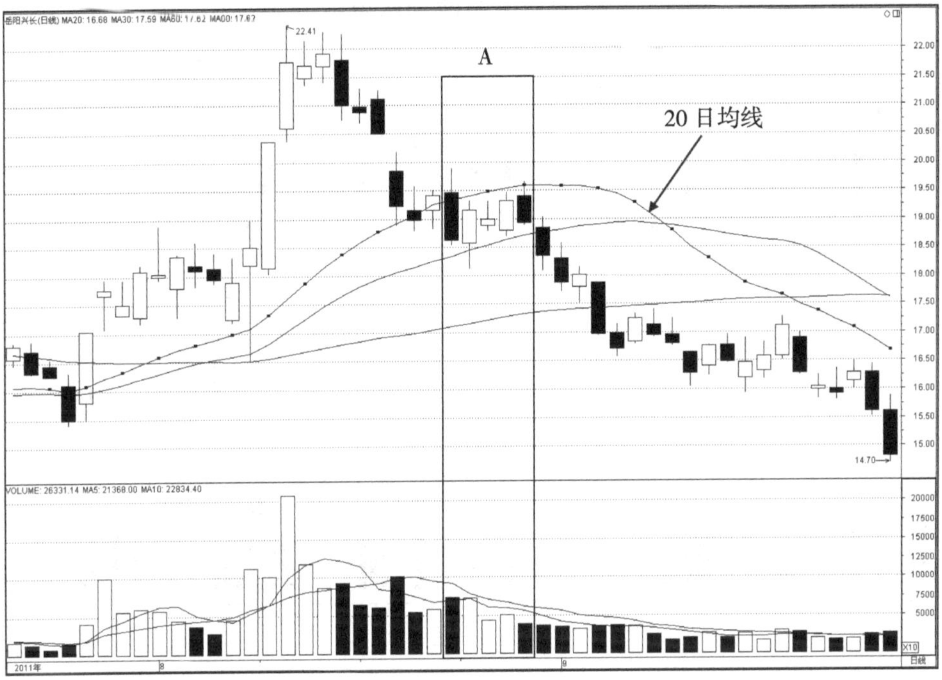

图 4-28

8. 从黏合到向下发散的趋势性

股价经过大幅上涨后，中期均线系统由多头排列逐步发展到横向盘绕、黏合或聚拢的状态。随着价格的进一步低迷，中期均线系统开始呈现空头排列、向下发散，此时是交易者做空的时机。

中期均线系统和短期均线系统向下发散、空头排列的形态，各自蕴含的技术含义有很大的区别。短期均线系统在一轮上升趋势中会多次出现这种情况，但多数只是升势途中的正常调整。一旦中期均线系统出现这种情况，则至少意味着一轮中级以上级别的下跌行情已经开始。

如图 4-29 中 A 点所示，20 日、30 日、60 日三条均线经过聚拢、盘绕、黏合后，最终向下运行并向下发散，形成空头排列。在这种均线技术形态下，交易者应及时了结多仓或参与做空。中期均线系统出现这种形态后，对于价格未来的运行趋势会带来重大影响，并不像短期均线系统那样只是价格中短期的趋向变化，交易者对此要有一个清醒的认识。

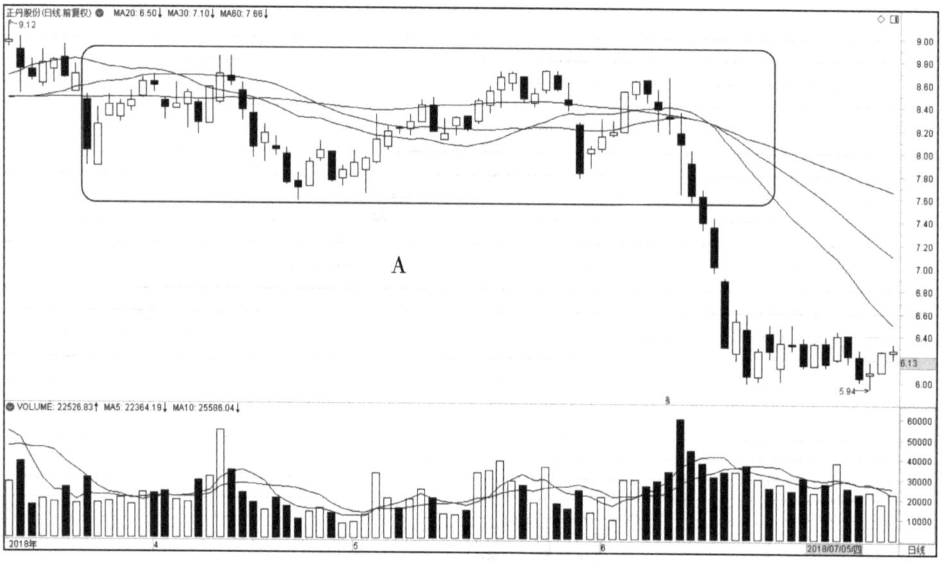

图 4-29

9. 中期均线压制下的假突破

下跌趋势运行过程中股价出现反弹，但在 20 日或 30 日均线附近受到压制，股价呈弱势盘整、成交量萎靡不振的状况，同时 60 日均线仍旧保持匀速下行态势，说明目前下跌趋势仍在持续运行中，并无实质性的改变，交易者仍应维持做空或观望。

如图 4-30 中 A 点所示，在下跌趋势运行过程中，该股股价反弹并一度上穿 20 日均线和 30 日均线，但 60 日均线仍旧保持匀速下行态势，显示出当前的反弹只是价格短期微幅波动，即便在强度上都难以满足趋向性转折的要求。

下跌趋势中还有一些个股的反弹力度较强，往往能够触及或假突破 60 日均线。如图 4-31 中 A 点所示，股价反弹一度大幅上穿 60 日均线，但很快就因为得不到支撑而再次急速下跌。

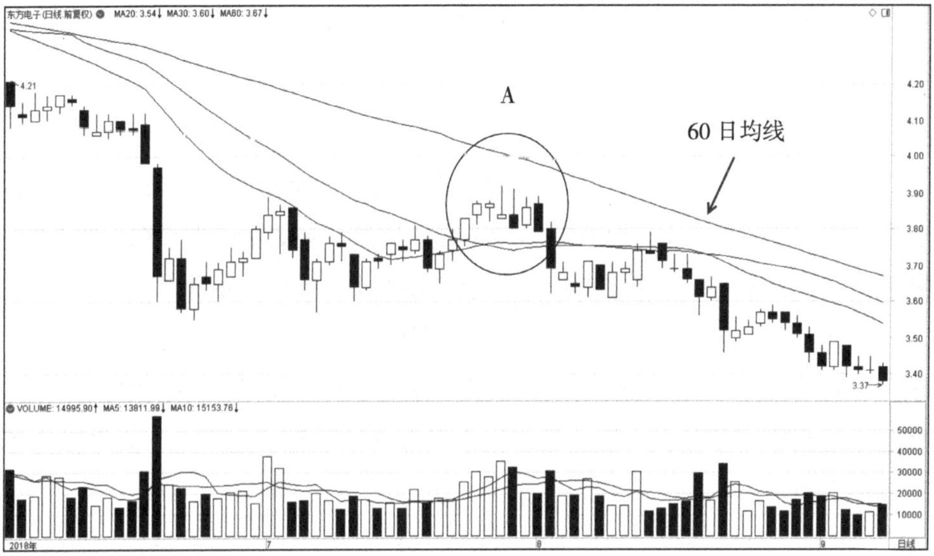

图 4-30

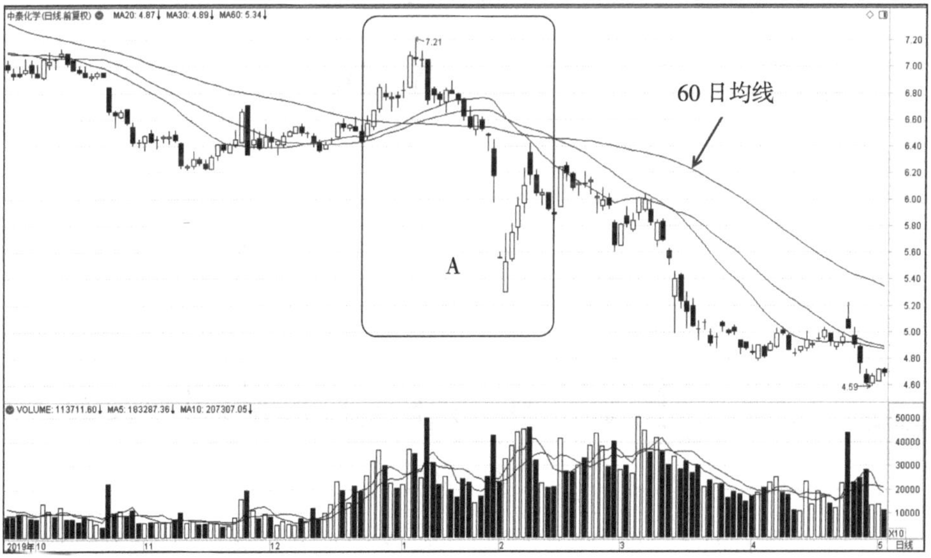

图 4-31

实战中，价格的转折不会因为一次急速的暴升而一去不回头，所以交易者不必害怕失去买入机会。盲目地把所有反弹都当成股价即将转折，是下跌趋势中操作的大忌。如图 4-30、4-31 所示，在 60 日均线保持下行且并无任何改变的情况下，即使是短线做多都是十分冒险的行为，并不适合大多数交易者参与操作。

10. 重心下移下的卖点

股价经过长期大幅上升过后，呈横向运行，成交量萎缩。当股价跌破中长期均线系统后，却无力收复或不能在之后反弹时有效站稳中长期均线系统，随后出现价格重心下移的态势，交易者应注意中长期卖点的来临。

如图 4-32 所示，以 60 日均线、120 日均线、250 日中长期均线系统为例，股价经过一轮涨势后，回落到中长期均线系统上开始反弹，但很快再次回落。在这个过程中可以看到，股价运行重心已经开始下移，这是一个值得交易者警惕的卖点信号。

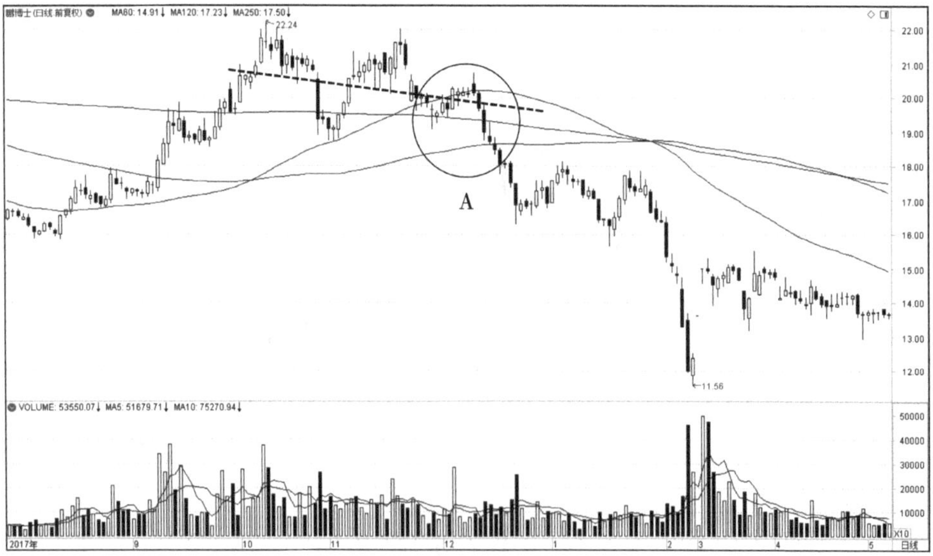

图 4-32

A 点处股价向下跌破中长期均线系统，在之后的反弹中，股价已经难以企及中长期均线附近的价位，之后该股进入下跌趋势中。

股价跌破中长期均线系统而不能有效收复的技术意义，基本上可以说具有趋势性的含义，这一点和价格跌破短期均线系统、中期均线系统有很大的区别。中长期均线系统的得与失，对于交易者分析与研判行情的趋势性转折有极大的参考价值。

11. 价压与超跌反弹

中长期均线与股价从运行高位区域同步下行，中长期均线之间由死叉形成价压，如果股价随后发生反弹，但反弹高点在价压上下遭遇压制，不能有效突破，短线介入的交易者应及时卖出。

如图4-33所示，在A点处，60日均线、120日均线、250日均线形成价压，之后的B点处股价反弹但不能有效突破价压的压制，股价随后继续大幅下跌。对于中长期均线系统形成的价压，除非股价能够成功突破并由受压制的态势转向得到支撑，否则的话，这个价压将形成长期的压力，并对之后发生的反弹行情起到一定的压制作用。

当中长期均线形成价压时，往往价格已经具有一定的跌幅，所以多数都会在这时发生超跌反弹，这个反弹正是测试价格趋势是否扭转的关键。当价压被证实有效存在时，交易者可以选择融券做空，而仍旧持仓的人，即使不卖出也不可受到反弹的蛊惑而增加仓位，因为后面的跌幅还有多大，谁都难以预料。

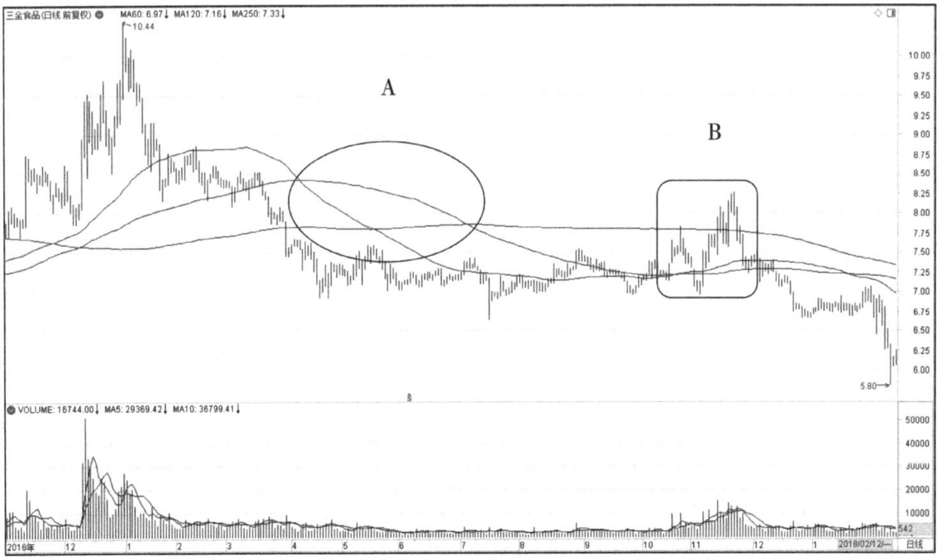

图4-33

二、均线卖点实战研判

1. 下跌趋势中均线波动变速

下跌趋势中的波动变速，即为下跌趋势中发生的各种级别不一的反弹行情，对于下跌趋势往往能够起到延缓或加速的作用。

如图 4–34 所示，股价下跌至 A 点处出现一波较强的反弹，之后在下跌趋势运行过程中，反弹级别或强度逐步下降。

在下跌趋势形成和运行的过程中，反弹行情不会总是以长时间、大幅度的形式出现，而多以反弹级别渐增或渐减的形式出现。除非经过一个漫长的下跌周期后，再度出现次级反弹或者转势行情。

如图 4–34 所示，股价初期暴跌过后，在 A 点处出现强势反弹行情。接下来的下跌趋势运行途中，很少会出现超过这一级别的反弹行情。

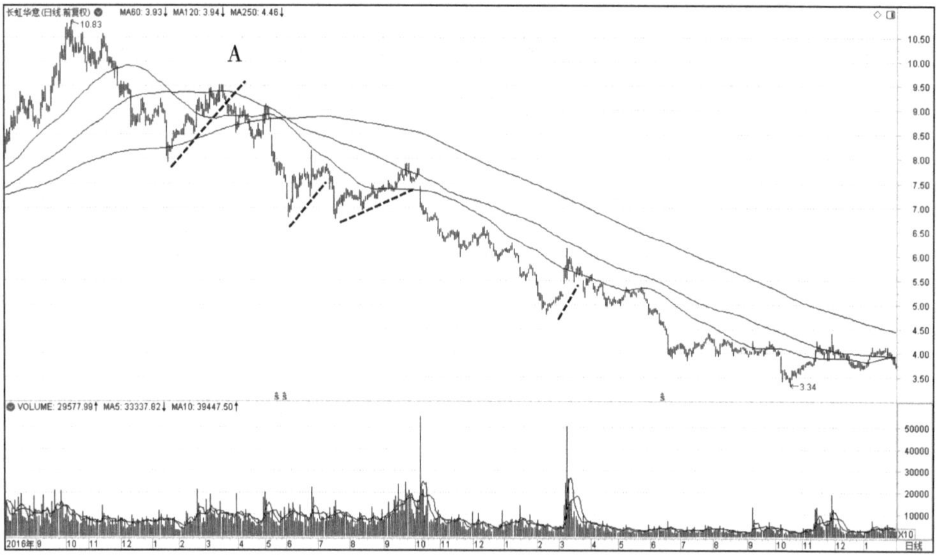

图 4–34

在主要趋势（上涨或下跌）运行期间，初期和后期的变化往往较为复杂。经历过很多次不同级别的短期及次级行情之后，主要趋势（上涨或下跌）会因此出现加速或迟滞的情况，原因就在于这些不同强度的次级波动会起到积累或消耗上涨、下跌动能的作用。

下跌趋势中的波动变速形态，非常有助于交易者把握时机及时减仓，并能够在大局上判断目前行情的性质和所处阶段，根据不同的反弹级别来选择应该采取的交易策略。

2. 均线间的厚度空间

周期不同的均线彼此之间拉开的距离，即为均线间的厚度空间。均线系统中，多条均线之间形成的多个厚度空间，也就对价格运行趋向具有多层维护和保护作用。短期过度增大的厚度空间，则会减弱维护作用，反而可能引发价格逆向运行。

厚度空间形成后，如果保持单向畅通，说明价格的运行趋势必然处于流畅和持续状态；反之，厚度空间狭窄或封闭，则表明价格处于盘整振荡之中。

《黄帝内经·素问》中说“痛则不通，通则不痛”，引申到均线厚度空间理论中也非常恰当，均线间保持畅通，则趋势明了，易于决断；均线之间的空间狭窄或封闭，则表明价格往复振荡，价格趋向或趋势可能发生转折。

由多条均线组成的均线系统中，短期均线之间的厚度空间是否畅通，代表着短期价格的运行情况。保持一定厚度的通畅，说明价格目前处于稳定运行阶段；厚度转为狭窄，则说明价格处于盘整振荡阶段；厚度封闭，则表明短期价格转向。以此类推，不同时间周期的均线厚度空间状态，提示的价格运行等级也有较大差别。

如图 4-35 所示，在股价涨升过程中，几条均线之间保持着一定的厚度空间，对股价上涨具有良好的维护作用。

图中 A 点处，5 日均线与 10 日均线死叉，厚度空间封闭，说明短期涨升强度转弱，股价短期趋向可能逆转。

B 点处，5 日均线、10 日均线与 20 日均线的厚度空间封闭，说明下跌强度增加，股价可能由此转向中级调整。

之后，20 日均线与 60 日均线间的厚度空间对股价起到了维护作用，C

点处股价的反弹虽然上穿数条均线，但5日均线、10日均线与20日均线处于相互收缩、缠绕的封闭状态，对于股价上涨没有起到维护作用。在这种情形下，一旦股价不能继续强势上涨，交易者要注意减仓。

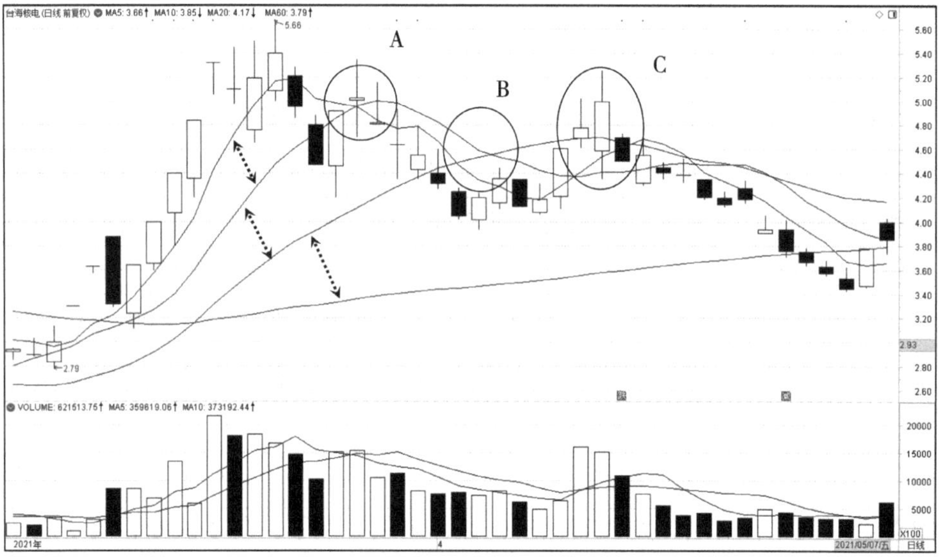

图 4-35

3. 均线黏合

当行情经过长时间的振荡盘整后，在某个时间及区域内，长期、中期、短期均线数值渐趋于接近，也就是说市场上多个不同周期的平均成本都汇聚在某一个价位附近，这种均线形态即为黏合。从技术方面来讲，均线黏合的支撑和压制作用都是非常明显的，它的出现意味着市场行情已经走到了必须做出方向性抉择的关口。

在一轮以上涨或下跌为主要趋势的行情中，不同周期的均线在上升或下跌过程中相互之间保持一定的距离，显示出不同周期持仓成本对目前价格的支撑或压制作用。这个阶段的均线就像是从上游向下游奔流的洪水，汹涌澎湃，浩浩滔天，其对当前行情的运行趋势有着较大的促进和增益。

无论是上涨还是下跌，无论是主要趋势还是短期趋势，总有停歇和终了的时候。在一个方向过度表现之后，行情和均线都会归于相对平缓的运行期。

当这个平静期保持足够长的时间之后，市场的平均成本越来越多地汇聚于此。

这个阶段过后，价格对于之后运行方向的选择将会引发强大的阻力或者助力，大多数情况下，均线告别黏合状态，选择与之前相反的方向运行会遭遇强大的阻力，而当价格突破这层阻力之后，随之而来的将会是跟随价格行进方向不断增加的助力。

当均线告别黏合状态选择与之前相同的方向运行，那么短时间内的助力非常强劲，价格往往会出现极端走势，比如连续收出大阳线或者大阴线。综上所述，均线黏合意味着市场行情已由单一方向的运行转入振荡并将重新选择运行方向的阶段。

如图 4-36 所示，A 点处是 5 日、10 日、20 日、60 日、120 日、250 日均线发生黏合的整个过程。无论是价格高位还是低位，均线黏合过程结束后选择方向突破时，往往都具有极强的冲击力。图中 A 点之后，价格几乎以直线跳水的方式展开下跌。

图 4-36

类似于图 4-36 中股价大幅下跌后出现的均线黏合，往往会给交易者带来股价可能见底回升的错觉。但是在该案例中我们可以看到，该股不仅未见底回升，反而由此开始暴跌。实战中，均线黏合后的运行方向是不确定的，交易者只能通过技术环境分析来综合研判。当然，均线黏合后的方向选择有一点是确定的，即均线发散的方向就是价格确认的方向，这一点也是下面将要讲到的内容。

4. 均线向下发散

均线黏合持续了一定的时期后，就必然有一个方向性的选择，而这个选择所伴随的突破，就会带来均线的另一种形态——发散。均线发散形态包括向上发散和向下发散。

均线向下发散，是指均线结束黏合过程后选择向下突破，各周期均线渐次转而向下。随着时间的延伸，均线按照周期长短由上而下依次排列，即形成空头排列。均线向下发散到形成空头排列，意味着空方已经发起行情向下运行的攻击波。

如图 4-37 中 A 点所示，在均线结束黏合形态后，开始向下发散并随之形成空头排列。图中可见，空头排列形成之后，该股受到强大的压制，只是在下跌趋势维系过程中出现了一些反弹。在未能摆脱空头排列的压制之前，对于这类个股，交易者应以融券做空或观望为主。

5. “吻别”形态

“吻别” 形态是股价在涨势尾声失去均线支撑，即将转入下跌趋势的一种形态，是帮助交易者抓住最后减仓时机和判别行情转势的一种实战法则。

“吻别”形态的出现具有相当大的迷惑性，它会让交易者心生疑惑，不再坚定看空。甚至部分人还会因为股价出现反弹，转空为多去追涨买入。

“吻别”形态因参照的均线周期不同，因而有不同的判断结论。

以 60 日均线为例说明，图 4-38 中股价冲高回落并逐渐向 60 日均线靠拢以寻求支撑。A 点处股价跌至 60 日均线后，得到支撑并出现反弹，但反弹力度极其孱弱，最终股价还是跌破了 60 日均线。

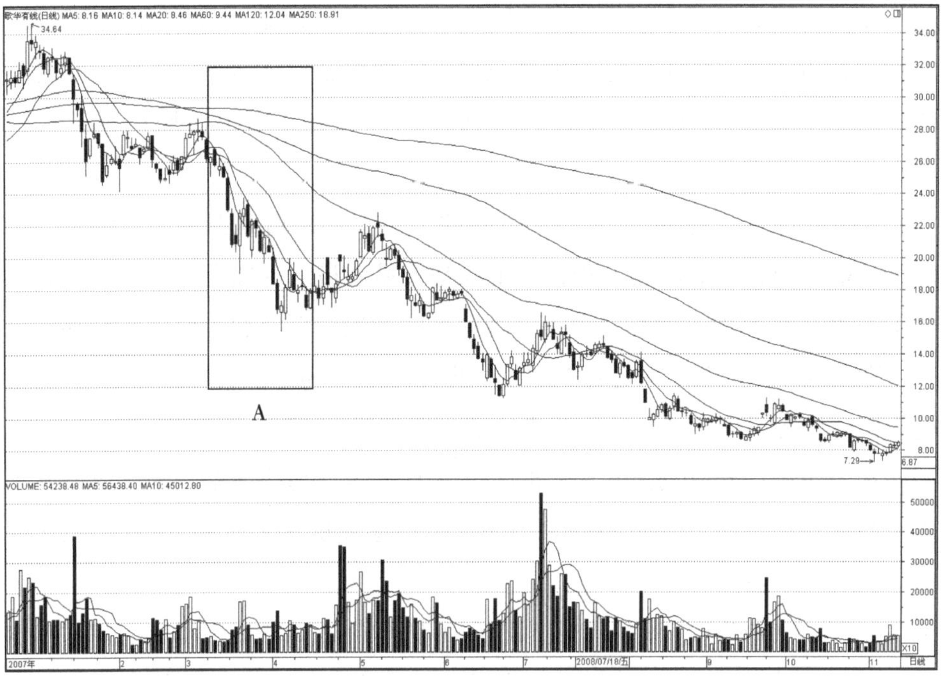
歌华有线(日线) MA5: 8.16 MA10: 8.14 MA20: 8.46 MA60: 9.44 MA120: 12.04 MA250: 18.91
A
VOLUME: 54238.48 MA5: 56438.40 MA10: 45012.80

图 4-37

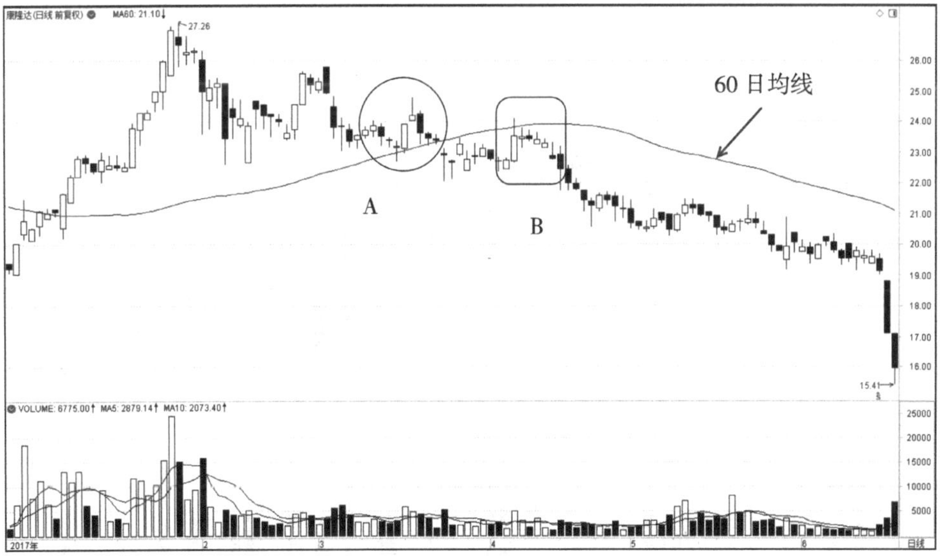
MA60: 21.10
60 日均线
A
B

图 4-38

A 点之后，股价虽然跌破 60 日均线，但并未立即进入快速下跌阶段。这种情形是比较迷惑人的，因跌破 60 日均线而减仓的交易者，可能会怀疑股价下跌的真实性，多数人会认为是主力资金在洗盘而选择买入或加仓。

B 点处股价反弹并一度上穿 60 日线，这个形态就是典型的“吻别”，意思就是告别涨势的深情一吻，这里也是交易者最后的减仓时机。但是，以 60 日均线为参照的“吻别”形态，往往意味着股价已有较大跌幅，交易者失去了高位减仓的时机，只能作为趋势判断的依据。为了能够在高点实现减仓，就需要交易者寻求更能反映股价卖点的参照均线。

在股价由涨转跌的过程中，5 日、10 日等短期均线波动较为频繁，并不适宜当作认定“吻别”形态的参照物，可以参照的是股价和 20 日均线之间的“吻别”形态。

如图 4-39 所示，股价经过上涨后回落并在 20 日均线上得到支撑，A 点处股价再次跌破 20 日均线却无力收复，构成“吻别”形态，意味着此时 20 日均线已从支撑转为压制，交易者应注意高点减仓。

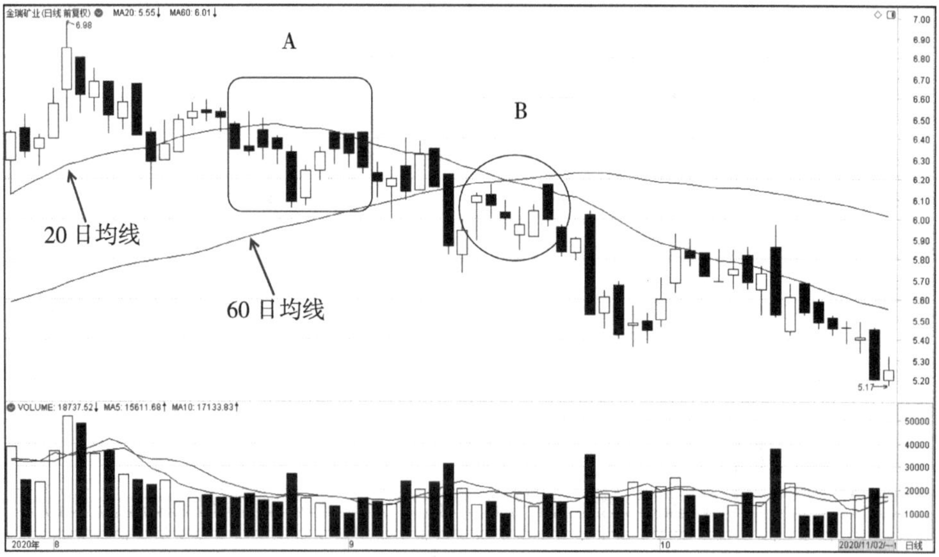

图 4-39

之后，股价在 60 日均线上得到支撑，但反弹受压于上方的 20 日均线，涨势转入跌势的提示已经较为明确。但这种似跌还涨的走势最具迷惑性，会让不少交易者难以下定减仓的决心，这也是主力想要达到的效果。

图中 B 点处，股价跌破 60 日均线，并在 60 日均线上继续营造了一个“吻别”形态。像案例中这种连续营造“吻别”形态的走势并不是常见现象，这和主力资金减仓套现程度密切相关。

实战中，多数情况下，个股开启跌势后，股价多会出现“吻别”60 日均线的反弹。但上文说过，60 日均线不是最佳的参照对象，交易者不能等到 60 日均线出现“吻别”才作出减仓决定。“吻别”形态，并不是个股下跌中必然出现的形态，这一点必须明了。

交易者区分跌势过程中股价上涨是短期反弹还是转势行情，重点在于观察股价遇阻回落时，能否得到均线系统的支撑。遇阻回落，均线随之向下发散，必然是适宜继续做空的“吻别”形态。遇阻回落时，能够得到短中期均线支撑，可能由此发展成为转势行情。

第五章

玩转 CCI

第一节　CCI 基础理论

CCI 指标，英文全称为“Commodity Channel Index”，由美国股市分析家唐纳德·蓝伯特（Donald Lambert）于 20 世纪 80 年代发明。CCI 指标是一种重点研判价格偏离度的投资分析工具，因此又叫顺势指标，最早应用于期货市场，后被广泛运用于股票及其他投资市场。

CCI 指标在实战应用中测试的是股价超出常规运行范围后的表现，相比其他指标，CCI 指标具有得天独厚的技术优势。做空或做多，CCI 指标都具有领先一步的优异性。

一、CCI 指标设计原理

和其他单一利用股票收盘价、开盘价、最高价或最低价发明的各种技术分析指标不同，CCI 指标引用统计学原理，加入价格与固定周期的股价平均区间偏离程度的概念，强调股价平均绝对偏差在技术分析中的重要性，是一种较为独特的技术分析指标。

CCI 指标的独特性在于，其主要是衡量价格是否超出常态分布范围，显示价格的超买超卖程度。在这一点上，CCI 指标和其他超买超卖型指标又有所不同，像 KDJ、WR% 等大多数超买超卖型指标都有 0～100 的区间限制，因此短期出现暴涨暴跌行情时，这些指标就可能会发生指标钝化现象，从而失去研判作用。CCI 指标却是波动于正无穷大到负无穷大之间，因此不会出现指标钝化现象，这样就有利于交易者更好地研判行情，特别是那些短期内暴涨暴跌的非常态行情。

二、CCI 指标计算方法

CCI 指标可应用于包括日线、周线、月线以及分钟线系统等多种不同周期的系统上，基本的计算方法一样，只是取值周期不同。

以日 CCI 指标计算为例，其计算方法有两种。

1. 第一种计算方法

CCI（n 日）=（TP−MA）÷MD÷0.015

其中，TP=（最高价 + 最低价 + 收盘价）÷3

MA= 最近 n 日收盘价的累计之和 ÷n

MD= 最近 n 日（MA− 收盘价）的累计之和 ÷n

0.015 为计算系数，n 为计算周期

2. 第二种计算方法

中价与中价的 n 日内移动平均的差除以 n 日内中价的平均绝对偏差。

中价是最高价、最低价和收盘价之和除以 3，平均绝对偏差为统计函数。

鉴于股市技术分析软件已经普及，交易者无须自己计算 CCI 值，但通过了解 CCI 指标的计算方法，能够加深对该指标的理解，更加熟练地运用它来研判股市行情。

三、CCI 指标运行区间分析法则

CCI 指标的运行区间可分为三大类：大于 +100、小于 −100 和介于 +100～−100 之间。

（1）当 CCI ＞ +100 时，表明价格已经进入超买区间，价格的异动现象应引起交易者的关注。

（2）当 CCI ＜ −100 时，表明价格已经进入超卖区间，交易者可做好逢低吸纳的准备。

（3）当 CCI 介于 +100～–100 之间时，表明价格处于窄幅振荡整理区间——常态区间，应以观望为主。

（4）当 CCI 指标从下向上突破 +100 线进入超买区间，预示着价格脱离常态，进入异常波动阶段，如果有比较大的成交量配合，买入信号更为可靠。

（5）当 CCI 指标从上向下突破 –100 线进入超卖区间时，表明价格的盘整阶段已经结束，可能将迎来一段持续跌势，应以观望为主。

（6）当 CCI 指标从上向下突破 +100 线重新进入常态区间时，表明价格的上涨阶段可能结束，将进入一个比较长时间的盘整阶段，应逢高减仓。

（7）当 CCI 指标从下向上突破 –100 线重新进入常态区间时，表明价格的探底阶段可能结束，将进入一个盘整阶段，可以逢低少量买入。

（8）当 CCI 指标在 +100 线～–100 线的常态区间运行时，交易者应借助其他超买超卖指标进行辅助研判。

（9）当 CCI 曲线向上突破 +100 线进入超买区间后，只要 CCI 曲线一直朝上运行，就表明价格强势依旧，交易者应耐心持仓。

（10）当 CCI 曲线向下突破 –100 线进入超卖区间后，只要 CCI 曲线一路朝下运行，就表明价格弱势依旧，交易者应保持观望。当 CCI 曲线向下突破 –100 线进入超卖区间，如果 CCI 曲线在超卖区运行了相当长的一段时间后开始掉头向上，表明价格的短期底部可能出现，交易者可先短线建仓。CCI 曲线在超卖区运行的时间越长，越可以确认短期底部。

四、CCI 指标形态分析法则

（1）当 CCI 曲线处于远离 +100 线的高位，但在创出近期新高后，CCI 曲线反而形成一峰比一峰低的走势，此时价格却再次创出新高，形成一峰比一峰高的走势，这就是顶背离。顶背离现象一般是价格在高位即将转势的信号，短期内可能出现下跌，是卖出信号。

（2）CCI 指标的底背离一般出现在远离 –100 线以下的低位区。当价格一路下跌，形成一波比一波低的走势，而 CCI 曲线在低位却率先止跌企稳，并形成一底比一底高的走势，这就是底背离。底背离出现一般预示着价格短期内可能反弹，是短期买入信号。

CCI 指标的背离中，顶背离的研判准确性要高于底背离。当价格在高位，CCI 在远离 +100 线以上出现顶背离时，价格反转向下的概率较高，交易者可适时减仓；当价格在低位，CCI 在远离 −100 线以下的低位区出现底背离时，一般要反复出现几次底背离才能确认，并且只能做战略建仓或短期交易。

（3）当 CCI 曲线在远离 +100 线上方的高位时，如果 CCI 曲线的走势形成 M 头或三重顶等顶部反转形态，预示着价格可能由强势转为弱势，应注意做好减仓准备。如果价格曲线也出现同样的形态，则准确性更高。

（4）当 CCI 曲线在远离 −100 线下方的低位时，如果 CCI 曲线的走势出现 W 底或三重底等底部反转形态，预示着价格可能由弱势转为强势，应注意做好买入准备。如果价格曲线也出现同样的形态，则准确性更高。CCI 曲线形态中 M 头和三重顶形态的准确性要大于 W 底和三重底。

五、参数的修改

CCI 指标以时间为参数，构成参数的时间周期可以是日、周、月、年或分钟等，理论上可以采取任意的时间长度。以日线 CCI 指标参数为例，常设参数值一般有 6 日、12 日、14 日等。笔者认为，具体的参数值应以更能反映股价变化为唯一的标准，参数的修改以实战和盈利为目的。

第二节　CCI 指标买入点分析

一、CCI 指标买入信号

设计 CCI 指标的目的是专门研判极端行情变化的，所以在行情急涨（超买）、急跌（超卖）阶段时，CCI 指标能够表现出极为突出的作用。

+100 到 −100 之间是 CCI 指标的常规运行区域，当 CCI 指标在 +100

到 –100 之间的常规范围内运行时，说明股价处于相对稳定的运行节奏之中或者趋势维持期间，CCI 指标并不具备明确的研判作用。当 CCI 指标迅速进入到超买或超卖区域时，则开始发挥作用，或者说指标已经被激活。

注重技术环境分析，是技术指标应用的核心。实战中，CCI 指标对于买点与卖点的分析判断，脱离不了技术环境分析，否则必将陷入孤立、呆板地应用技术指标的泥沼，极易导致交易失利。

利用 CCI 指标寻找买点，交易者需要关注 CCI 指标在超卖区和超买区这两种极端区域的表现。当 CCI 指标进入到 –100 线以下的超卖区，说明空方正处于杀跌的宣泄期，这个过程不结束，股价很难出现转折；当 CCI 指标进入到 +100 线以上的超买区，说明行情当前正处于多方上涨的旺盛期，如 CCI 指标能够维持在 +100 线附近，则股价涨势仍将继续。

1. 超买区域买点与持仓

当 CCI 指标向上突破 +100 进入超买区域时，表明股价开始进入强势冲刺状态，交易者可以继续持有股票。只要 CCI 指标多数时间运行于超买区，就表明股价强势依旧，交易者可以稳定持仓。

如图 5–1 所示，该股处于缓慢上升阶段，A 点处 CCI 指标向上突破 +100 线进入超买区，之后 CCI 指标以 +100 线为振荡低点，多数时间处于超买区。股价在均线系统的支撑下平稳上升，这种走势表明股价处于良性的上涨状态中，交易者可稳定持仓。

CCI 指标进入超买区并不意味着价格必然会下跌。如图 5–1 所示，只要 CCI 指标稳定运行于超买区，说明价格的上涨势头仍旧有充足的动力和支撑，至少短期内不会有重大的变故。

实战中，CCI 指标向上突破 +100 线进入超买区域后，并不会都如图 5–1 中那样稳定运行于 +100 线附近，也会出现 CCI 指标突然向下急速运行甚至跌入超卖区的情形。类似的状况发生时，往往会给市场造成一定的恐慌情绪，但是如果 CCI 指标能在之后迅速恢复上行态势并重新进入超买区，则价格上涨的强势状态不变。

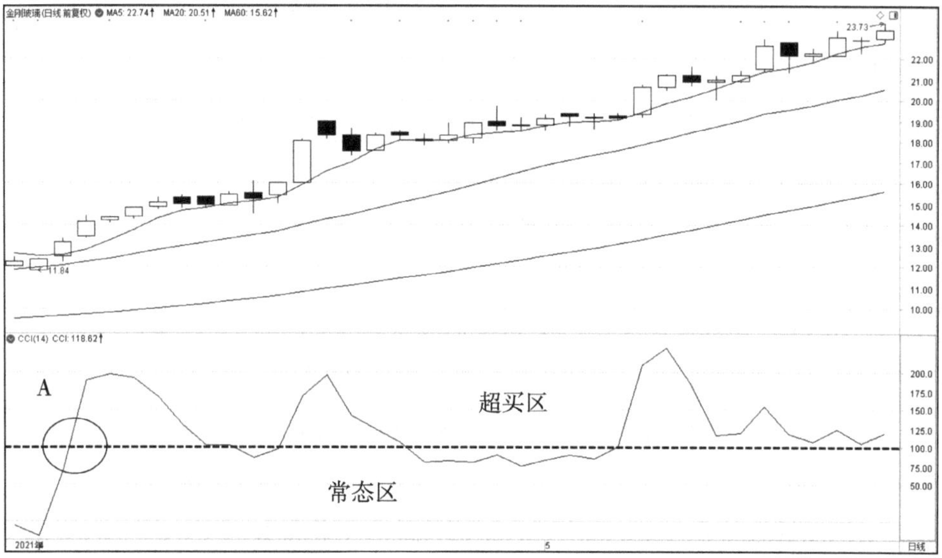

图 5-1

如图 5-2 所示，该股运行于上升趋势中，CCI 指标盘绕在 +100 线之上的超买区。A 点处 CCI 指标急速下行并一度击穿 -100 线，但很快就开始恢复上行，并重新站上 +100 线进入超买区。

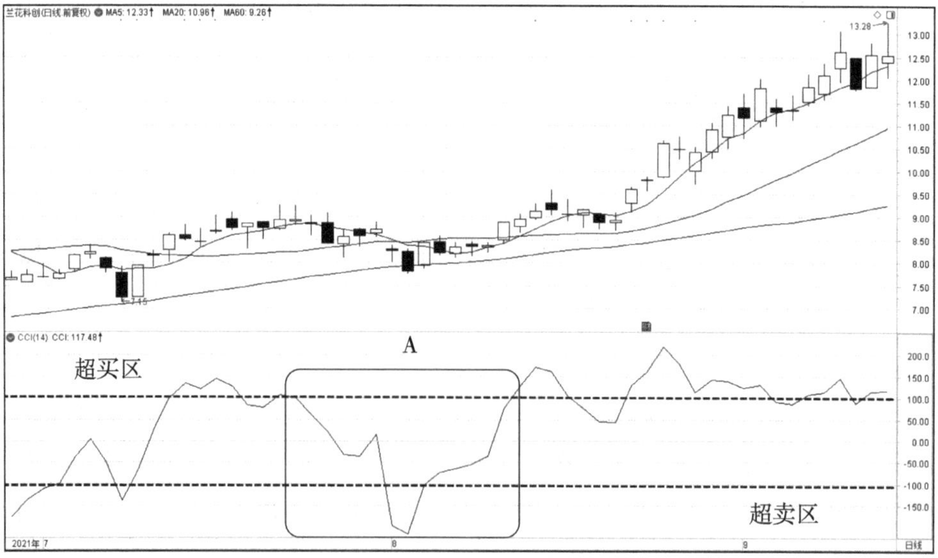

图 5-2

在上升趋势维持期间，图 5-2 中的情况是一种常见现象，也是 CCI 指标特性带来的“杂波”。过滤掉 CCI 指标类似的“杂波”，是交易者应用该指标研判行情的一项重要任务。

过滤 CCI 指标的“杂波”，技术环境分析是无可替代的利器。图 5-2 中 A 点处 CCI 指标出现异动时，均线系统的多条均线仍旧整体保持向上并为股价上涨提供必要的支撑。即使股价一度跌破短期均线，也能迅速收回并重获支撑。基于上述技术环境分析，交易者可避免被 CCI 指标的“杂波”所误导。

2. 超卖区域的买入要件

CCI指标在 -100线之下的弱势区域运行一段时间后出现向上攻击态势，说明股价正在孕育至少是一个短期的强势上涨行情。

对于 CCI 指标在弱势区域发起向上攻击是否具有买入价值，交易者可通过以下三个要件进行确认。

（1）CCI 指标突破后有能力维持在 +100 线附近。

（2）股价有明显的重心上移趋向。

（3）均线系统转压制为支撑。

如图 5-3 所示，在该股下跌过程中，CCI 指标运行于 -100 线附近。至 A 点处，股价上涨，CCI 指标从 -100 线以下的超卖区一举向上突破 -100 线、0 线、+100 线，一改前期弱势运行的格局。利用上述三个要件，交易者可以确认 A 点 CCI 指标的这个转强信号是一个具有交易价值的买点，可在盘中择机做多。

3. 相对跌幅条件限制原则

相对跌幅条件限制原则有三个要点：（1）技术环境分析；（2）整体跌幅限制；（3）股价后市受到支撑与压制的表现。

首先，从技术环境分析的角度来说，在长期下跌趋势和短期下跌阶段中，CCI 指标的表现必然存在较大的差异，其技术意义迥然不同。

其次，长期或较大的下跌幅度和短期或较为温和的下跌幅度，对于 CCI 指标有着不同的影响，也对股价后市的判断有不同的意义。

图 5-3

再次，股价后期走势并不是由 CCI 指标决定的，所以研判股价后市走势的关键还在于价格受到支撑和压制的表现上。

个股出现一定时间和幅度的下跌之后，并不意味着必然出现向上的趋势性拐点，也可能只出现一个低级别的弱势反弹。交易者在弱势反弹中如果盲目地大仓位做多，必然会遭致重大损失。

弱势阶段的买入条件相当严苛，应根据相对跌幅条件限制原则进行综合判定。如图 5-4 中 A 点所示，这是该股在下跌初期出现的反抽行情，此时技术环境已经恶化，但股价整体跌幅尚未达到限制要求，使得空方能量未能得到有效释放。

同时，股价在反抽中未能得到均线系统的强力支撑，反而在回落过程中受到压制，CCI 指标触及 +100 线后不能维持强势运行，这些技术细节都说明，A 点不是一个合适的买入点位。

图 5-4 中 B 点，经过一段时间的下跌后，股价维持一个平缓上升的势头。

此时该股已经具有一定的跌幅，股价在反弹中也似乎受到了短期均线的支撑，但是 B 点反弹结束之后，股价仍旧进入到下跌趋势中。

图 5-4

实战中，仅就 B 点的形态而言，很多个股会由此出现趋势扭转，但也有很多个股像图 5-4 中的个股一样继续运行于下跌趋势中，其原因就在于技术环境的差异上。

图 5-4 中的 B 点，CCI 指标对 +100 线有触之即溃的迹象，表明股价难以维持真正的强势运行态势。同时，下行态势的 60 日均线也对股价形成无法逾越的强大压制，股价虽然一度突破 60 日均线，却难以真正获得支撑。由此交易者可以判断，B 点不会成为股价的转折拐点，也就不会是一个适宜的买入点。

如何根据相对跌幅条件限制原则来研判个股的买入点位？可以以图 5-5 为例分析与讲解。图中该股经过大幅下跌，A 点处股价上涨并很快得到均线系统的支撑，在这里 60 日均线并没有给该股股价上涨带来太大的压制。同时，CCI 指标从超卖区向上突破到超买区并能够继续维持强势运行状态，在图 5-5 的案例中，做多的三个要点一一得到体现。

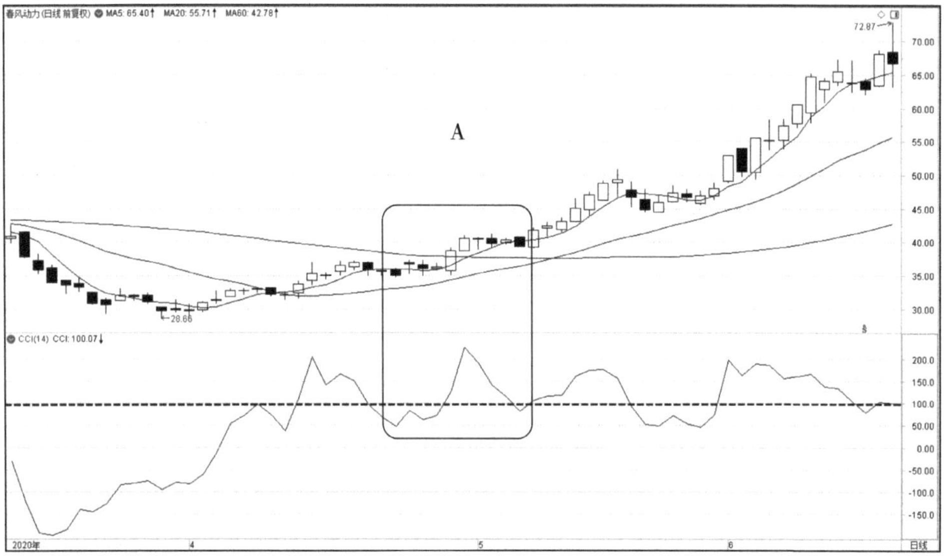

图 5-5

二、CCI 指标买点实战研判

1. 超买区实战应用

应用技术指标的关键在于不为技术指标所囿。例如，当见到 CCI 指标出现回落，交易者便心浮气躁，心生焦虑，以为行情已经见顶，于是匆忙选择卖出。尤其是在超买区时，交易者更容易因 CCI 指标的短暂异动而被自身的恐慌情绪所扰，随之做出盲目卖出的交易行为。

如图 5-6 所示，CCI 指标向上穿越 +100 线后，在超买区域横向移动。A 点处和 B 点处，CCI 指标跌破 +100 线，按照法则的规定，这时应当卖出持仓。但是根据相对涨幅条件限制原则，我们发现该股并不具备较大的涨幅，同时技术环境仍旧支持做多，均线也未失去相应的支撑。基于此，可以判断该股股价可能面临的只是一个短期向下的微幅波动，交易者不应刻舟求剑，死守技术指标的规则而选择卖出。

A 点和 B 点股价回落后，并没有迅速跌回原低点，而是受到短期均线的有效支撑。通常来说，在涨势良好的环境下，股价回落受到支撑，那么重回上涨趋势的概率极大。由此判断，A 点处和 B 点处只是股价的一个短期波动。

当 CCI 指标再度穿越 +100 线重新回到超买区域时，股价上行趋势和运行重心始终保持向上不变，交易者就可以判断出该股当前处于上升趋势的强势维持阶段，完全不必为 CCI 指标的短暂波动所困扰，可以选择稳定持仓或择机介入。

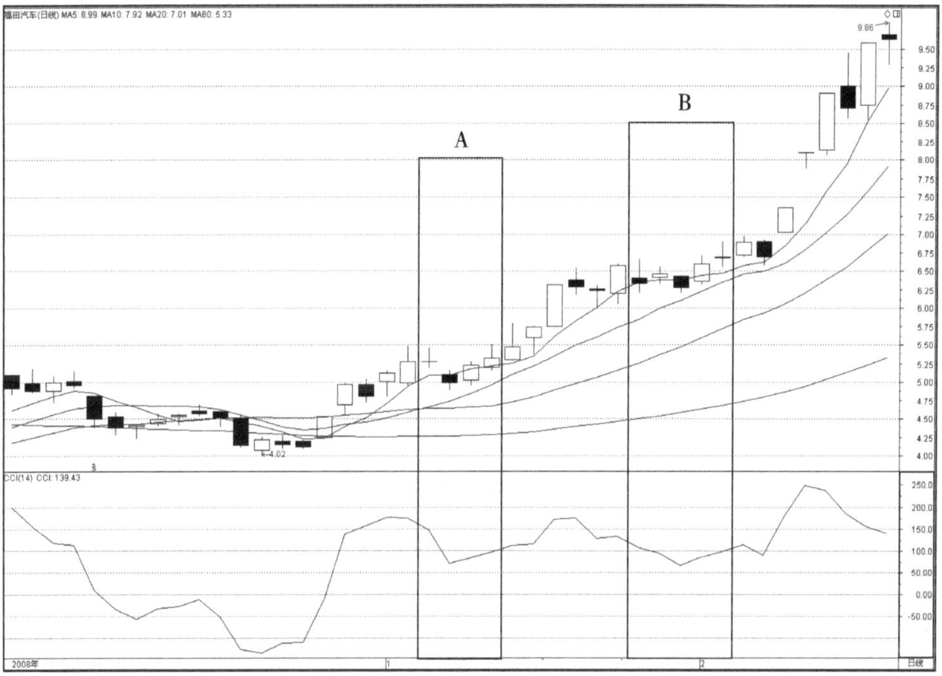

图 5-6

2. 超卖区买入的三个要件

在超卖区选择买点有三个要件。

（1）CCI 指标上行并有能力维持在 +100 线附近。

（2）股价有明显的重心上移趋向。

（3）均线系统转压制为支撑。

这三个要件对于交易者在行情趋势转折初期选择买入点，具有重要的参考意义。

如图 5-7 中 A 点所示，CCI 指标从 -100 线下的超卖区向上突破 +100 线，并维持在 +100 线附近，股价得到均线的支撑持续向上运行。该股从超卖区发起的向上攻击，基本符合做多的三个要件，这里应是交易者较为理想的买入点位。

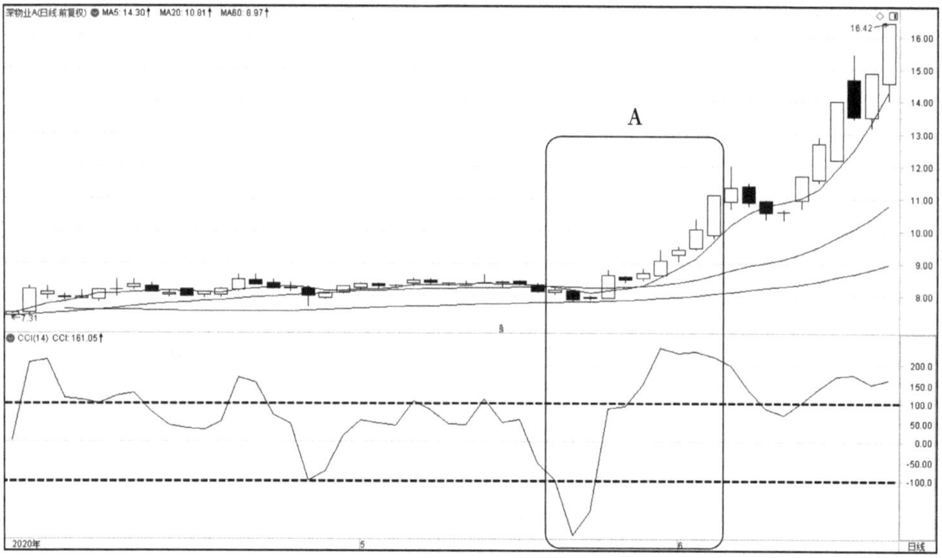

图 5-7

超卖区介入做多具有一定的风险，尤其是在下跌趋势中过早介入做多，往往会带来难以估量的损失。

如图 5-8 所示，A 点处 CCI 指标从 -100 线下的超卖区向上突破，但是不能稳定维持在 +100 线附近，同时，均线系统中下行的 60 日均线对股价仍旧存在明显的压制。

尽管股价单日涨幅达到涨停板，但是这种强度却不能延续到下一交易日，股价也就难以形成明显的重心向上趋向。由此分析，图 5-8 中的上涨只是股价的短暂反弹行情，并不适宜交易者大仓位买入。

3. 止损保护

止损是技术指标应用中不可或缺的一道保护程序，并不仅仅针对 CCI 指标而言，对于所有技术指标都是如此。有了止损保护，交易者才能对犯下的错误及时纠正并避免亏损持续扩大。

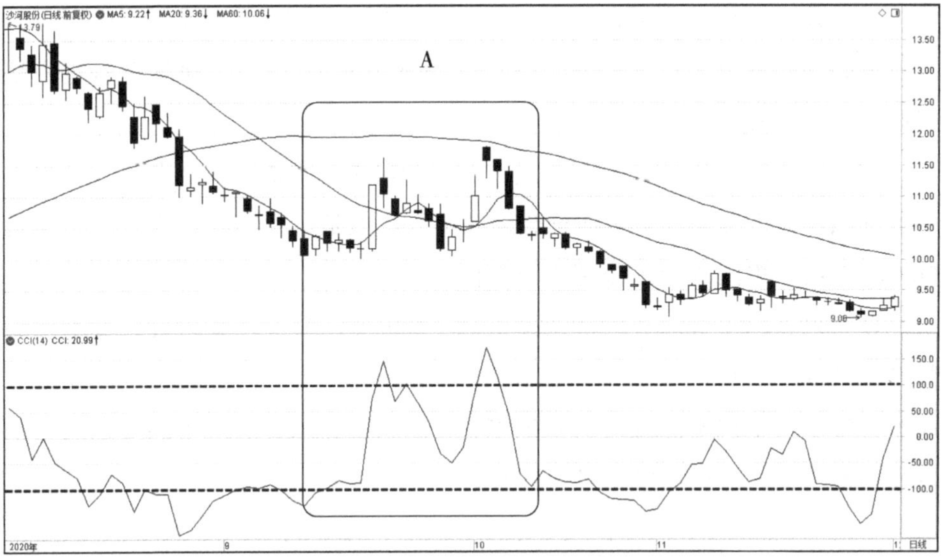

图 5-8

图 5-9 中，A 点处股价从低点展开升势，CCI 指标向上突破 +100 线后保持在 +100 线附近，显示出可维持的强势状态，A 点基本符合做多阶段稳定持仓的条件。

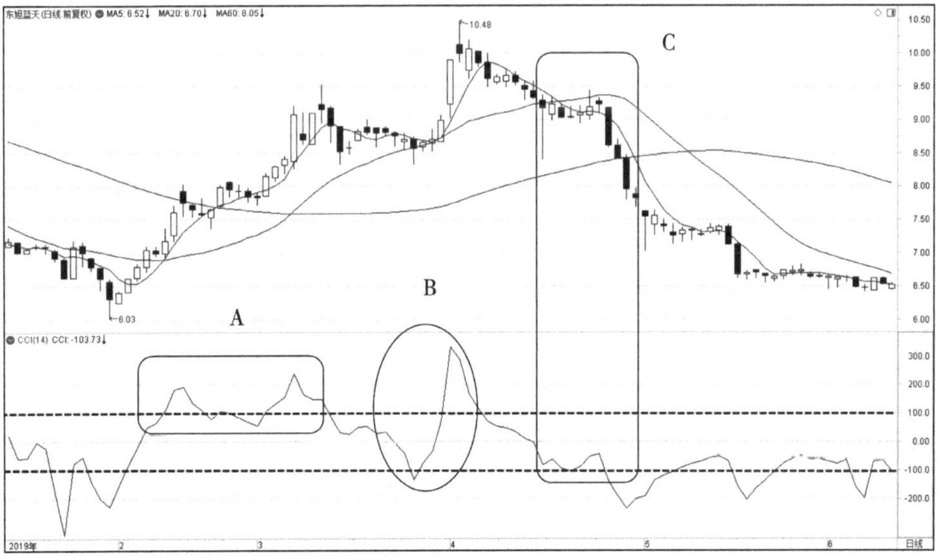

图 5-9

B 点处，股价出现回落调整，CCI 指标快速下破 -100 线。图中可见，股价得到均线支撑后迅速回升，而 CCI 指标也从 -100 线下迅速上行进入超买区，说明 B 点处 CCI 指标的表现就是一个“杂波”。

此后股价以大阳线突破前高点，似有开启主升浪的势头。股价表现出来的这种强势，很容易吸引短线资金追高买入。但是，我们看到这时的 CCI 指标并不稳定，相比 A 点的强势大不相同。

C 点处，CCI 指标又一次快速回到 -100 线并维持在其附近，显示出弱势持续的状态。同时，股价正在和 20 日均线进行最后的“吻别”。在这种技术环境下，不但不能继续买入做多，B 点追高介入的交易者还应当及时采取止损保护，以防止亏损无限制扩大。

第三节　CCI 指标卖出点分析

一、CCI 指标卖出信号

当价格超出常规运行范围而处于超买与超卖阶段时，意味着行情可能由此发生骤变或转折。在这个阶段，很多指标都会钝化，从而失去研判作用。但是 CCI 指标对于价格处于非常规运行阶段有着极其灵敏的反应和优良的表现，能够收到非常理想的实战效果。

利用 CCI 指标做空或者寻找卖点，主要关注 CCI 指标在超买区域的表现。所谓超买，就是价格已经超越买方能力的上限，买入股票的人数超过了正常的多空范围，这时候应该反向卖出，这是传统技术分析理论中对于超买概念的界定。

交易者需要灵活掌握和理解关于超买区域的概念，CCI 指标迅速穿越 +100 线到达上方的超买区域，说明目前运行的是一波强势上攻行情，股价的涨升可能接近尾声，也可能只是一波上涨行情刚开始启动的信号。所以，超买区域并不等同于必须卖出的区域，有时候反而意味着可以买进，买卖之间的区别仅是毫厘之差。一笔交易是赚钱还是亏钱，这时候就要看细节分析上的功夫。

当 CCI 指标进入超买区域时，交易者应该提高警惕，但绝不能做惊弓之鸟。

1. 超买区下行的操作

当 CCI 指标处于 +100 线上的超买区域，如果出现掉头向下的迹象时，表明股价至少遇到了一个短期波动的拐点，可能会有一个下跌或横盘的过程。在之后的运行过程中，只要价格能在常态区止跌转升，同时价格也在均线系统上得到支撑，则升势仍能维持。

如果 CCI 指标跌破常态区迅速下行，则价格可能遭遇较大幅度的下跌或长时间调整。但是，交易者需要鉴别是否为升势中的“杂波”。

如图 5-10 所示，A 点处 CCI 指标从 +100 线上逐步盘落至常态区转而上行，股价也随之出现一个小幅调整后再度上涨。实战中，这种 CCI 指标的回落只要能在常态区折头重新上行，同时股价在均线系统上得到支撑，则上涨趋势仍将继续，交易者不必急于卖出。

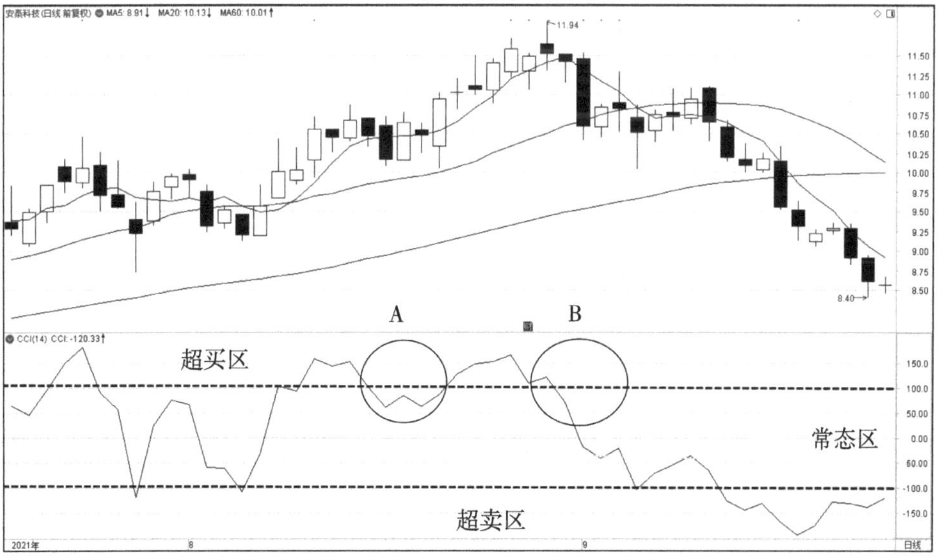

图 5-10

B点时，CCI指标再次从+100线上的超买区拐头向下并迅速跌入常态区，同时股价下跌，而均线由支撑转为压制，这种态势说明股价可能面临一个较大级别的回落。实战中，当CCI指标出现这种情况时，交易者最佳的选择应该是及时卖出，回避股价短期下跌的风险。

2. 超卖区下行的操作

当CCI指标向下突破－100线而进入超卖区域时，表明股价的弱势状态已经形成。只要CCI指标不能突破常态区继续上行，就表明股价弱势不改，交易者应保持观望。

如图5－11中A点所示，CCI指标跌破常态区及0线，进入－100线下的超卖区，随后CCI指标运行于常态区0线和超卖区的区域内，这个阶段股价一直处于跌势中。

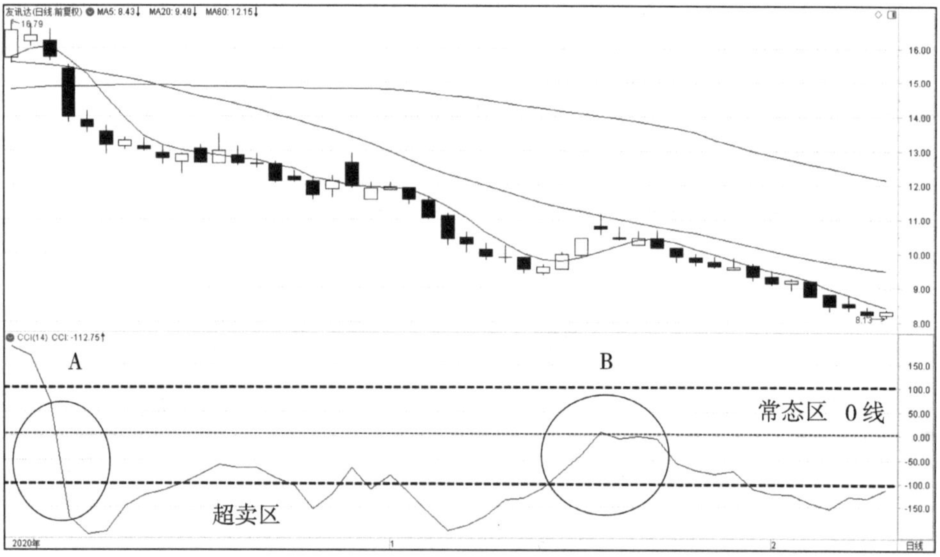

图5－11

B点处，CCI指标从－100线之下的超卖区向上攻击常态区，却连0线都难以成功突破，显示股价仍旧运行在弱势状态，交易者应当卖出股票，等待机会。

CCI指标进入超卖区，并不意味着股价必然会出现超跌反弹。如图5－11

中 A 点之后，CCI 指标在 0 线和 -100 线区域内的一些微幅波动，并不能代表股价即将触底反弹。

实战中，交易者对于迅速跌入超卖区而后不能迅速涨离超卖区的个股，要保持足够的警惕，不可轻易入场做多。这类个股往往反弹羸弱，而下跌空间却较大。

CCI 指标处于常态区和 -100 线超卖区域内，这种极端弱势状态相对容易判断。较为复杂和难辨的情况是 CCI 指标在 -100 和 +100 区域内来回折返，很容易给交易者带来误判。

如图 5-12 中 A 点所示，CCI 指标从 -100 线下向上触及 +100 线，但是随之又迅速下行并再度跌破 -100 线，之后再次上行突破 +100 线……

案例中 CCI 指标来回折返，源自股价的两次反弹。但是图中可见，两次反弹的可操作空间和时间都很有限，交易者贸然介入很难获利。实战中，CCI 指标出现这种运行态势时，对于行情就失去了研判作用，交易者应选用其他技术工具对行情进行分析。

图 5-12

3. 相对涨幅条件限制原则

如果股价在短期里的涨幅过高、过急，同时 CCI 指标从超卖区迅疾上穿超买区过高，交易者应注意短线减仓。多数急速上涨过后，股价都会有不同幅度的回落调整。

如图 5–13 中 A 点所示，股价出现快速上涨，CCI 指标从 –100 线下快速穿越 +100 线进入超买区高位。但这种急速上涨带来的 CCI 指标上穿超买区的情况往往很难持久，不久 CCI 指标就与股价重新进入下跌。交易者可在 CCI 指标下破 +100 线时选择短线减仓。

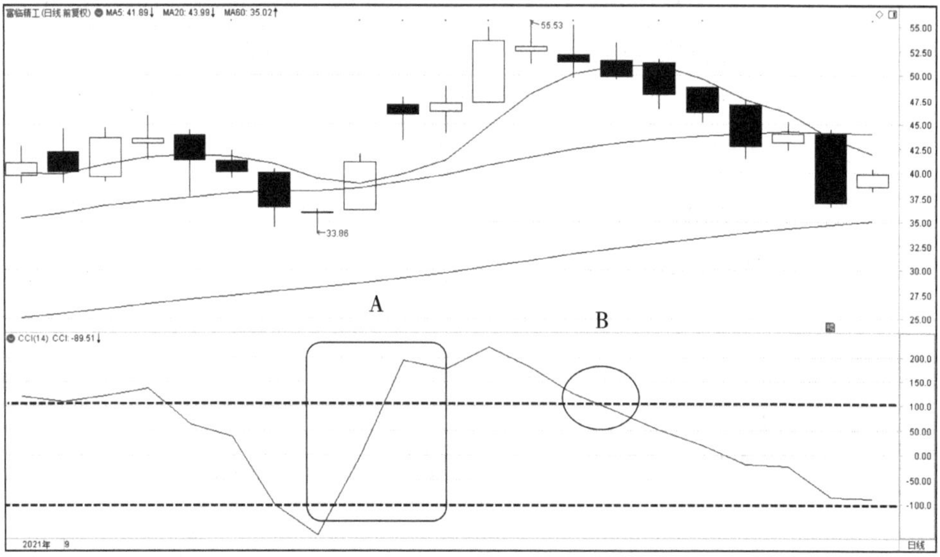

图 5–13

应用相对涨幅条件限制原则，要注意分析技术环境。如果是在熊市大背景下发生的急速上涨，那么多数情况下交易者应当选择减仓的应对策略。

如果是在牛市背景下发生的急速上涨，那么 CCI 指标提示的信号可能只是一个短期波动高点，交易者应以小幅减仓或持仓不动为主。

如图 5–14 所示，该股运行于上涨行情中，A 点处股价迅速上涨，CCI 指标从 –100 线下上穿超买区。虽然之后股价和 CCI 指标下行并一度跌至 –100 线，但是该股运行于牛市背景中，同时整体涨幅相对有限，所以仅仅是一个短期回落。

图 5-14

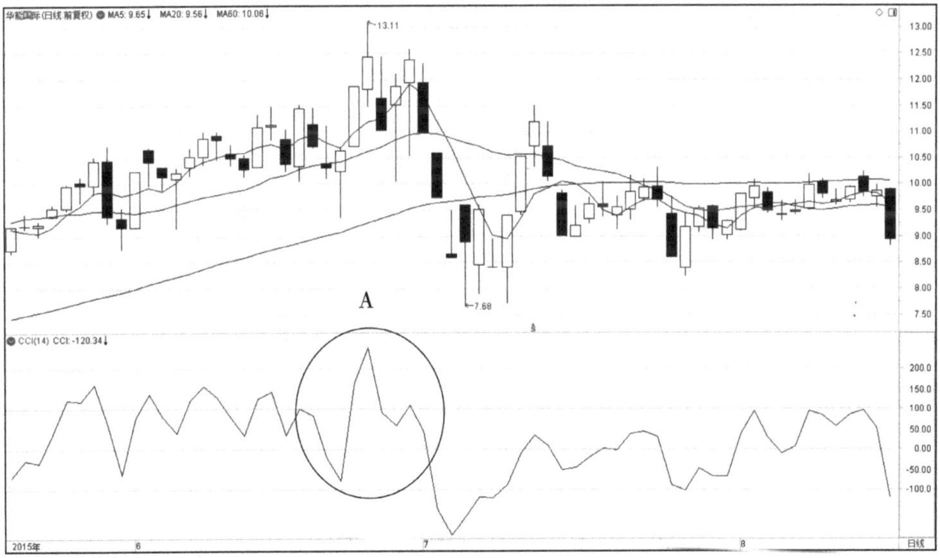

图 5-15

当然，在牛市的不同阶段，相对涨幅条件限制原则的意义也各有不同。例如，在牛市末期个股已有巨大涨幅的基础上，如果出现急速上涨，极有可能形成趋势性拐点。如图 5-15 所示，该股处于长期大幅涨升后的阶段，A 点处股价和 CCI 指标急升，构筑了该股的下跌拐点。

二、CCI 指标卖点实战研判

1. 超卖区卖点分析

股价出现一定的跌幅，CCI 指标已经跌入超卖区，此后若 CCI 指标不能迅速脱离超卖区向上运行，这时就是交易者最佳的减仓时机。

如图 5-16 中 A 点所示，股价从涨势中发生回落，此时 CCI 指标已经从 +100 线跌入超卖区。B 点处，CCI 指标上行超过 +100 线，但触之即溃并迅速回落，同期股价保持着测试均线支撑的技术形态。

可以说，无论是在 A 点还是 B 点，CCI 指标都已经先行发出了弱势提示信号，虽然股价暂时没有大幅下跌，但交易者决不可错过这样明显偏向空方的卖出信号。

CCI 指标的这种表现，为交易者提供了在股价相对高位及时减仓的机会，避免了在之后股价下跌中盈利大幅缩水的窘境。

图 5-16

行情处于下跌趋势运行过程中，CCI 指标主要波动于超卖区和常态区 0 线之下，这种情况说明市场运行于弱势下跌过程中，交易者空仓等待趋势变化是较佳的选择。如图 5-17 中 A 点所示。

如股价出现反弹，CCI 指标从超卖区上穿超买区后拐头向下，同时股价受到均线系统压制有趋弱迹象时，应是参与反弹的交易者减仓的时机。

如图 5-17 中 B 点所示，这种下跌趋势中股价反弹引发 CCI 指标上穿超买区的现象，具有极大的诱惑性，交易者应注意避免产生底部来临、可以大仓位做多的误判。

对于 B 点的股价反弹，可以注意观察 CCI 指标突破超买区能否稳定上行，以及均线是否从压制转为支撑股价。如果发现这两点并不符合，那么过早建仓的交易者应该执行减仓操作。

图 5-17

2. 超买区卖点分析

图 5-18 中，股价在均线系统的支撑下平稳向上涨升，而 CCI 指标大部分时间都在 +100 线和 0 轴线之间运行。

尽管 CCI 指标已经处于超买区，甚至也出现过跌破 +100 线和 0 轴线的情况，但是股价在回落时，很容易就在短期均线附近寻找到了支撑，也就说明这个位置的抛压并不十分严重。同时 CCI 指标仍旧能够在下行后多次突破 +100 线，说明股价强势上涨的动力并未完全消失。对于这种情况，交易者不能根据主观愿望机械地执行卖出规则。

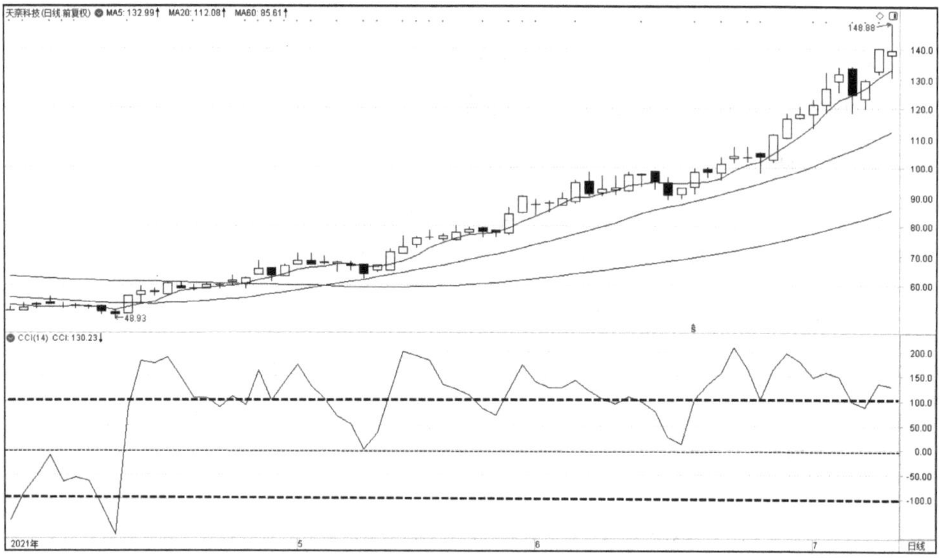

图 5–18

图 5–19 中的 A 点处，股价强势上涨，CCI 指标同步上行突破 +100 线，显示涨升强度良好。B 点处，股价经过小幅调整后继续创出新高点，而 CCI 指标已经不能再上新高，反而很快转头向下跌破 +100 线。

CCI 指标具有一定的先行性，对于股价的强势上涨本应及时反应，但案例中 CCI 指标对股价的迅速上涨未能做出应有的响应。当出现这种情况时，短线交易者应及时减仓。在接下来的走势中，股价一旦跌破均线系统的支撑并受到压制时，是交易者融券做空的良机。

3. 相对涨幅条件限制原则的应用

相对涨幅条件限制原则有三个要点：（1）技术环境分析；（2）整体涨幅限制；（3）股价后市受到支撑与压制的表现。前两个要点前文已经讲过，下面主要讲第三个要点。

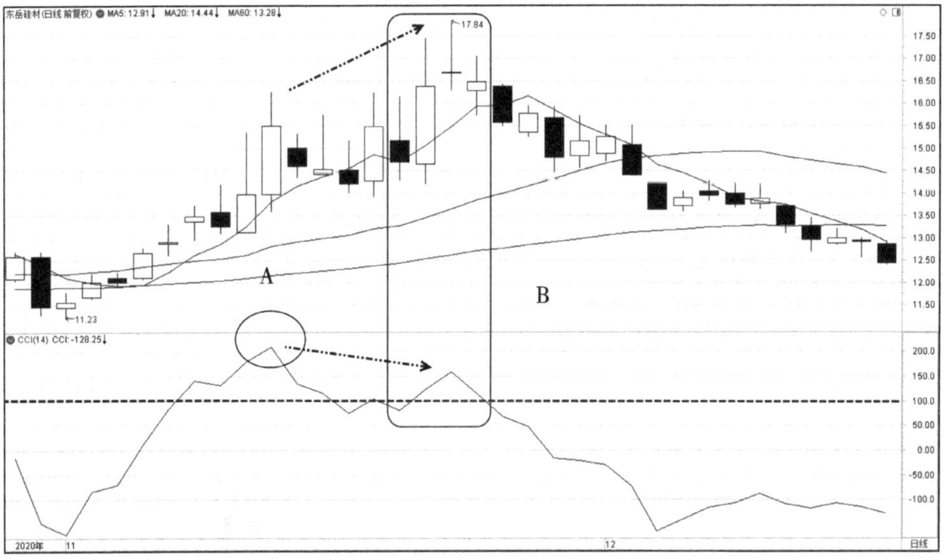

图 5-19

CCI 指标急升过后必然会有回落，虽然这个回落的性质各有不同，交易者可以通过技术环境分析和整体涨幅限制来加以鉴别，但是在实战中，仅靠这两个静态的要点进行鉴别和确认，仍旧难以避免出现误判，所以我们要加入一个动态的研判依据，也就是第三个要点，即股价后市受到支撑与压制的表现。

个股符合相对涨幅条件限制原则的前两个要点后，并不一定必然出现趋势性拐点，可能只是出现一个低级别的回落过程。如果交易者在这个低级别的回落过程中大肆做空的话，可能遭致难以挽回的损失。

相对涨幅条件限制原则的第三个要点，即股价后市受到支撑与压制的表现，能够帮助交易者确认接下来发生的回落究竟是何种性质的。

如图 5-20 所示，A 点处 CCI 指标和股价出现回落，股价在回落过程中很快就受到短期均线系统的支撑，随即迅速大阳转升，同期 CCI 指标下行到超卖区上方也转跌回升。在涨势的初中期阶段，二者的这种调整形态都是合理的。

B 点处股价和 CCI 指标再度回落，股价甚至出现一根超大阴线，盘面看上去很恐怖，但是股价依然能够在短期均线上得到支撑，同期 CCI 指标下破至常态区的 0 线下便转跌回升。股价和 CCI 指标的调整明显强于 A 点，显示出整体升势强度在增加。

行情运行到了 C 点处，情况发生了很大的变化。股价由涨转跌，逐渐失去均线支撑并受到压制，CCI 指标也早已从超买区下行并最终跌入常态区和超卖区，盘面上弱势尽显。

A 点、B 点与 C 点处，股价与 CCI 指标的不同表现显示出回落本身的性质。交易者在实战中依据这种不同级别的回落，便可以确定自己的交易方式和方向。

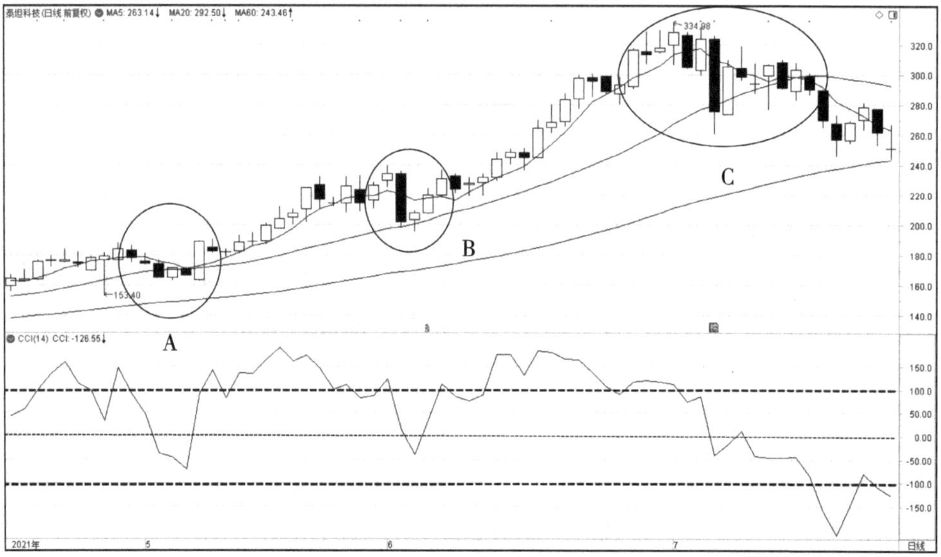

图 5-20

第六章

玩转 BOLL

第一节　BOLL 指标基础理论

BOLL 指标即布林线指标，英文全称是“Bolinger Bands”，由美国技术分析大师约翰•布林格(John Bollinger)根据统计学中的标准差原理所发明，是用于研判价格运行趋势或趋向的一种技术分析工具。

布林线指标的特殊之处，在于其具有的价格通道能够标示出加速区和振荡区。当价格处于布林通道的不同区域时，对于交易者选择和确立交易策略和交易行为具有重要的参考意义。

一、BOLL 指标设计原理

通常来说，价格运行总是围绕某一价值中枢（如成本线等）在一定的范围内波动，布林线指标正是在此基础上，引进了“价格通道”概念，认为价格通道的宽窄随着价格波动幅度的大小而变化，而且价格通道又具有变异性，它会随着价格的变化而自动调整。

大多数技术分析指标不依赖趋势分析和形态分析，而 BOLL 指标与价格的形态和趋势有着密不可分的联系。BOLL 指标利用“价格通道”来显示价格的波动幅度，当波动很小，处于盘整时，通道就会变窄，预示价格波动处于暂时的平静期；当波动超出价格通道的上轨时，预示着价格异常激烈的向上波动即将开始；当波动超出价格通道的下轨时，同样也预示着价格异常激烈的向下波动即将开始。

二、BOLL 指标计算公式

BOLL 指标的计算方法较为复杂，其中引进了统计学中的标准差概念，涉及到中轨线（MB）、上轨线（UP）和下轨线（DN）的计算。根据选用的计算周期不同，BOLL 指标包括日 BOLL 指标、周 BOLL 指标、月 BOLL 指标、年 BOLL 指标以及分钟 BOLL 指标等各种类型。虽然计算时的取值周期有所不同，但基本计算方法一样。

以日 BOLL 指标计算为例，计算公式如下。

中轨线 =n 日的移动平均线

上轨线 = 中轨线 + 两倍的标准差

下轨线 = 中轨线 − 两倍的标准差

（1）计算 MA。

MA=n 日内的收盘价之和 $\div n$

（2）计算标准差 MD。

MD= 平方根 n 日的（C−MA）的两次方之和除以 n

（3）计算 MB、UP、DN 线。

MB=（n−1）日的 MA

UP=MB+k × MD

DN=MB−k × MD

（k 为参数，可根据股票的特性来做相应的调整，一般默认为 2。）

三、BOLL 指标应用法则

（1）当价格运行在布林通道中轨和上轨之间的区域时，只要不破中轨，说明市场处于多头行情中，只考虑逢低买进，不考虑做空。

（2）当价格运行在布林通道中轨和下轨之间的区域时，只要不破中轨，说明是空头市场，交易策略是逢高卖出，不考虑买进。

（3）当市场价格沿着布林通道上轨运行时，说明市场目前是单边上涨行情，持有的多单要守住，只要价格不脱离上轨区域就耐心持有。

（4）当市场价格沿着布林通道下轨运行时，说明市场目前是单边下跌行情，一般为一波快速下跌行情，只要价格不脱离下轨区域，持有的空单就耐心持有。

（5）当价格运行在中轨区域时，说明市场目前为盘整振荡行情，对趋势交易者来说，这是最容易赔钱的一种行情，应回避，空仓观望为上。

（6）布林通道缩口状态。价格在中轨附近振荡，上下轨逐渐缩口，这是大行情来临的预兆，应空仓观望，等待时机。

（7）通道缩口后突然扩张，意味着一波爆发性行情来临，此后行情很可能走单边，可以积极建仓，顺势而为。

（8）当布林通道缩口后，在一波大行情来临之前，往往会出现假突破行情，这是主力制造的陷阱，应提高警惕，可以通过调整仓位化解。

（9）布林通道的时间周期应以周线为主，在单边行情时，所持仓单已有高额利润，为防止大的回调，可以参考日线布林通道的原则出局。

上述 BOLL 指标的应用规则只是传统理论中的内容，任何一种技术理论都脱不开与时俱进的灵活应用。

正如布林线发明人布林格先生所说，“布林线上轨的边界本身并不是一个卖出信号，下轨的边界本身也并不是一个买入信号，也可能是买入和卖出的信号，但是你必须要有更多的因素进入到这个过程，来理解到底是买还是卖。在有趋势的市场中，价格可能而且确实沿着布林线的轨道上升，也可以沿着布林线下轨下降。”

根据布林线的原理和实战总结，笔者将布林通道分为振荡区和加速区。

如图 6-1 所示，图中 A 点处股价沿着布林通道上轨同步向上运行，为向上加速区；B 点处股价沿着布林通道下轨同步向下运行，为向下加速区。

C 点处，股价运行重心在布林通道中轨和上轨之间，呈现出一个向上的趋向，即为向上振荡区；D 点处，股价运行重心在布林通道中轨和下轨之间，呈现出一个向下的趋向，即为向下振荡区。

当股价在布林通道的振荡区运行时，其技术意义代表着股价处于选择运行方向的阶段。如果股价处于向上振荡区，那么之后价格运行方向选择向上的概率更大；如果价格处于向下振荡区，那么之后价格运行方向选择向下的概率更大。当然，上述论及的只是技术层面上的概率性，并不是必然性结论。股价在振荡区的方向选择，最终还是需要股价进入加速区来进行确认。

当股价出现在加速区，意味着股价已经选择方向，并处于加速和全力运行阶段。如果股价在加速区出现不能加速突破（向上或向下）或者踟蹰不前的情况，那么股价极有可能出现反向运行。

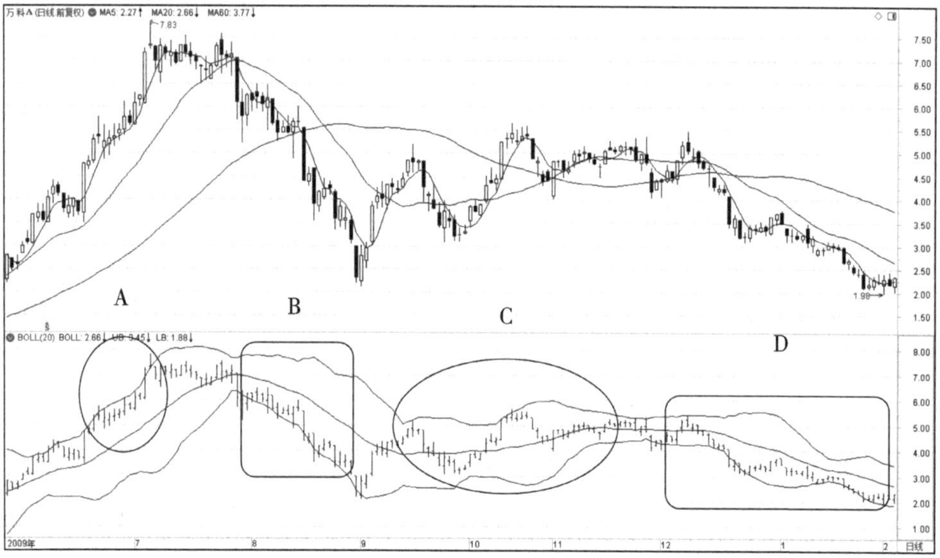

图 6-1

第二节　BOLL 指标买入点分析

一、BOLL 指标买入信号

布林线指标能否起作用，关键在于交易者的认知能力，并不在于布林线指标本身。布林通道时刻都在显示着股价超买、超卖、支撑、压力，而甄别其中的有效信号并作出正确的判断，则是交易者的任务。

1. 股价与中轨、上轨通道的趋向同步

当股价运行在布林通道中轨和上轨之间的区域，股价和布林通道保持同一趋向，只要价格不有效跌破中轨，说明市场处于振荡上涨的运行节奏中。

股价与布林通道的趋向同步，分为几种类型。

其一，如图 6-2 所示，股价大部分时间在布林通道中轨和上轨之间的向上振荡区和加速区稳步攀升，布林通道保持一个平稳向上的态势。虽然图中 A 点处股价出现一个微幅回落，一度逼近中轨线，但是很快就重回向上加速区继续运行。

对于这种情况，交易者可采取买入或稳定持仓的策略，不必在意股价一时的涨跌。但交易者选择买点时，最好选择低吸，比如图中 A 点处的调整阶段，尽量不要追涨，因为这种技术形态不可能长久保持，终有被打破的那一刻。

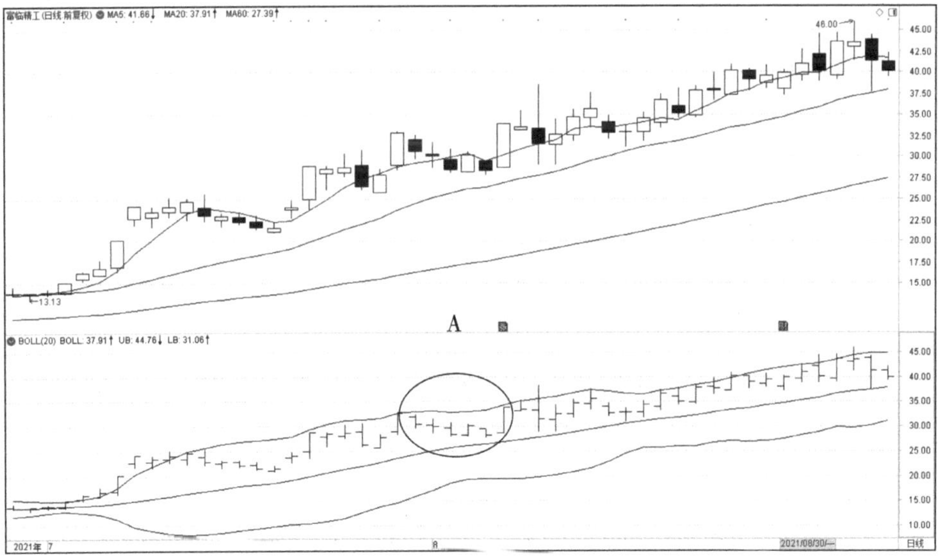

图 6-2

其二，对于股价在布林通道趋向同步的情况，交易者不可一概而论，更不能片面地认为趋向同步时，就意味着买入是安全的。

如图 6-3 中 A 点所示，股价在布林中轨和上轨之间运行，虽数次触及中轨线但都很快收复，但股价最终还是选择了进入下跌趋势。

对比图 6-2 和图 6-3，可以发现二者之间最大的区别在于：图 6-2 中布林通道保持着一个平稳向上的态势，而图 6-3 中布林通道呈现横向运行的态势。由此可见，股价和布林通道的趋向同步只有向上运行，才是交易者寻机买入的时候。

实战中，当股价在布林通道中轨和上轨之间运行时，因布林通道的形态或技术环境不同，分析判断的结论会出现较大的差异。

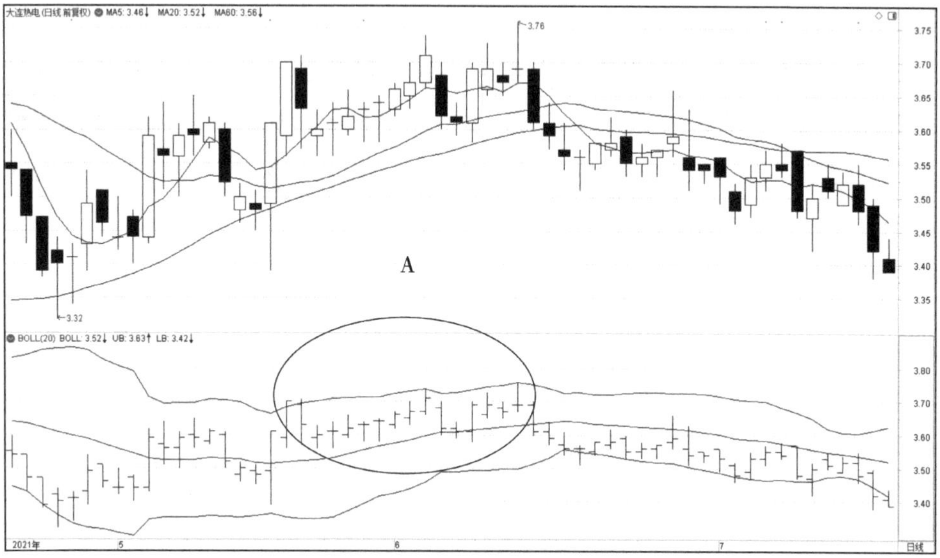

图 6-3

布林通道形态在技术分析中之所以如此重要，原因在于：一个趋势形成之后，任何逆转这个既成趋势的动作都不可能一蹴而就，总是有一个渐进的过程。

总而言之，当布林通道整体趋向发生扭转时，也就意味着股价原本的运行趋向已经或者可能发生改变，交易者对此应有不同的交易策略。

2. 加速区维持

当股价沿着布林通道上轨运行时，说明价格进入向上的加速区，只要股价未出现大幅向上超越上轨线或者重心回落触及中轨、下轨线，交易者可耐心持仓。

如图 6-4 所示，A 点处股价运行在布林通道中轨和上轨之间的向上振荡区，之后股价沿布林通道上轨加速上涨，进入加速区。

股价进入加速区，说明行情发展到快速上涨的主升段，在这个阶段，股价几天的涨幅可能就会远超盘整阶段几个月的涨幅。交易者如果过早卖出筹码，那么几乎等于拱手让出近在咫尺的大笔盈利。

股价过快上涨，同样会让交易者心慌，因为怕卖得过早或过晚。这个问题其实可以通过两点研判：（1）股价大幅向上超越上轨线；（2）重心回落触及中轨、下轨线。如图 6-4 中 B 点、C 点所示。

股价急速向上的势头，确实很难长时间维持，但是只要股价并没有出现上述两点的情形，交易者完全可以放心持仓，让账户的盈利幅度快速增长。

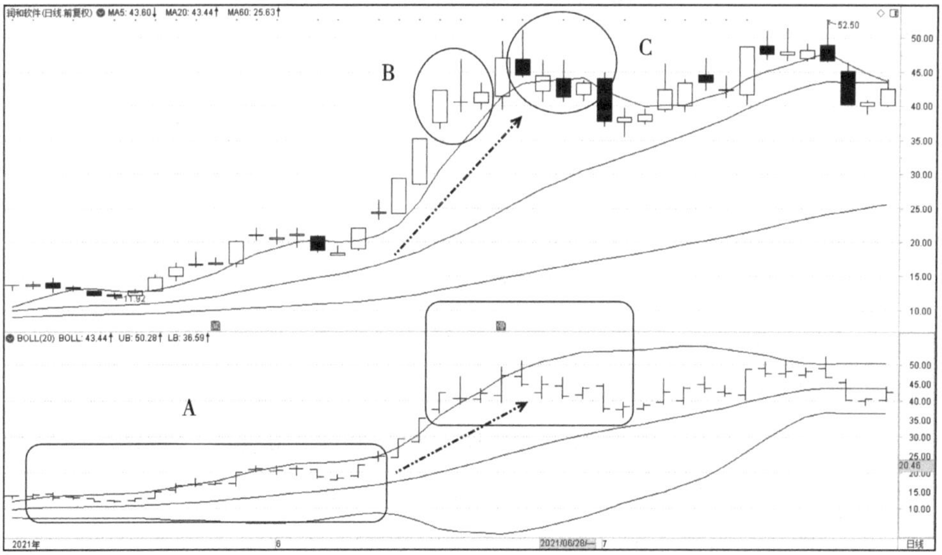

图 6-4

3. 布林通道低位扭转的研判

布林通道长时间在低位窄幅运行时，股价上升并进入布林通道的向上加速区，此时并不能完全确认行情运行趋势已经扭转，只有当原本下移或横向运行的布林通道整体出现向上的趋向并且通道向上扩展时，才能确认行情至少在短期内已经转向多头上攻的态势。

如图 6–5 所示，该股处于振荡盘整过程中，布林通道长时间窄幅运行。A 点处，股价向上触及布林线上轨进入向上加速区，但是布林通道整体向上趋向不明显，而且未出现通道扩展，A 点只能认为是股价的一次短暂反弹。

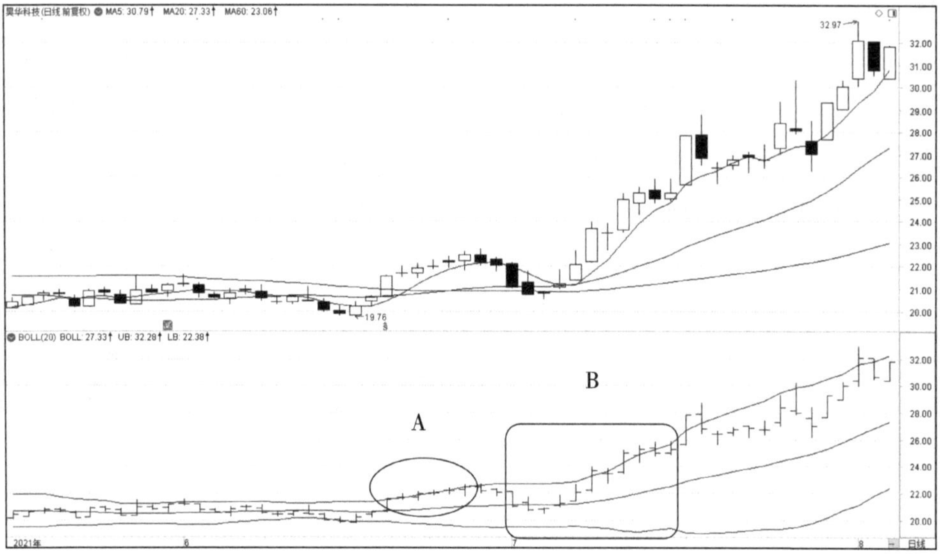

图 6–5

B 点处，股价回落至布林通道中轨线得到支撑，同一时间点均线系统也对股价形成支撑，这种技术上的共振会让判断结论的准确性更高。之后股价进入向上加速区运行，布林通道整体向上扭转并向上扩展，这种情况一般预示着一轮较大的上涨行情正处于启动阶段，交易者可积极介入做多。

有一种情况需要引起交易者的重视，如图 6–6 中的 A 点处，股价突然加速上涨，使得原本向下运行的布林通道突然扩展加宽。但是随着股价上涨的结束，布林通道仍旧恢复到下行和变窄的趋势中。

由此可见，暴涨行情下布林通道突然向上扩展，多数情况下并不具备行情转折的技术研判意义，交易者应谨防这种情况下作出行情扭转的误判。

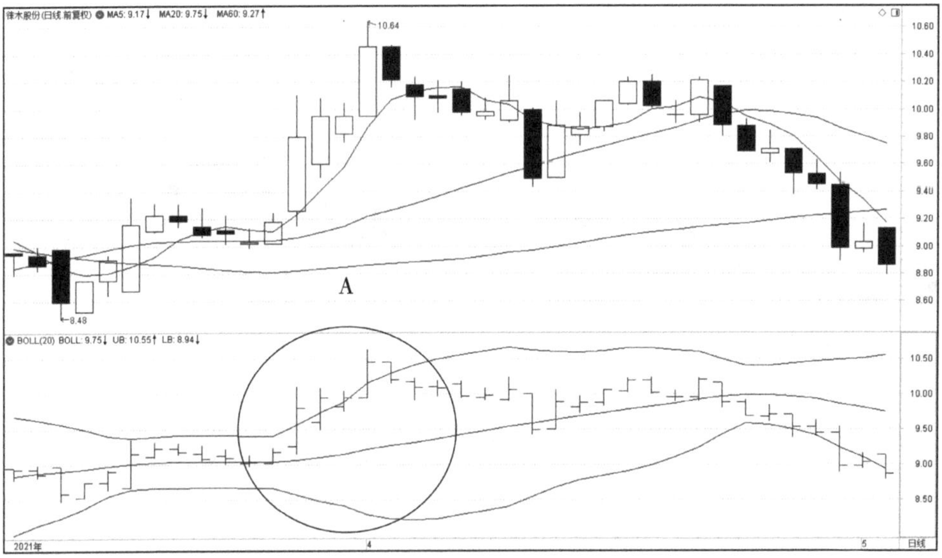

图 6-6

二、BOLL 指标买点实战研判

1. 布林通道支撑的技术层级

（1）中轨支撑，强势不改。

在上升趋势中，布林通道下轨的支撑力度最强，中轨的支撑力度最弱。如果布林通道中轨在股价回落中能够体现出一定的支撑力度，至少说明该股上方并不存在强大的压力，甚至可以说股价回落主要是主力洗盘的需要。布林通道中轨的有效支撑，显示的并不在于中轨线具有多么强大的支撑力度，而在于价格强势未改，目前的盘落仅仅是一种上涨趋势中继形态，交易者理应继续买入或持仓。

图 6-7 中，该股保持了一个明显的上涨趋势，股价上涨触及上轨就会出现短暂的回落，这个回落在中轨附近得到支撑，于是股价重新开始上涨。

在个股迅速上涨后出现回落的过程中，布林通道中轨能否提供相应的支撑，对于交易者确认股价运行方向具有重要的参考作用。上涨趋势里的中轨线支撑，可以作为交易者重要的买入信号。

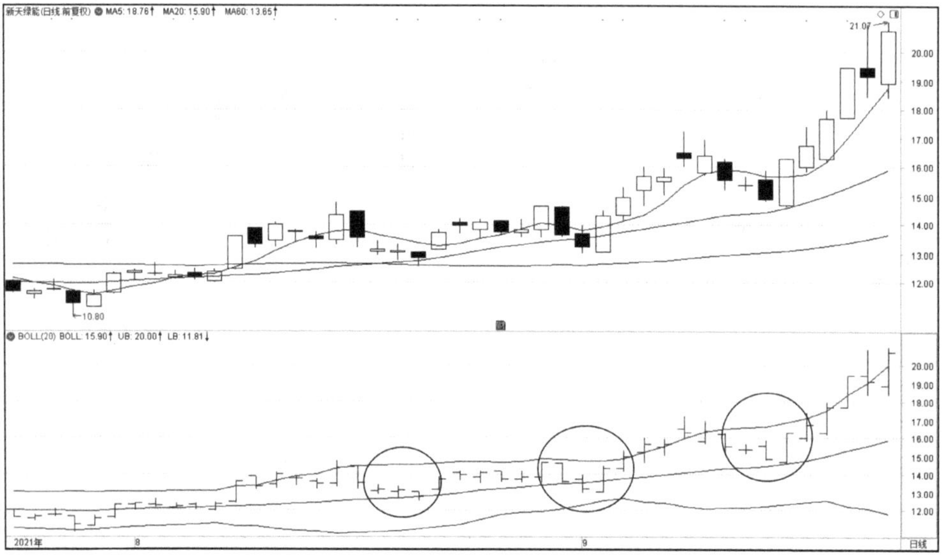

图 6-7

如图 6-8 所示，股价快速上涨至 A 点出现回落，股价回落至布林通道中轨线之上便得到支撑，之后股价继续上涨。

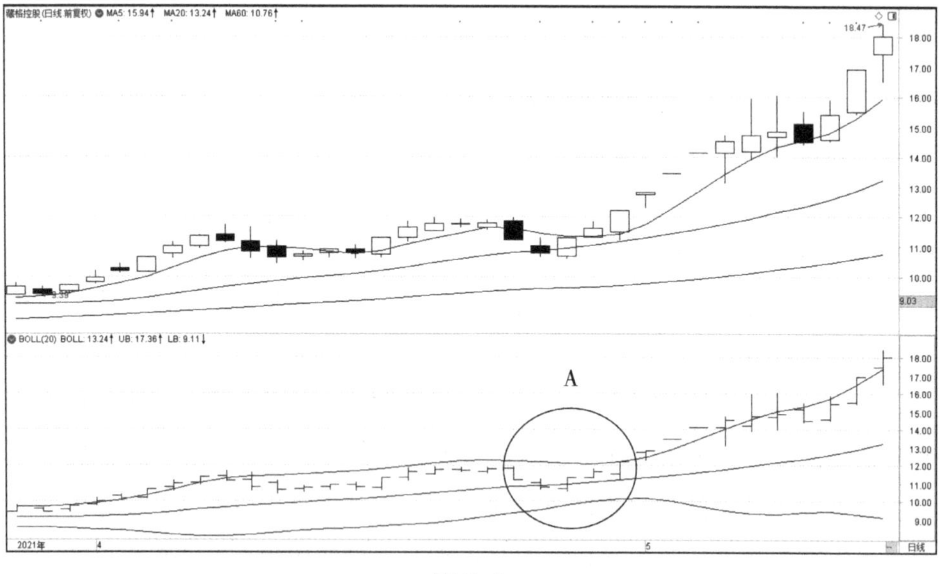

图 6-8

在股价出现快速上涨后，一些获利丰厚的短线资金有兑现的欲望，所以暴涨之后出现的回落往往都颇具力度。这种回落如果能在中轨线上得到支撑，说明主力资金有着极为强大的控盘能力，股价往往很快就会回归到快速上涨的节奏中。

（2）下轨支撑的几种变化。

如果说布林通道中轨线对于股价强势上涨的持续性能够起到一定的甄别作用，那么布林通道下轨线对于价格运行趋势是否发生扭转，则具有重要的分析参考作用。

布林通道下轨线的支撑，相对中轨来说要更有力度。在上涨趋势中，一旦股价回落至下轨线，往往不是阶段性的重要低点就是趋势向下的拐点。

相对中轨线而言，价格回到下轨线，说明之前的强势上涨已经结束，此后价格将面临三种选择：①上涨趋势就此发生扭转；②下轨线提供支撑，价格结束阶段性调整，继而缓慢回归到上涨趋势，如图 6-9 中 A 点所示；③下轨线提供支撑，价格迅速进入新的强势上涨阶段，如图 6-10 中 A 点所示。

图 6-9

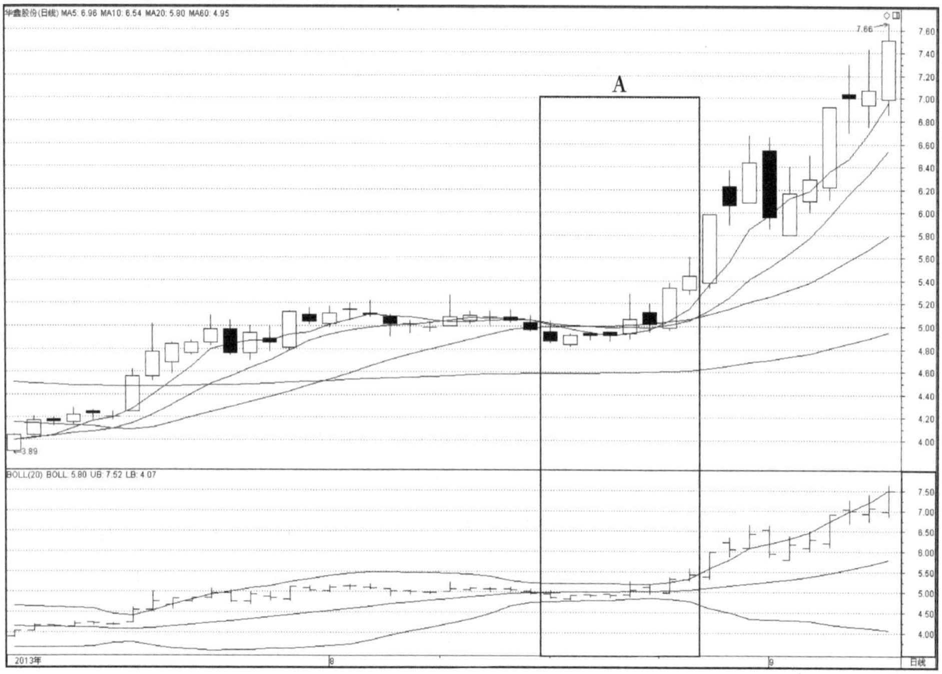

图 6-10

布林通道下轨线对价格的支撑力度，是研判价格运行趋势的参考。在实战中，交易者以此确定做多时机时，仍旧不可将技术环境分析弃之不顾。技术分析的赚钱之道，是根据盘面的实际变化来确认价格趋势或趋向，从而决定自己的交易行为，而不是仅仅根据技术指标和主观意愿确定做多点位。

关于布林通道下轨线的支撑，还必须说明一点，下轨线是否具有支撑，并不在于股价是否跌破了这条线，而在于股价是否由此得到上涨的动力，继而重新回归上涨趋势。实战中，有时股价尚未触及下轨线，便开始转入上涨，而有时股价跌破下轨线，才重新回归上涨趋势。

如图 6-11 所示，股价上涨过程中，多次出现跌至布林通道下轨的情形，但是每次都是触及下轨线便恢复上行，然后触及上轨线又再次回落。

案例中的这种下轨线支撑情况，多发生在主力控盘不足或主力洗盘的背景下。一旦主力资金完成所要达到的目标，股价就会打破这种节奏，如图中 A 点所示，迅速进入到快速上涨阶段中。

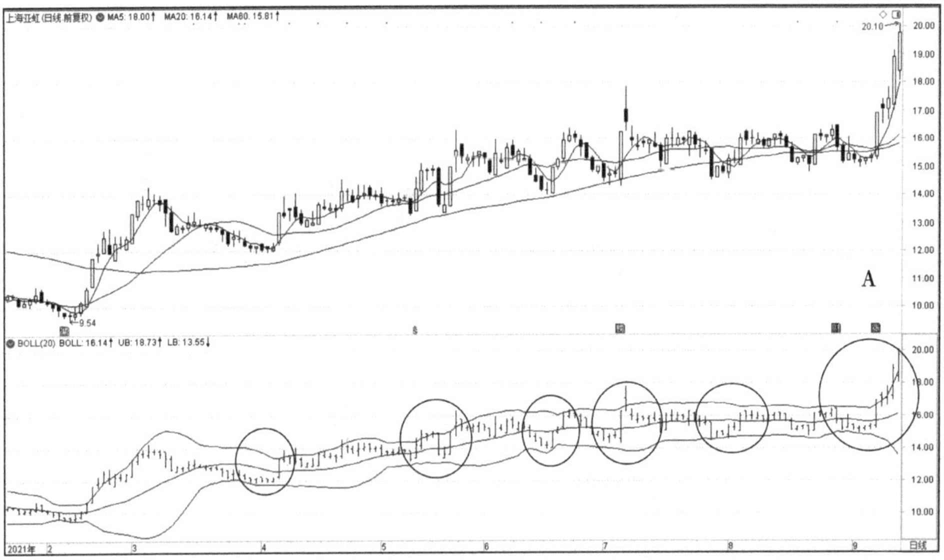

图 6-11

在下跌趋势运行较为迅猛的阶段，布林通道下轨线的支撑往往形同虚设，并不能提供有利于交易的积极信号，交易者不可认为下轨线支撑强，就盲目入场交易。

但是，当下跌趋势运行一段时间或跌幅较大之后，如图 6-12 中 A 点所示，K 线创出新低，而股价触及下轨线便止跌回升，这是一个股价企稳回升的先行信号，交易者可予以积极关注。

（3）趋向同步支撑。

图 6-13 中，该股运行于一个缓慢盘升的上升趋势中，布林通道保持同步上行态势。对于股价和布林线指标的这种状态，交易者可采取稳定做多的策略。

至图中 A 点，该股股价在一波上涨过后出现回落调整，同期布林通道出现从扩展到收窄再到扩展的过程，股价回落并未跌破下轨线，显示回落调整未改股价趋势的基调，最终股价继续进入向上加速区。

在图 6-13 中 A 点行情回落调整阶段，只要股价整体运行重心不发生下移的态势，同时布林通道虽然有所收窄，但是基本保持稳定且很快再度扩展，

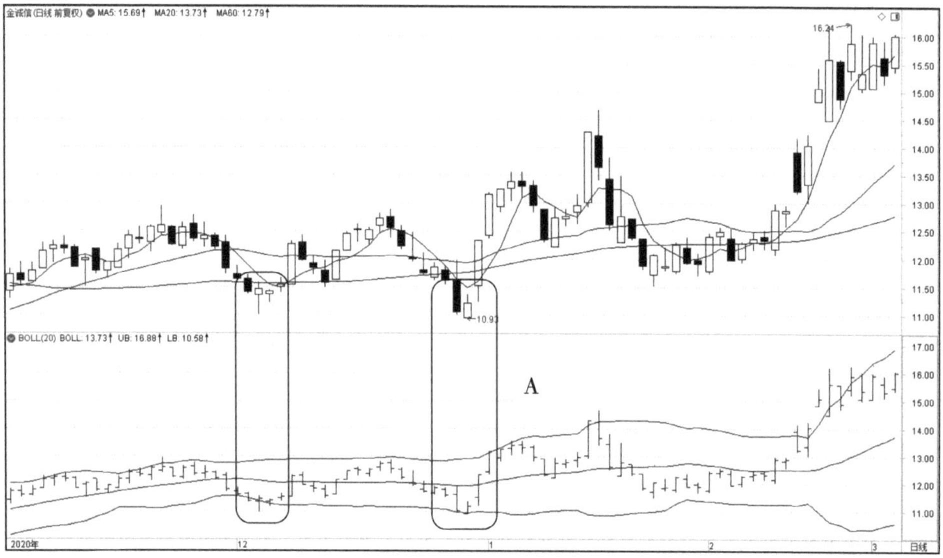

图 6-12

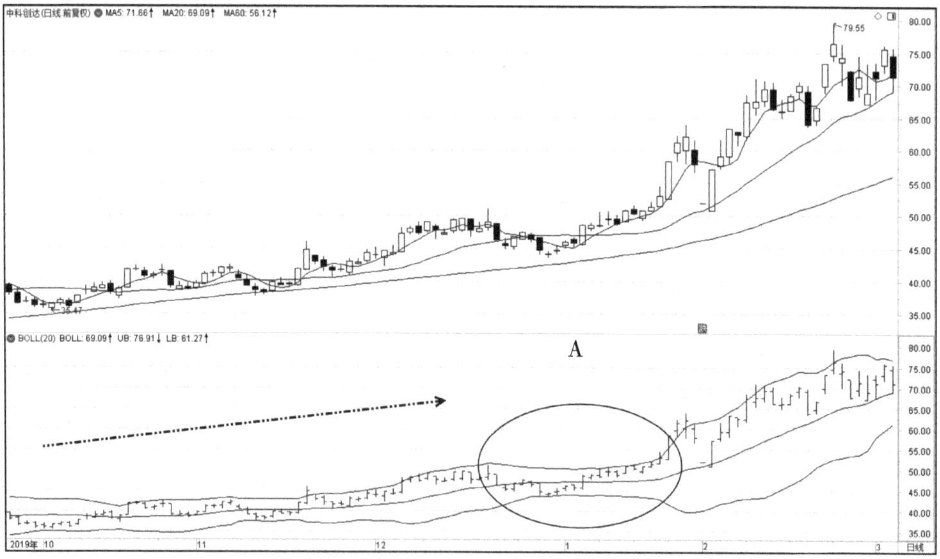

图 6-13

那么这种股价趋向本身也会对下跌起到一定的消化和支撑作用，交易者可选择股价向上突破布林线上轨线进入向上加速区时积极介入。

对于趋向支撑，实战中，投资者需要关注股价重心下移和布林通道同步转向的情况，一旦发生这种情况，则说明趋向支撑失去效用。

如图 6-14 中 A 点所示，股价下跌，布林通道发生转向，交易者此时不应对趋向支撑抱有幻想而盲目做多。

图中 B 点处，股价一波强力迅疾的上涨后直达通道上轨，却难以扭转布林通道向下的趋势，说明行情已经转入下跌阶段。这个时候，任何试图买入做多的行为都是错误的，毕竟大势不可逆。

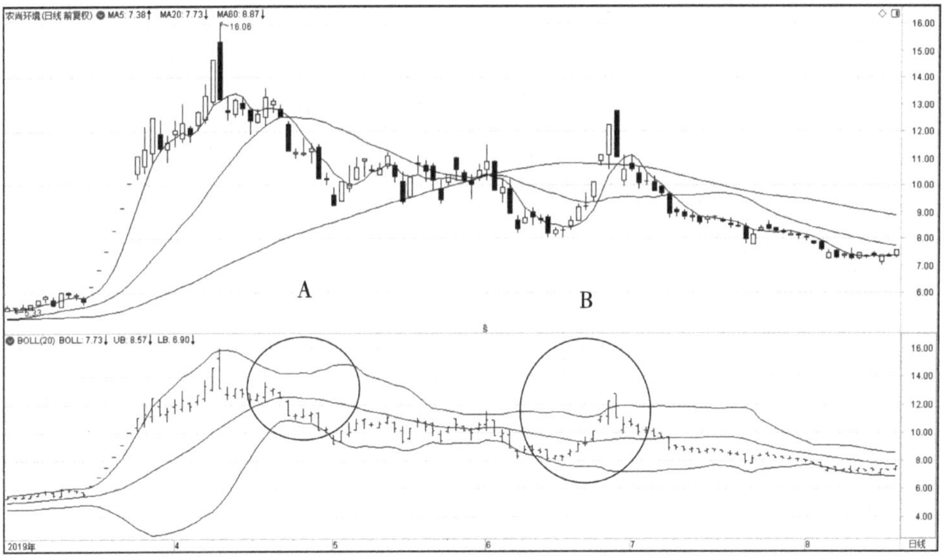

图 6-14

2. 布林通道趋势性做多分析

当价格进入到上升趋势时，布林通道也必然会随之转为向上运行。在上升趋势维系期间，价格会多次进入到向上的加速区。

如图 6-15 中 A 点所示，股价沿布林通道上轨快速挺进，股价以盘中单日调整的方式进行整理，这种机会一旦抓住，往往短时间内就会有较大幅度的盈利，布林线加速的魅力就在于此。

股价在向上加速区运行，很容易被追涨资金过度追高炒作，于是便会出现股价大幅超越布林通道上轨线的现象。出现这种现象，意味着上涨行情至少在短期内已经处于高危区域，股价下跌随时可能到来。

在图 6-15 中 A 点处，股价极度加速之后随之出现了回落。可以看到，在整个上升趋势维系期间，这种过度加速和随后回落的现象多次出现，这也是一个上升趋势从形成到发展必不可少的环节和特征。

图 6-15

交易者如果是以布林通道的趋势性作为做多分析依据的话，那么尽可以忽略图 6-15 中 A 点这样的短期波动，因为这种股价短期波动一般不会对趋势产生较大的影响。

交易者需要重点关注的是类似于图 6-15 中 B 点的情况。B 点时，布林通道和股价同步保持在一个相对横向运行的状态中，这种运行方式往往代表着方向不明，前途叵测，对于交易者继续做多的信心具有相当大的影响。

判断图 6-15 中 B 点横向运行的最终选择方向，还在于技术环境分析。当股价和布林通道并未出现重心下移，而每一次回落的低点逐渐抬升时，交易者可短线买入。

图 6-15 中 C 点处，当股价又一次进入到向上加速区，而布林通道整体

超越前期横向运行的高点向上扩展时，意味着又一个适宜的做多时机已经出现在交易者眼前。

第三节 BOLL 指标卖出点分析

一、BOLL 指标卖出信号

利用布林通道加速区和振荡区的独特作用，交易者可以在股价出现极端表现时，通过细节分析，第一时间确认趋势或趋向上的卖出时机。

1. 振荡区的转化

布林指标长时间在相对高位横向窄幅运行，当价格向下突破布林通道下轨，原本狭窄的布林通道逐渐向下扩展时，预示着行情可能脱离原运行轨迹，即将进入下降通道之中。

如图 6-16 所示，该股股价高位运行，布林线指标保持一个横向窄幅运行的态势。至 A 点处，股价急跌，布林通道从收窄状态转为向下扩展。布林

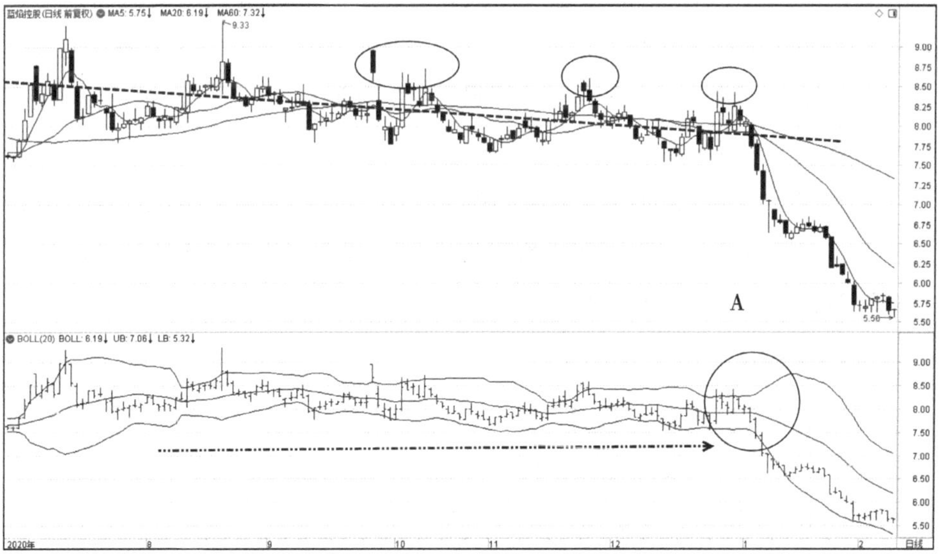

图 6-16

通道的这种表现，应当引起交易者的高度警觉，并及时做出相应的决定。

在图 6-16 的案例中，利用布林通道向下扩展和转折来确定短线卖点的话，往往会显得过迟，失去最佳的减仓时机。其实利用均线系统和股价运行重心下移，可以更早地发现股价的卖出信号。

例如，图中均线早已形成高位聚拢黏合，股价运行重心也有明显下移，在这种技术环境下，短线交易者完全可以在股价冲高时减仓操作。

当图中 A 点处布林通道向下扩展时，相当于确认了趋向转折，空仓的交易者就应该明白，股价仍有较大的下跌空间，不必急于买进该股，或者可以融券做空该股。通常来说，缩窄的布林通道在高位向下发生扩展，都会引发至少一个波段性的下跌行情。

布林线在股价高位横向运行是一种较危险的状态，交易者分析这种形态时，必须从技术环境上入手，比如确认该股之前曾有过大幅上涨等因素。

实战中，一些主力资金也会借用布林线和股价横向运行的形态制造空头陷阱，通过股价向下大跌，布林通道向下扩展来震仓洗盘，骗取低位割肉卖出的廉价筹码。

如图 6-17 所示，该股经过一轮大跌后，股价和布林线横向振荡运行，至 A 点处股价大跌，布林通道向下扩展，这种极具恐怖效应的走势，无疑会让不少交易者在恐慌中卖出带血的筹码。图中可见，不久后股价便一跃而起，进入到新一轮涨势中。

破解图 6-17 中这种空头陷阱的办法，就是技术环境分析。同样一种技术形态，在股价高位出现和在股价低位出现，其技术意义绝不会完全相同。也许外部看上去高度相似，但结果却迥异。

2. 向下加速区的卖点选择

股价沿着布林通道下轨运行，说明行情目前正处于向下加速区，交易者在这个阶段应空仓或观望等待，决不可被诱多陷阱蛊惑而盲目做多。

如图 6-18 所示，股价沿着布林通道下轨线整体向下波动，这种情况意味着股价的下跌至少在短时间内不会戛然而止。

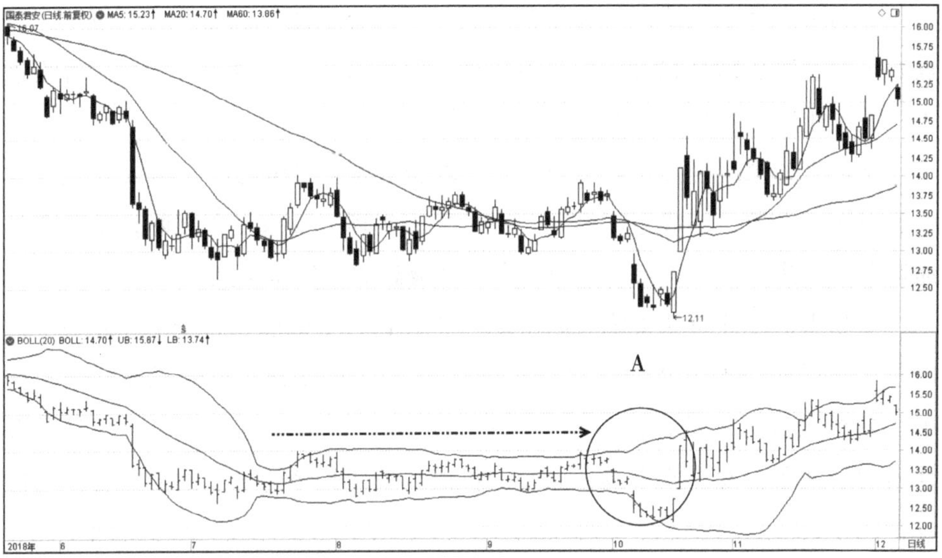
国泰君安(日线 前复权) MA5: 15.23↑ MA20: 14.70↑ MA60: 13.86↑
16.07
12.11
BOLL(20) BOLL: 14.70↑ UB: 15.87↓ LB: 13.74↑
A
2018年
日线

图 6-17

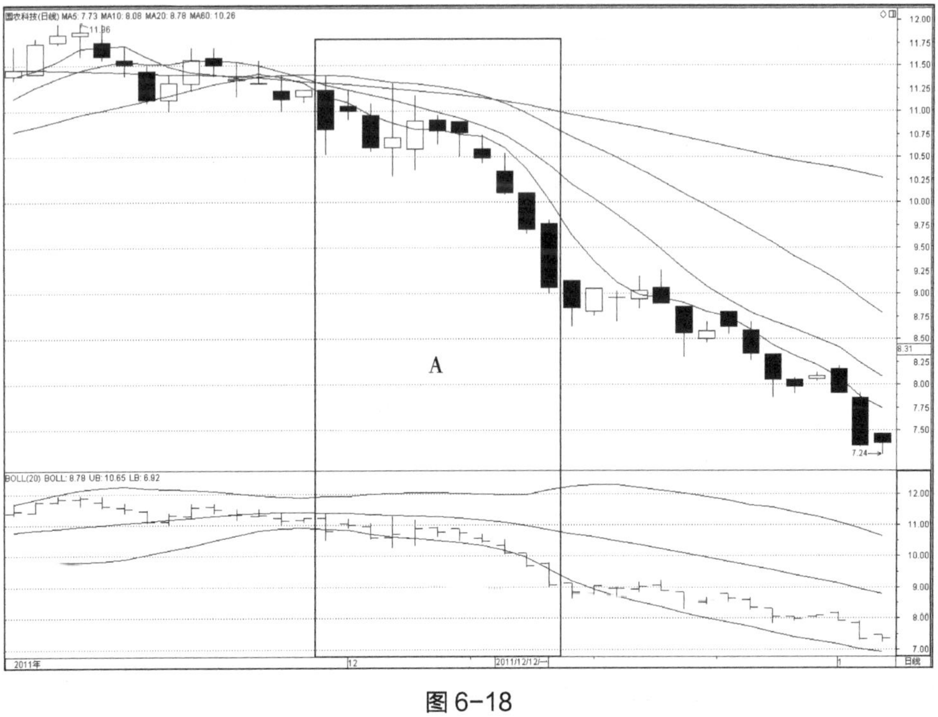
国农科技(日线) MA5: 7.73 MA10: 8.08 MA20: 8.78 MA60: 10.26
11.96
A
7.24
BOLL(20) BOLL: 8.78 UB: 10.65 LB: 6.92
2011年
2011/12/12/一
日线

图 6-18

交易者减掉多仓或融券做空的时机，应选择在图中 A 点所示的价位。A 点处布林通道从缩窄状态转为向下扩展，股价沿通道下轨运行，显示价格进入下跌加速区，应及时减掉多仓，反手做空。

交易者如果结合技术环境分析来寻求安全做空点位的话，那么 A 点处均线系统向下发散，形成空头排列，股价失去支撑，重重受压之际，结合布林通道向下加速提示，A 点就是一个安全性极高的融券做空点位。

交易者需要注意诱多陷阱的出现。图 6-19 中，该股运行于下跌趋势中，股价多数时间沿着下轨线运行。在图中 A 点和 B 点处，股价反弹并向上突破中轨线抵近上轨线，这种情况在下跌趋势中也很常见，大多数都是诱多性质的反弹所引发，并不具备做多的价值，反而是多仓被套的交易者减磅的良机。

图 6-19 中 A 点、B 点处，布林通道都呈横向收窄状态，股价进入上轨加速区，并不能实现真正的向上加速突破，同时均线系统等技术环境分析并

图 6-19

不能提供强力的做多理由。其实在下跌趋势形成和持续期间，股价长时间运行于下轨加速区造成的超跌，比较容易引发类似的诱多陷阱。

3. 过度向上加速状态

股价暴涨向上超越布林线上轨随后回落调整，当股价再次向上超越或抵近上轨线时，应谨防行情出现阶段性高点，随时准备卖点的出现。

如图 6-20 所示，A 点处股价快速上涨突破布林通道上轨线，之后股价回落，在 B 点再次发起向上攻击，股价抵近上轨线时随即出现转升为跌的走势。在这种技术形态下，交易者寻找卖点，可以结合均线以及成交量的情况，准确性更高。

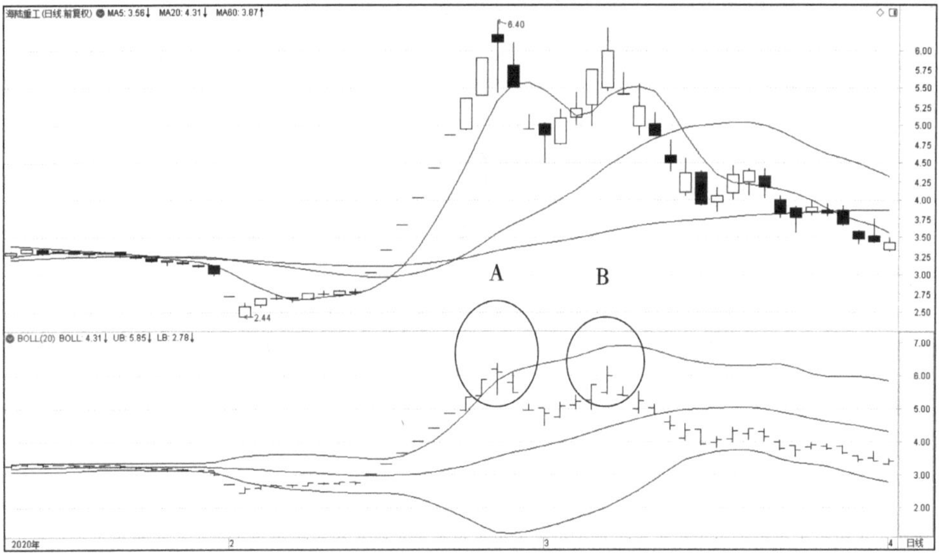

图 6-20

股价暴涨的情况下，超越布林通道上轨线的幅度越大，此后发生回落的概率越大，交易者对于股价多次超越布林通道上轨线的动作应保持高度警惕。无论暴跌还是暴涨，都难以持久，交易者应注意择机减仓。

股价超越布林通道上轨运行，和前面讲到的价格进入加速区并不相悖。股价在布林通道加速区运行，往往依附于上轨线，很少会出现大幅度超越上轨线的情况，加速区运行是一种强劲但相对稳定的上涨方式。

价格暴涨情况下超越布林通道上轨线，表现的是一种股价的极端运行方式，换句话说，是一种过度加速状态下超越安全边际的价格运行方式。针对这种价格的极端表现，交易者尤其是短线操作为主的人，应注意规避其中的回落风险。

4. 过度向下加速状态

当布林通道维持上行态势，股价突然发生急速下跌并从上轨线迅速跌至下轨线，发生这种情况，意味着股价至少会出现一个阶段性的下跌行情，某种条件下甚至会出现趋势扭转。

如图 6–21 所示，布林通道整体维持上升的局面，A 点处股价突然从上轨急速下跌至布林通道下轨，之后股价进入到下跌行情中。

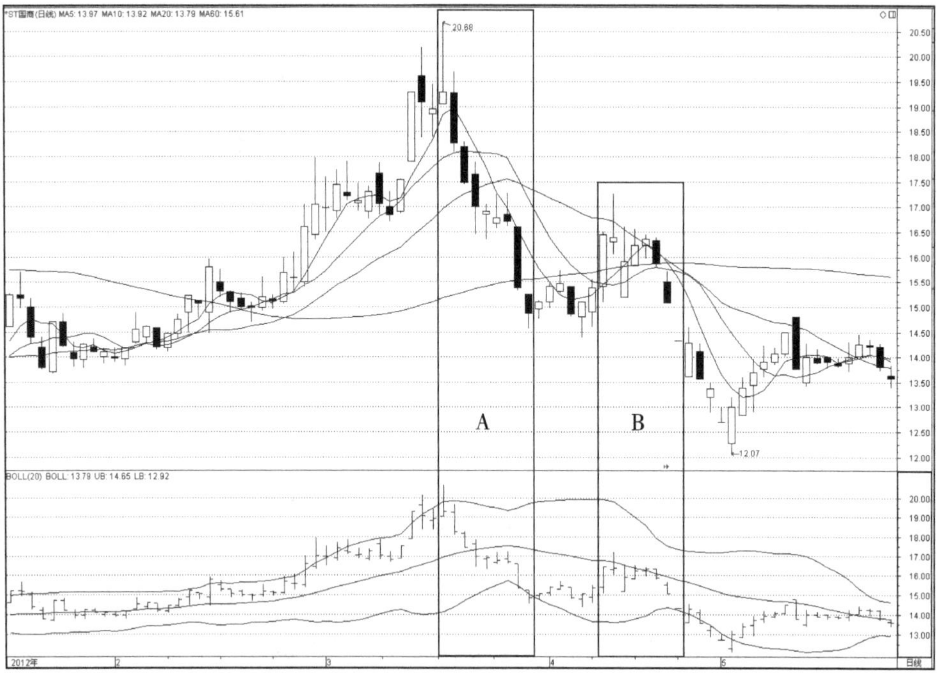

图 6–21

股价突然从布林通道向上加速区跌至通道向下加速区，技术层面上显示的是多空之间的逆转态势。如果在之后的运行中价格难以实现有效突破和收复上轨线，布林通道就此整体向下扩展，意味着上涨行情基本告一段落，接下来至少在短时间内价格都会在下跌行情中沉沦。

实战中，确认适宜的卖出点位，可以从技术环境分析入手。如图 6-21 中 B 点所示，股价跌破均线系统的支撑后出现回抽，但是最终股价还是难以重获均线系统的支撑，反而由此受到日益倾向于空头排列的均线系统的压制。结合布林通道的相关研判，此时应是交易者再次减仓的点位。

二、BOLL 指标卖点实战研判

1. 上轨线与下轨线

股价向上大幅度超越布林通道上轨线，多数情况下都会在之后不久发生回落，这个回落的幅度往往对之后行情的发展具有重大影响。股价如果维持持续上涨的强势状态，那么很少会回到下轨线附近，多在中轨线之上就会再度发起向上攻击。

实战中，如果股价超越布林通道上轨线后回落至下轨线附近，一般会出现两种不同的情况。

其一，股价迎来阶段性回落或者趋势性扭转。如图 6-22 中 A 点所示，股价跌至下轨线的同时，也跌破均线支撑，之后股价趋势扭转的可能性极大，交易者应选择在 A 点的最佳时点减仓。

其二，股价是见底回升、继续上涨的趋势。如图 6-23 中 A 点所示，股价超越布林通道上轨后，开始回落直至下轨线，之后经过一段时间盘整后重回上涨趋势。

对比上述两个案例，相信交易者能够很容易发现其中的不同：均线形态是否存在支撑，股价运行重心走向，布林通道表现。交易者能否有效区分这些不同，直接决定了之后交易的盈亏。其中的不二法门，就是技术环境分析，这也是保证交易者正确选择交易策略的实战依据。

股价向上超越布林通道上轨线，还有一种情况需要引起交易者注意，即布林通道整体处于明显的下跌趋势中，股价突然出现暴涨并突破了布林通道上轨线。这种情况有时会造成交易者误判，认为下跌趋势出现扭转，其实这种情况大多是融券做空的良机。

图 6–22

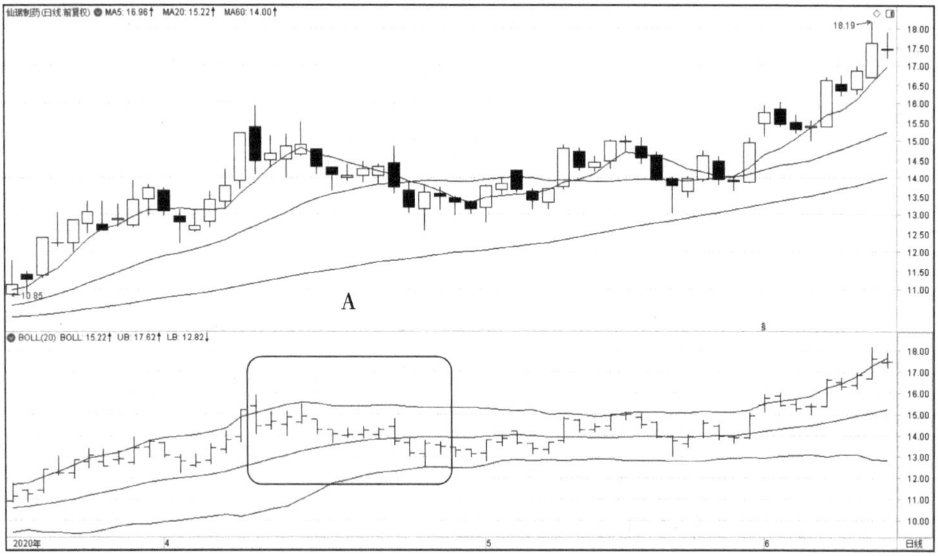

图 6–23

如图 6-24 中 A 点所示，这种脱离上轨线的情况，有时是因为突发性的利好消息引起，有时只是盘中资金的诱多行为，对于短线做多的交易者而言，借机减仓不啻是一个极佳的选择。借助相关技术环境分析（例如中长期均线的空头提示和压制），交易者也可以由此融券做空。

图 6-24

2. 压力区的技术层次

（1）上轨线压力。

图 6-25 中，布林通道维持一个相对平缓向上的格局，股价试图突破布林通道上轨线以进入到加速上涨阶段，但是受阻于上轨线压力，多次尝试后终告失败。A 点处，当股价跌破中轨线时，应是交易者短线减仓的时机。

个股在进入向上加速区之前，往往会有一个受制于上轨线压力的过程，只不过这个压力的大小各有不同。某些个股略作盘整后会突破上轨线压力，并由此进入向上加速区。而另有一些个股则受制于上轨线压力，不能有效突破而就此转入下跌，图 6-25 就属于这种情况。

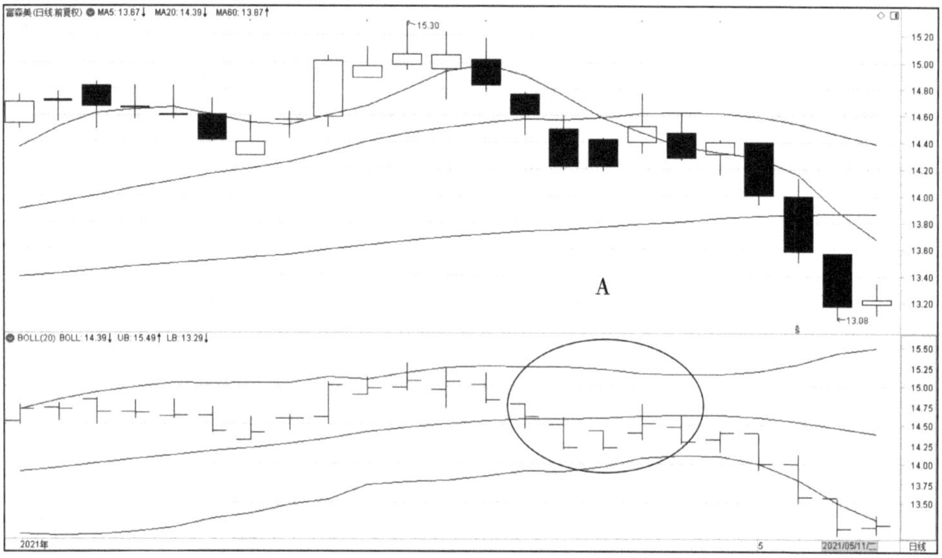

图 6-25

（2）中轨线压力。

图 6-26 中，该股在下跌趋势中出现一波反弹行情，至图中 A 点处，股价已跌破布林通道的上轨线、中轨线，在中轨线与下轨线之间波动，其间股价受到中轨线的压制，无力向上突破。这时的布林通道已从扩展开始收窄，意味着目前的反弹行情已经失去动能。

技术环境分析上，当股价失去均线系统的支撑逐步受到压制时，结合布林通道收窄的状况，交易者应提前减仓应对。一旦股价进入布林通道的向下加速区，那时再行减仓，就要面对盈利大幅缩减或者亏损扩大的不利局面。

（3）通道趋向压力。

图 6-27 中，股价下跌，布林通道维持一个明显的下行趋向。在这种态势下，股价发生的任何反弹行情，大都会在中轨线或上轨线附近结束，如图中标示的 A 点、B 点、C 点。

当布林通道整体趋向仍旧保持向下而并无明显改观之前，交易者对于下跌趋向中的股价反弹应当谨慎对待，即便短线参与做多，也要设置好止损点，并在技术环境和布林线指标发出空头提示之际及时采取相应的措施。

图 6-26

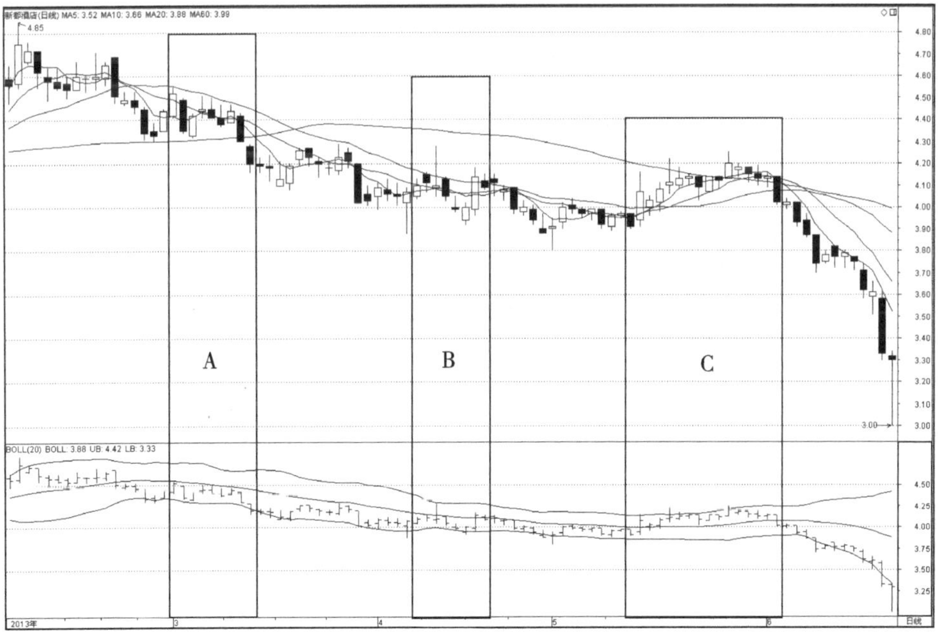

图 6-27

3. 布林通道收窄与扩展

布林通道会随着股价的变化出现收窄或扩展。布林通道逐渐收窄，代表股价涨跌幅度逐渐平缓，多空双方的力量趋于一致，股价可能即将选择突破方向。布林通道逐渐扩展，则说明行情运行趋势的持续性良好，多空双方力量悬殊，股价正沿着某一方向稳定运行。

布林通道短时间内突然收窄或扩展，是受到股价短期逆向极端变化的影响。这种影响可能会带来趋势的变化，也可能只是短期的一个杂波。

至于是哪一种可能，可以观察后续行情中布林通道会不会因此发生方向上的改变。另外还可以从技术环境上分析。比如，布林通道出现突然收窄或扩展时，均线系统有没有支撑或压制上的变化，成交量处于变量还是聚量态势，这些都对研判很有帮助。

如图 6–28 中 A 点所示，布林通道突然收窄，就是源自股价的一波急速反弹。此时的均线系统依然保持着压制态势，我们就可以判断这只是短期的一个杂波，并无趋势上的研判意义。在这种情况下，做空或维持观望是交易者较佳的交易策略。

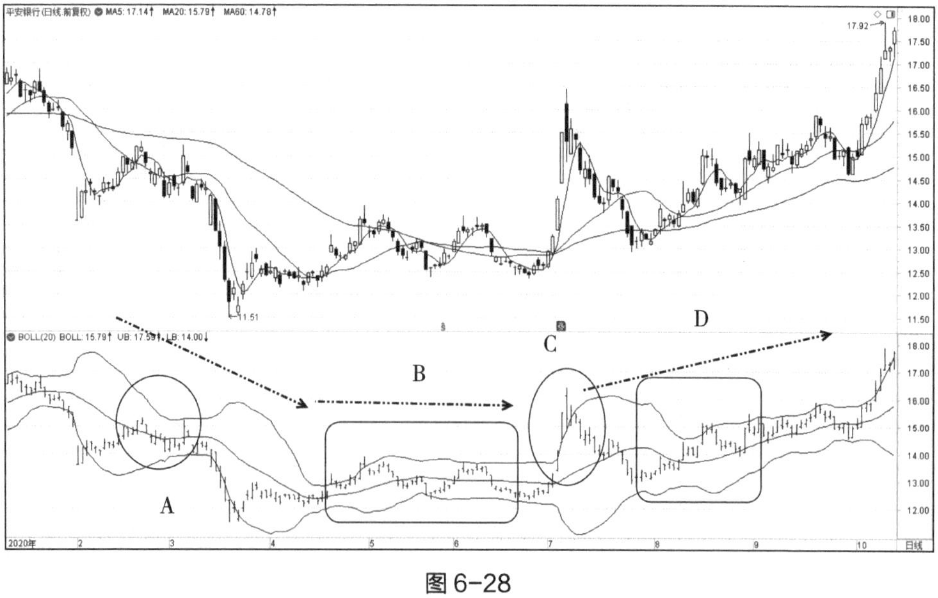

图 6–28

随着行情的发展，至 B 点时，股价折返振荡而布林通道保持着窄幅运行的状态，这就是一种等待行情选择方向的状况。

C 点处，布林通道从窄幅运行的状态中突然向上扩展，明显是受到股价短期暴涨的影响。我们需要研判这次突然向上扩展究竟是一次“杂波”，还是会带来趋势的扭转。

C 点处股价的暴涨未能持久，很快就从加速区回落。D 点处显示股价回落的低点并未触及下轨线，同时布林通道也在这时发生了整体向上的变化，同时期的均线系统也显示出对于股价的支撑。之后，股价回升并运行在布林通道的中轨线和上轨线之间。

上述技术形态分析，已经很明确地提示行情出现趋势变化，这时交易者理应放弃做空思路，积极转向买入做多。

第七章

玩转 RSI

第一节　RSI 指标基础理论

RSI 指标即相对强弱指标，由技术分析大师威尔斯·威尔德（Welles Wilder）发明。RSI 指标是根据一定周期内上涨和下跌幅度之和的比率制作出的一种曲线，反映市场在一定周期内的景气程度，以及评估多空力量的强弱程度，进而提示具体的操作。

价格在某一方向上表现的强或弱并不是恒定的，而是处于不断转化之中，强到极点则预示着反转在即，弱到一定程度则预示着否极泰来。RSI 指标所起到的作用，就是将价格运行中“强与弱”的程度和阶段予以展现，以利于交易者参考和制定交易策略，采取相应的应对措施。

一、RSI 指标设计原理

RSI 指标是根据市场供求关系平衡的原理，通过比较一段时期内单个品种价格的涨跌幅度或整个市场指数的涨跌大小，分析判断市场上多空双方买卖力量的强弱程度，从而判断未来的市场走势。

RSI 指标反映的是买卖力量在数量和图形上的对比，交易者可根据其所反映的行情变动情况及轨迹，预测未来价格走势。与其他技术指标不同的是，RSI 指标是先求出交易品种某一周期的收盘价强弱，而不是直接对交易品种的收盘价进行平滑处理。

二、RSI 指标计算公式

RSI 指标的计算公式有两种。

（1）假设 A 为 n 日内收盘价的正数之和，B 为 n 日内收盘价的负数之和乘以 -1，这样，A 和 B 均为正，将 A、B 代入 RSI 计算公式，则

RSI（n）=$A \div (A+B) \times 100$

（2）RS（相对强度）=n 日内收盘价涨数和之均值 ÷n 日内收盘价跌数和之均值

RSI（相对强弱指标）=100-100÷（1+RS）

这两个公式虽然有些不同，但计算的结果一样。

RSI 指标的计算公式实际上就是反映某一阶段价格上涨所产生的波动占总波动的百分比率，百分比越大，强势越明显；百分比越小，弱势越明显。RSI 指标的取值介于 0～100 之间。在计算出某一日的 RSI 值以后，可采用平滑运算法计算以后的 RSI 值。RSI 值在坐标图上连成的曲线，即为 RSI 线。

和其他指标的计算一样，由于选用的计算周期不同，RSI 指标也包括日 RSI 指标、周 RSI 指标、月 RSI 指标、年 RSI 指标以及分钟 RSI 指标等各种类型。随着股票分析软件的普及，交易者只需掌握 RSI 指标形成的基本原理和计算方法，无须计算指标的数值。

三、RSI 指标应用法则

RSI 指标以 50 值来区分强势市场与弱势市场。

RSI 指标大于 50 为强势行情，RSI 指标小于 50 为弱势行情；

RSI 指标大于 80 为超买区，行情可能会由此发生逆转；

RSI 指标小于 20 为超卖区，行情可能会由此发生转折。

（1）当 RSI 值超过 80 时，表示整个市场力度过强，多方力量远大于空方力量，双方力量对比悬殊，多方大胜，市场处于超买状态，后续行情有可能出现回调或转势，此时交易者可卖出股票。

（2）当 RSI 值低于 20 时，表示市场上卖盘多于买盘，空方力量强于多

方力量，空方大举进攻后，市场下跌的幅度过大，已处于超卖状态，股价可能出现反弹或转势，交易者可适量建仓，买入股票。

图 7–1

（3）当 RSI 值处于 50 左右时，说明市场处于整理状态，交易者可观望。

（4）对于超买超卖区的界定，应根据市场的具体情况而定。一般市道中，RSI 数值在 80 以上就可以称为超买区，20 以下就可以称为超卖区。但有时在特殊的涨跌行情中，RSI 指标超卖超买区的划分要视具体情况而定。比如，在牛市中或对于牛股，超买区可定为 90 以上，在熊市中或对于熊股，超卖区可定为 10 以下（对于这点是相对于参数设置小的 RSI 而言的，如果参数设置大，则 RSI 很难到达 90 以上和 10 以下）。

（5）当 RSI 曲线在高位（50 以上）形成 M 头或三重顶等高位反转形态时，意味着股价的上升动能已经衰竭，股价有可能出现长期反转行情，应及时卖出股票。如果股价走势曲线也先后出现同样的形态，则更可确认。股价下跌的幅度和过程，可参照 M 头或三重顶等顶部反转形态研判。

（6）当 RSI 曲线在低位（50 以下）形成 W 底或三重底等低位反转形

态时，意味着股价的下跌动能已经减弱，股价有可能构筑中长期底部，可逢低分批建仓。如果股价走势曲线也先后出现同样的形态，则更可确认。股价的上涨幅度及过程，可参照 W 底或三重底等底部反转形态研判。

（7）当 RSI 指标创出近期新高后，反而形成一峰比一峰低的走势，此时 K 线图上的股价却再次创出新高，形成一峰比一峰高的走势，这就是顶背离。顶背离现象一般是股价在高位即将反转的信号，表明股价短期内即将下跌，是卖出信号。

在实际走势中，RSI 指标出现顶背离，是指股价在进入拉升过程中先创出一个高点，RSI 指标也相应地在 80 以上创出新的高点。之后，股价出现一定幅度的回落调整，RSI 指标也随着股价的回落走势而出现调整。如果股价再度向上并超越前期高点创出新的高点时，RSI 指标随着股价上扬也反身向上，但没有冲过前期高点就开始回落，这就形成了 RSI 指标的顶背离。RSI 指标出现顶背离后，股价见顶回落的可能性较大，是比较强烈的卖出信号。

（8）RSI 指标的底背离一般出现在 20 以下的低位区。当 K 线图上股价一路下跌，形成一波比一波低的走势，而 RSI 线却在低位率先止跌企稳，并形成一底比一底高的走势，这就是底背离。底背离现象一般预示着股价短期内可能将反弹，是短期买入信号。

RSI 指标的背离中，顶背离的研判准确性要高于底背离。当股价在高位，RSI 指标在 80 以上出现顶背离时，可以认为股价即将反转向下，交易者可以及时卖出股票。股价在低位，RSI 指标也在低位出现底背离时，一般要反复出现几次底背离才能确认，并且交易者只能做战略建仓或短期交易。

和前面几章一样，这里的交易规则只是引述传统理论的内容，交易者必须学会灵活应用，在实战中不断更新。同时，任何一种技术指标都不是万能的，并不能保证每一次交易都会获得成功。

第二节 RSI 指标买入点分析

一、RSI 指标买入信号

RSI 指标提示的强与弱仅仅是行情研判中的一个参考，并不能由此简单武断地确定交易行为，强势区也可能出现做空机会，弱势区也可能出现做多机会。读懂 RSI 指标的真实含义，交易才会有利可图，胜算才会更高。

1. 弱势区转化的两个要点

RSI 指标运行在 50 线之下、20 线之上的弱势区时，RSI1 自下而上整体突破 50 线后，三线向上发散，则出现买点提示信号。

如图 7-2 所示，该股处于跌势中，RSI 指标大部分时间在 50 线和 20 线之间的弱势区域运行。A 点处 RSI 自下而上整体突破 50 线，之后持续向上发散。RSI 指标的这种表现，显示股价脱离弱势下跌，进入强势上升态势，交易者可择机买入做多。

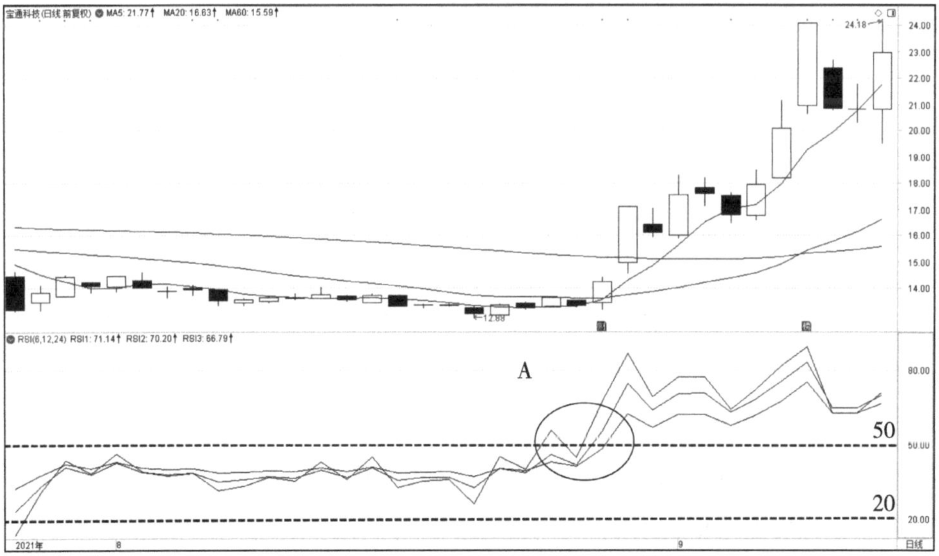

图 7-2

对于这个买入信号，交易者需要抓住两个要点：其一是 RSI 指标整体突破 50 线；其二是突破 50 线后 RSI 三线持续向上发散。

如图 7-3 所示，RSI 指标在 50 线和 20 线之间的弱势区域运行，A 点处 RSI1 自下而上汇聚 RSI2、RSI3，并多次触及 50 线，但是 RSI 指标整体并未突破 50 线，当然就谈不上三线向上发散，最后指标重回弱势区域运行。图中 B 点处，RSI1 再一次自下而上汇聚 RSI2、RSI3 并整体突破 50 线，之后 RSI 三线持续向上发散，强势上涨行情也由此展开。

细节分析的要旨，在于交易者要善于发现实战中技术指标在细枝末节上的不同，并分析和甄别这些不同所导致的股价走势上的区别。表面上看起来很相似的技术指标形态，由此进行分析得到的结论却大相径庭，这也是一些交易者应用技术指标容易造成交易失误的原因之一。

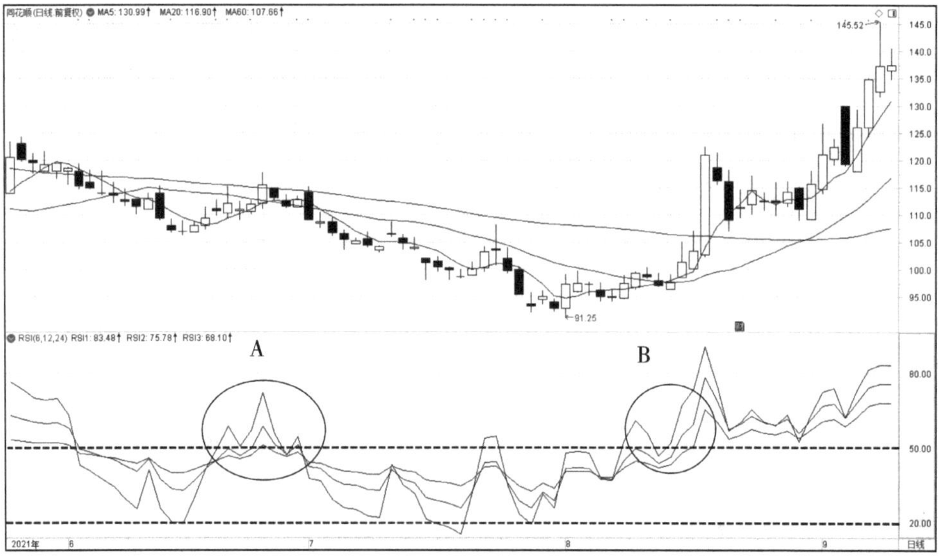

图 7-3

2. 超卖区的短线反弹及转化分析

RSI 在 20 以下的超卖区，并且形态呈双底或多底，表明市场有超跌机会，可关注短线反弹行情的发生。

如图 7-4 中 A 点所示，RSI 在 20 线之下出现一个双底，之后股价开始探底回升。RSI 在 20 线之下的双底，显示的是超跌状态下跌无可跌的一种极端情况，也就是弱势至极，否极泰来。

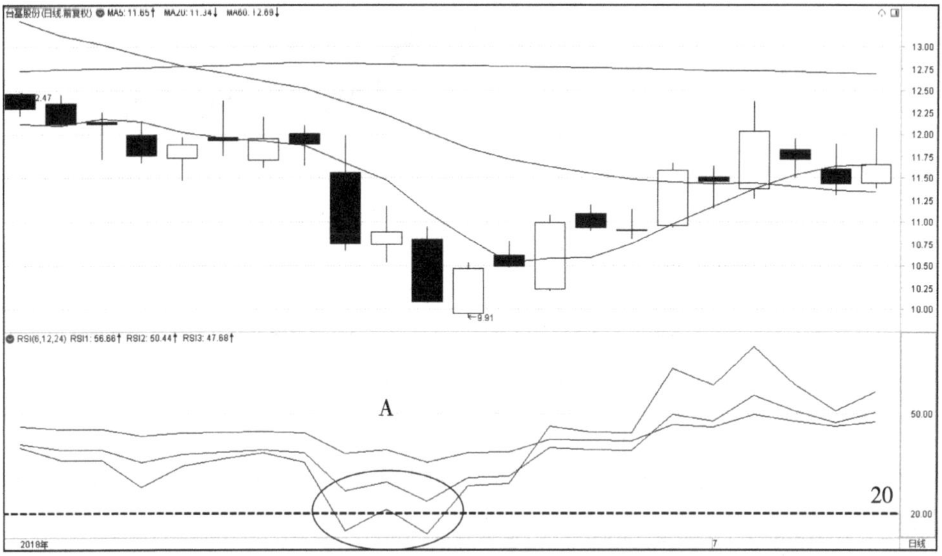

图 7-4

在应用本条细节时，交易者必须清楚一点，即捕捉的仅仅是短期反弹行情，所以在仓位和盈利预期上要注意控制。

当然，反弹行情有可能会转化为更大级别的上涨行情，这需要进一步的分析和研判。比如符合上一节讲到的买入信号后，意味着反弹行情将会向纵深发展。同时，也要从技术环境的角度入手分析，比如，均线系统是否支持反弹行情进一步延伸。在技术条件尚未满足趋势性研判之前，交易者绝不能以主观愿望来认定行情发展的方向和级别。

如图 7-5 所示，RSI 在 20 线之下多次出现双底，但是之后股价仅仅出现一些短期、弱势反弹，并未就此展开强弹，交易者对此应该具有足够的认识。

3. 强势区买点环境分析

RSI 上冲 80 线后回落至 50 线附近企稳，同期价格走势依然受到相关

图 7–5

均线系统的支撑，并保持重心整体向上的趋势，当 RSI1 迅速自下而上汇聚 RSI2、RSI3 时，交易者可适时买入做多。

如图 7–6 所示，RSI 每一次触及 80 线后都会发生回落，回落的低点大多在 50 线附近，之后便转跌回升。这种反复多次的回落与回升，贯穿了大段的升势过程，其实这种现象是 RSI 指标对股价上涨期间发生强势回调的一种良性反应。

只要股价仍旧在强势区且受到均线系统的有效支撑，同时保持运行重心整体向上的趋势，交易者就不必过多忧虑上涨行情是否会发生趋势性转折。

在上升趋势维系期间，RSI 在 80 线和 50 线之间的强势区可能会反复多次地出现回落与回升。在这种情况下，交易者不必等待三线向上发散，否则就很难寻找到适宜的做多时机，只能眼看着股价辗转上涨。这是技术指标灵活应用上的一种变化，这个变化有一个过滤要件，即同期股价走势依然受到相关均线系统的支撑并保持重心整体向上的趋势。不具备这个要件，那么行情是否可以买入做多，就应当重新审视和研判。

实战中，在上升趋势维系期间，也经常会出现一些幅度较大、跌速较急的调整和回落，当发生这种情况时，RSI 指标会出现过度反应。

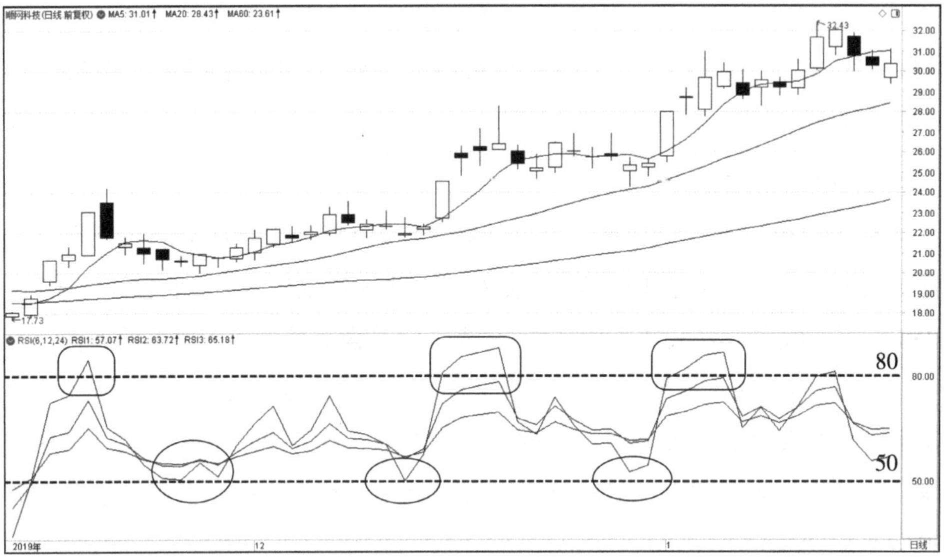

图 7-6

如图 7-7 中 A 点所示，RSI 从 80 线附近一路下跌，大幅度跌破 50 线后才止住跌势；B 点处，RSI 三线迅速向上汇聚、发散并重回 50 线上，显示股价已经回归到强势上涨的状态中。

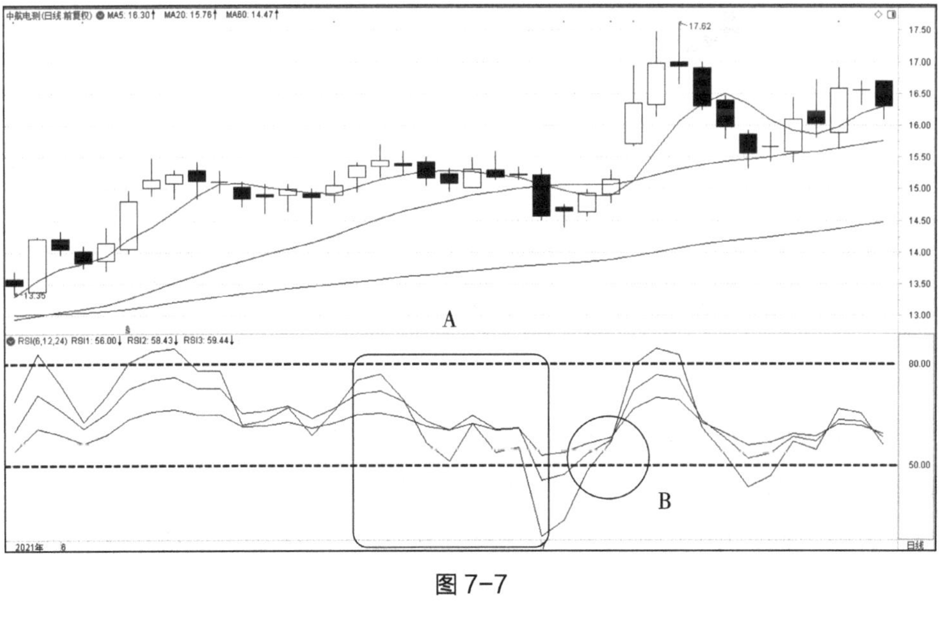

图 7-7

对于因股价急速回落而导致 RSI 指标过度反应的情况，交易者应遵循 RSI 三线向上汇聚后持续发散并突破 50 线的原则，据此确定买入做多的时机，以避免遭遇行情突发转势向下的风险。

4. 底背离分析

如果股价连续创出新低，而 RSI 在 20 线附近并未相应地刷新低点，反而出现 RSI 三线向上汇聚的情况，则和股价之间形成底背离。底背离出现后，RSI 指标三线向上发散并成功穿越 50 线，则符合交易者买入做多的条件。

如图 7-8 中 A 点所示，当日股价创出下跌的低点，而 RSI 指标并未跟随股价创出新低，由此和股价形成底背离形态。底背离形态的出现，往往带来一定的短线做多机会，虽然这个机会可能不是趋势性的，仅仅是趋向性的或者是短期反弹。

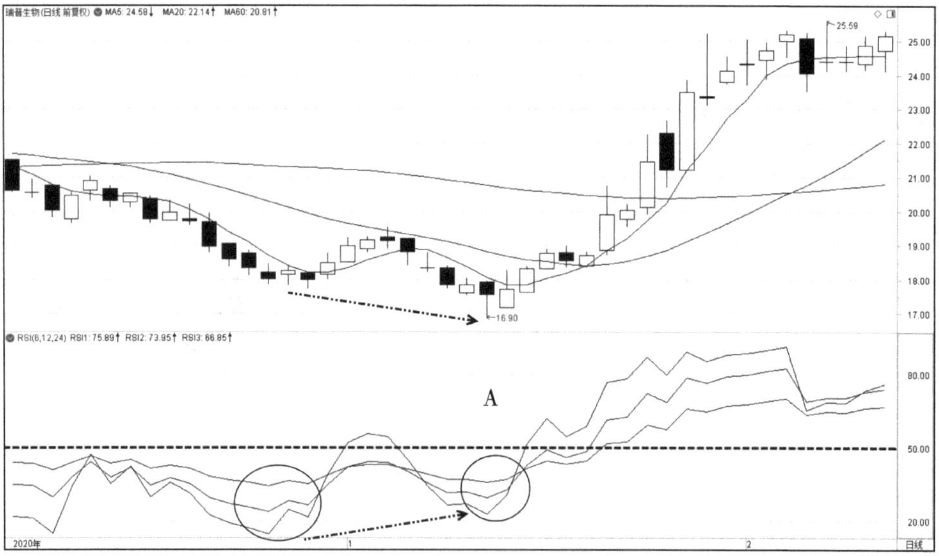

图 7-8

交易者捕捉底背离做多机会，要注意一个要件，即底背离现象出现后，RSI 指标三线向上发散并成功穿越 50 线，具备这个要件，交易的成功率一般都比较高。如图 7-8 中 A 点之后，RSI 指标三线向上发散并成功穿越 50 线，股价随之迎来一波快速上涨行情。

RSI 指标与股价之间的底背离形态，并不意味着必然有趋势性转折发生，对于这一点，交易者应有清醒的认识。如图 7-9 中 A 点所示，底背离形态出现后，股价仅仅走出一个弱反弹行情。随着反弹的结束，股价再一次进入到下跌行情中。

图 7-9

二、RSI 指标买点实战研判

1.RSI 指标的“杂波”

RSI 指标在价格出现急跌等突如其来的变化时，会出现过度反应或失真的情况，这也是 RSI 指标不容回避的缺陷，笔者将技术指标的这类缺陷定义为“杂波”。“杂波”是交易者在应用技术指标时必须要甄别和剔除的一种干扰，如果为其所误，则贻害甚巨。

如图 7-10 所示，RSI 触及 80 线后便发生回落，并跌破 50 线甚至直抵 20 线。但是经过这些“杂波”也就是股价的正常回落调整后，股价最终进入到快速上涨行情中。

股价回落调整中，交易者很容易产生不同程度的恐惧心理，有人甚至会误以为上涨行情结束，接下来股价将要转势下跌，于是选择卖出或转多为空。

图 7-10 中就是 RSI 指标的一种“杂波”，恐慌性杀跌或转多为空的交易者，必然因此遭受损失。

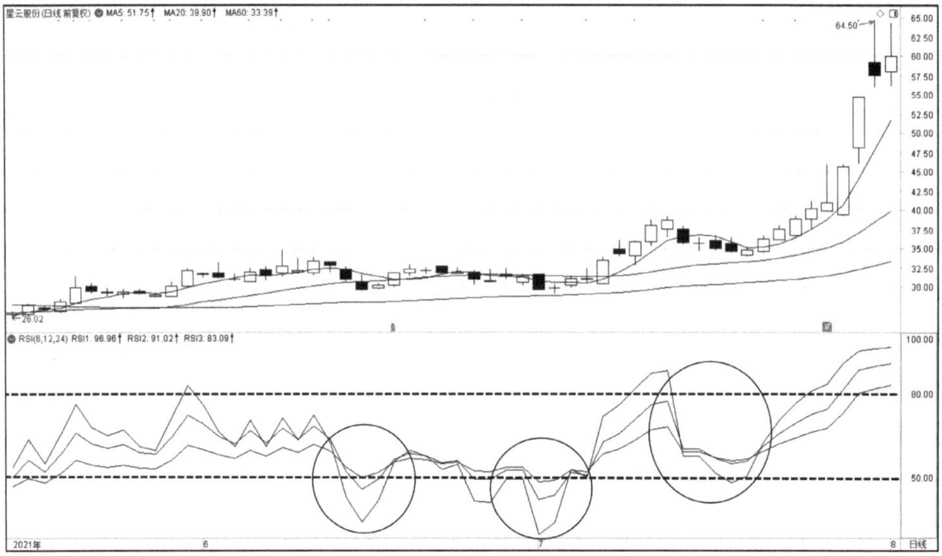

图 7-10

交易者应对 RSI 指标“杂波”的最佳手段就是技术环境分析，当技术指标本身由于某种缺陷出现失真时，借助其他技术手段综合判断则大有裨益。

如果实战中出现图 7-10 中所示的情况，交易者难以确定究竟是 RSI 指标的“杂波”，还是行情将由此转入弱势运行，可以借助均线系统来综合研判。

图 7-10 中股价出现回落时，尽管 RSI 指标的反应有些“恐怖”，但是可以看到，均线系统保持着平稳上行的态势，股价在回落过程中依然可以从均线形态上得到有效的支撑，并能够就此迅速回归升势。

股价的这种表现已经充分说明下方存在较强的支撑，同时强势上涨的动能也并未就此出现匮乏的现象，交易者理应继续坚持做多思路。

RSI 指标的“杂波”还经常出现在弱势区超跌个股上。当 RSI 跌破 20 线深入超卖区，股价有时会出现弱反弹甚至只是单日反弹。这种反弹其实并不具有参与价值，往往只是 RSI 指标的“杂波”。

交易者尤其需要注意的是，由于除权造成的 RSI 进入弱势区或超卖区的情况。如图 7–11 中 A 点所示，该股除权后，RSI 急速进入到 20 线以下的超卖区。个股除权后，由于 RSI 指标设计上的缺陷，使其短期内无法真实地反映价格波动的强与弱，“杂波”的出现也就在所难免。

除权造成的 RSI 进入超卖区是一种假象，价格其实并未超卖，RSI 指标也并未弱到极点。通过 RSI 指标表现出来的所谓超跌反弹做多机会，往往是由 RSI 指标“杂波”带来的交易陷阱。

其实，解决除权带来的“杂波”很容易，利用分析软件中的复权功能，就可以避免杂波的出现。

RSI 指标的“杂波”有很多表现形式，并非仅限于案例中提及的这两种。交易者甄别和排除“杂波”的干扰并做出正确的判断，也是交易中必不可少的组成部分。

图 7–11

2. 突破下行趋势线

当股价处于波幅相对较小的平稳运行状态中时，RSI 指标通常会形成一个明显的下行趋势线。当股价打破原有节奏，RSI 指标选择向上突破这条下行趋势线，意味着涨升强度增加，是短线买入的时机。

如图 7-12 所示，RSI 指标从弱势区域向上攻击并一举突破下行趋势线，说明股价可能要打破原有节奏，进入到强势运行阶段，交易者可在控制仓位的前提下择机做多。

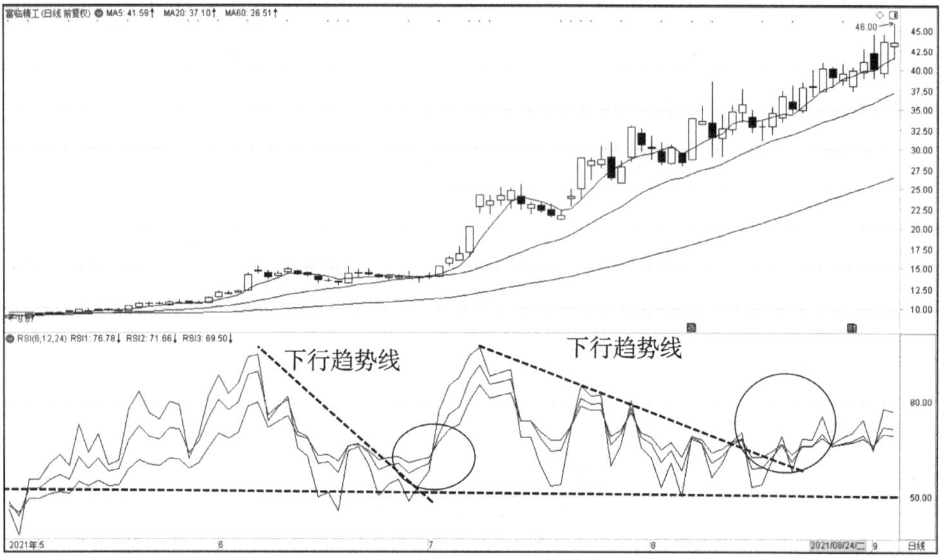

图 7-12

应用 RSI 指标突破下行趋势线买入时，交易者要注意控制仓位，因为在实战中，RSI 指标形成下行趋势线和突破下行趋势线是处于不断转化之中的。尤其是 RSI 指标在弱势区运行过程中，转化的时间极为短暂，随之出现的价格上涨和下跌也是如此，交易时机较难把握。

基于此，交易者如果不能有效控制仓位，及时进行相应的交易行为，那么在应用时就要加入一个交易要件——RSI 指标突破下行趋势线和 50 线。实战中，RSI 指标如能同时突破 50 线，那么股价上涨进入强势区域的概率极高。

如图 7-13 中 A 点所示，RSI 指标突破下行趋势线但未能整体突破 50 线，股价仅出现了短线反弹。对于这种反弹，要想从中获利操作难度相当大。图中 B 点处，RSI 指标突破 50 线后，行情才真正进入到强势上涨阶段。由此可见，对于大多数交易者来说，RSI 指标突破下行趋势线和 50 线后，才是较为适宜的买入做多标准。

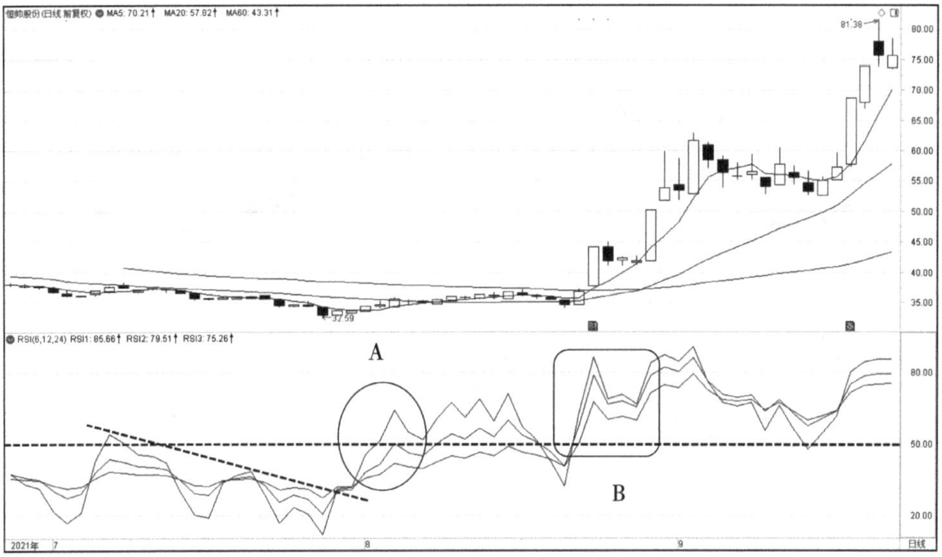

图 7-13

第三节　RSI 指标卖出点分析

一、RSI 指标卖出信号

抓住每一个技术指标的特异性，有利于从不同角度审视价格的波动，也更容易从中发现价格波动的内在原因和真相，这是技术指标分析的真正内涵。RSI 指标的特异性在于其能够体现价格运行的“强或弱”，卖出点分析必然由此展开和深化。

1.80 线上超买区的强弱转化

RSI 运行于 80 线之上的超买区，表明市场处于极端强势运行阶段。当 RSI 整体转折下行或形态呈 M 头时，应注意股价出现短线下跌或大级别回落调整。

如图 7-14 所示，A 点处 RSI 第一次穿越 80 线后出现回落，然后 RSI 再次触及 80 线后又出现回落，RSI 由此在 80 线上的超买区形成了 M 头。

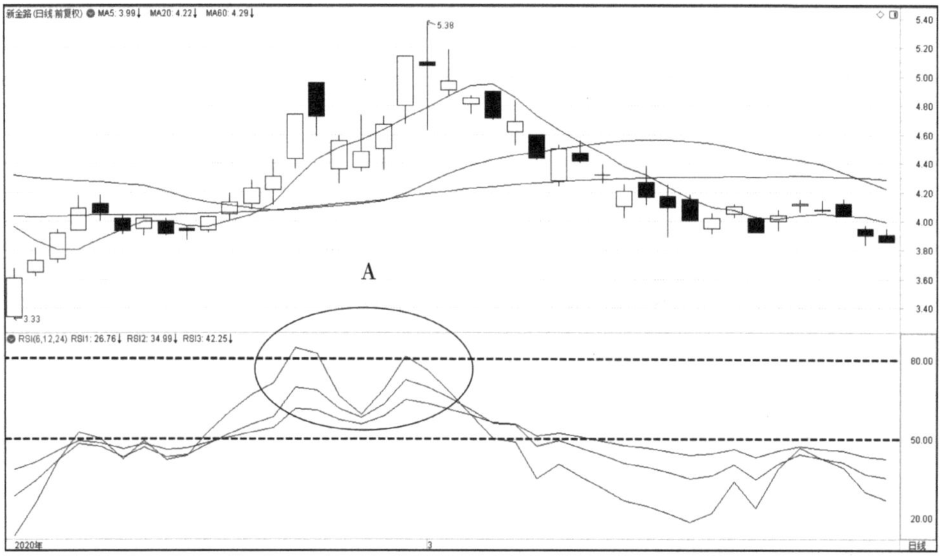

图 7-14

RSI 在超买区形成 M 头形态，至少说明 80 线上方存在较强大的压力，股价短时间内向上攻击的强度正在大幅降低，这里至少是一个短线卖点。之所以说是短线卖点，暂时不能认定为大级别下跌，原因在于仅凭 M 头这一形态上的“孤证”，并不能确认行情涨升强势已经全面转弱。

RSI 在超买区形成 M 头形态后，股价是否会发生大级别下跌，其实关键在于 RSI 指标在之后的走势中是否有效跌破 50 线。图 7-14 中 A 点之后，RSI 指标逐波盘下 50 线进入弱势区，股价也由此步入跌势回落过程中。

而图 7-15 的案例中，RSI 两次形成了 M 头，但是 RSI 指标在之后的走势中并未整体下破 50 线进入弱势区运行，而是在 50 线上的强势区运行，于是股价很快恢复强势上涨。

2. 强势区卖点环境分析

RSI 横向运行于 50 线之上的强势区时，当 RSI1 自上而下死叉 RSI2、RSI3，向下发散并整体突破 50 线，可短线卖出。

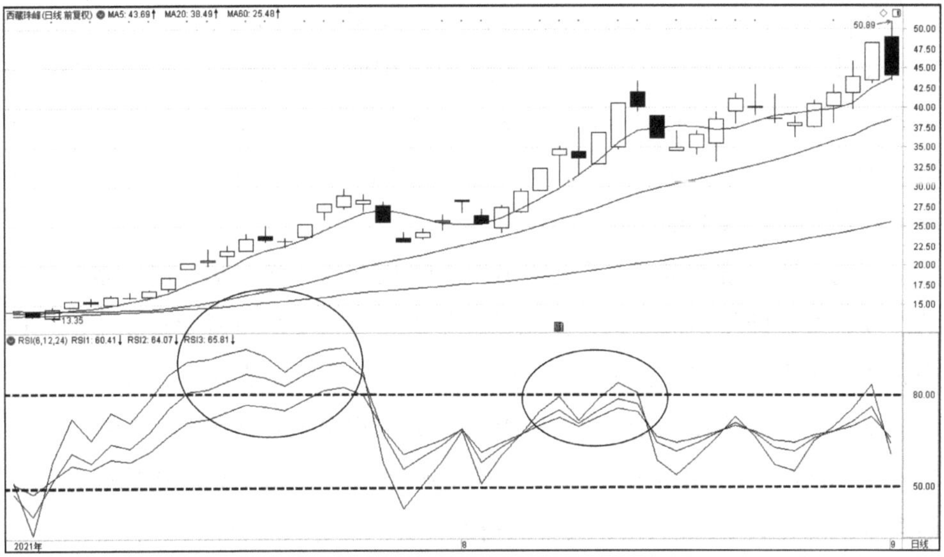

图 7-15

如图 7-16 所示，股价经过一波上涨之后，RSI 横向运行于 50 线上下，股价重心基本也呈横向运行，这种态势，技术上的意义就是“强势等待”，意思是说股价面临一个短期的方向性抉择。

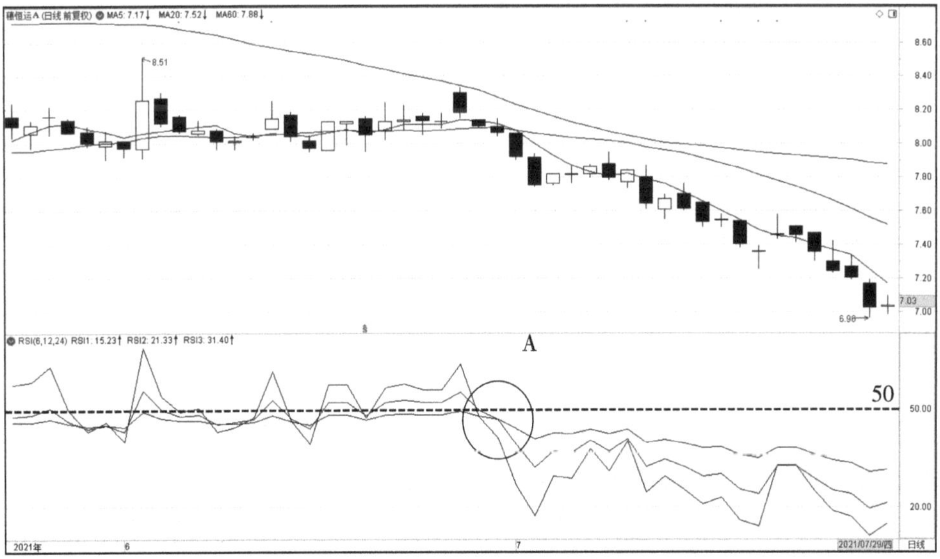

图 7-16

图 7-16 中 A 点处，RSI1 自上而下死叉 RSI2、RSI3，并在跌破 50 线后三线发散，说明股价至少在短期内选择进入到弱势区域运行，持有多仓的交易者可短线减仓。交易者需要注意 RSI 指标死叉之后三线发散并整体跌破 50 线的条件，不能整体有效跌破 50 线、三线未出现发散的，走势可能会出现反复或者重新转入上攻。

在行情为上涨趋势的运行过程中，RSI 出现这个卖出信号时，多为股价的短线调整，即使是短线操作为主的交易者，也需要尽量减少操作。对于以中长线操作为主的交易者来说，可以放弃这一短线卖出信号。

如图 7-17 所示，股价在一波上涨过后出现横向振荡调整，RSI 也横向运行于 50 线上下，RSI 多次出现整体跌破 50 线，但是不久就快速回升，之后再度出现跌破 50 线又快速回升的情况，直至升势真正开启。

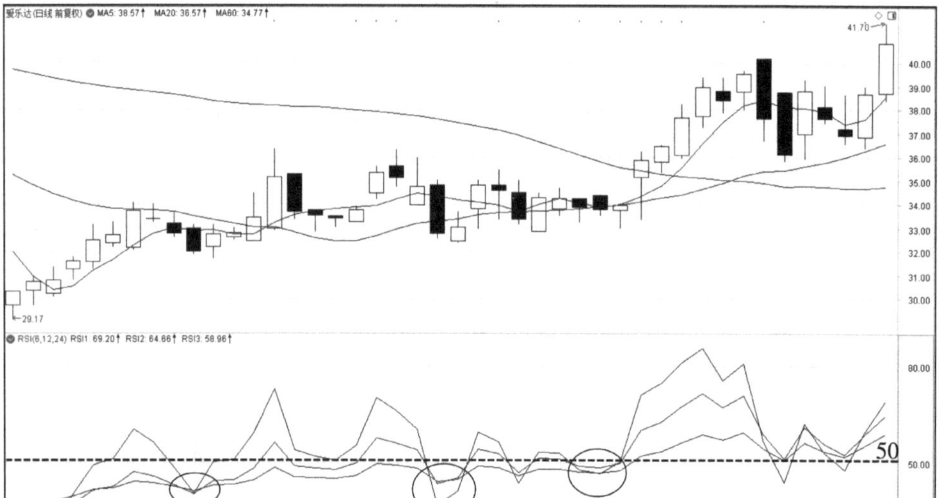

图 7-17

如果交易者选择此时卖出，则必然面临踏空；如反手再买进，又会遭遇股价再次回落。如此首鼠两端，必然进退两难。

对于这种形态的个股，如果技术环境上不存在大幅涨升的背景，RSI 在 50 线上下折返，是一种强势调整等待的态势，交易者不妨结合均线、成交量等指标来综合研判。

3. 弱势区的回升阈值

在下跌趋势维系期间，RSI 跌破 20 线后回升至 50 线附近时，RSI1 自上而下死叉 RSI2、RSI3，是股价短线反弹结束、交易者继续做空的信号。在一些级别较大的次级反弹行情中，有时 RSI 也会出现越过 50 线触及 80 线，然后结束上涨的情况，交易者需要注意辨别，不可轻易参与做多。

如图 7-18 中 A 点所示，RSI 跌破 20 线后出现回升，但是在 50 线附近遭遇压制，难以进入到上涨的强势运行阶段。

图 7-18

在这种情况下发生的股价反弹，多数都不具有持续性，或者说没有参与做多的价值。交易者如果在投机取巧心态下参与做多，那么止损就是之后唯一的解脱方式。RSI 在 50 线下弱势区域运行，说明目前股价仍旧处于弱势状态中，当前的交易策略只能是等待或继续做空。

如图 7-19 中 A 点所示，RSI 跌至 20 线后出现反弹，越过 50 线触及 80 线后才结束上涨行情。在级别较大的次级反弹或涨势迅疾的短线反弹行情中，类似于图中 A 点的情况较为常见。

RSI 指标的这种表现具有较大的迷惑性，往往会令交易者误以为行情将发生转折。要甄别其中的真伪，只能依靠技术环境分析。如图中 A 点处 RSI 进入到上涨强势区时，中期均线依然提示空头，并无任何趋势或趋向上的变化。

图 7-19

4. 顶背离的两个条件

股价上涨且连续创出新高，而 RSI 并未同步创新高，则为顶背离信号。出现顶背离信号后，如果价格随之出现横向或向下运行的态势，同时 RSI 指标整体跌破 50 线，交易者应做好卖出或做空的准备。

如图 7-20 所示，A 点处股价创出新高，RSI 也同步刷新高点。但是到图中 B 点处时，股价再一次创出高点，而 RSI 不但无力上行刷新高点，且已经跌向 50 线附近的强弱分水岭，顶背离成立。

对于出现顶背离的个股，交易者应保持足够警惕并做好做空的准备，但是交易者也必须注意，个股出现顶背离形态，并不一定都会出现趋势性转折，某些个股可能只是随之展开一个短期下跌，然后很快就开始回升。这之间的区别，交易者可以通过以下两个条件来予以认定。

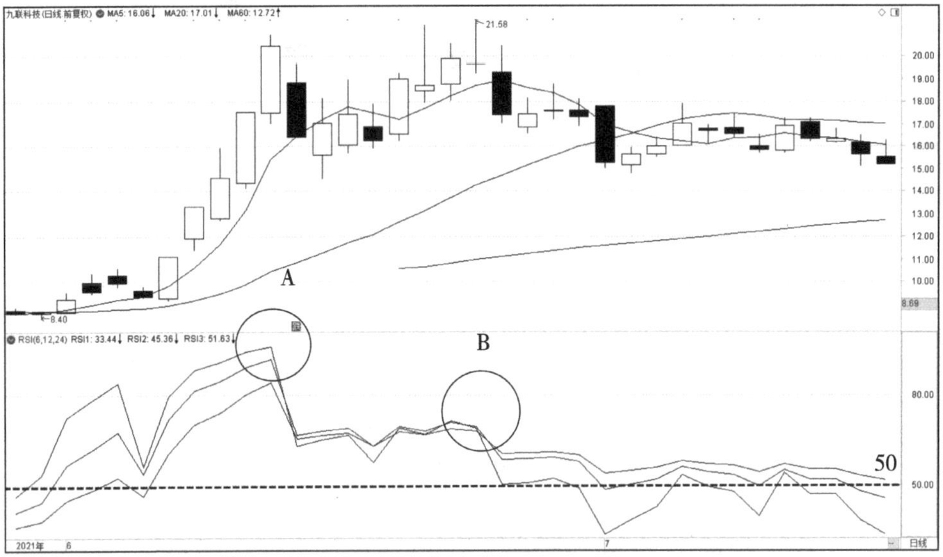

图 7-20

个股上涨所处的不同阶段是第一个条件。一般来说，经过长期或大幅上涨的个股，一旦出现顶背离，其发生趋势性转折的可能性远远大于处于涨势初期的个股。

如图 7-21 所示，该股处于上涨初期阶段，在 A 点和 B 点形成顶背离后，该股只是出现一个横向振荡走势，然后就展开一波升势，并未因为顶背离而就此转入下跌趋势。

第二个条件仍旧是不可或缺的技术环境分析。之所以一再强调技术环境分析，因为这是保证技术指标分析准确性和有效性的唯一保障。比如，股价运行重心逐节下移，均线系统失去支撑等。

如图 7-21 所示，顶背离出现后（B 点之后），股价运行重心并未下移，也未失去均线系统的支撑。虽然 RSI 持续下行，却很快就出现逆转，显示出多方能量仍旧存在，交易者不应盲目放空。

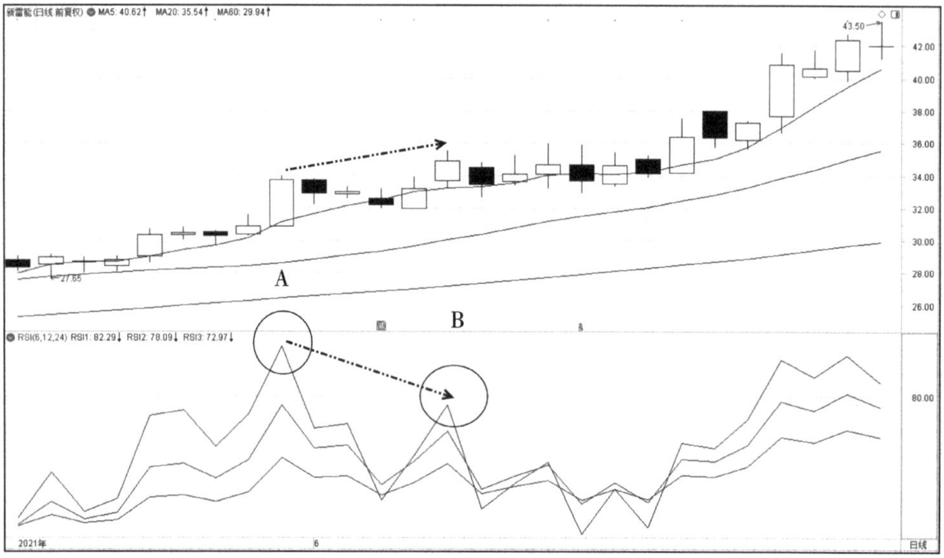

图 7-21

二、RSI 指标卖出实战研判

1. 50 线——强弱分水岭

RSI 指标的特异性，就在于对股价运行的强弱有一个明显的标识，50 线就是这样一个起到区分强与弱不同区域的线值。

50 线上为强势运行区域，在这一区域，RSI 指标有三种表现形式：向上、向下、横盘，这三种表现形式具有不同的技术含义。

强势区 RSI 向上运行，说明价格涨势旺盛，是适宜做多的阶段；

强势区 RSI 向下运行，说明价格上涨暂时受阻，需要关注 RSI 在 50 线附近的表现；

强势区 RSI 横盘运行，说明价格处于强势整理阶段，应采取观望和等待的策略。

如图 7-22 所示，当 RSI 在强势区向上运行时，股价上涨势头处于旺盛阶段，交易者没有理由选择做空。当 RSI 在强势区向下运行时，如果能在 50 线附近止住下行，说明强势未尽，后势仍有可能继续上涨，否则的话有效跌破 50 线，股价可能就此转弱。当 RSI 在强势区横盘运行时，交易者应综合分析技术环境，等待价格运行趋向进一步明了。

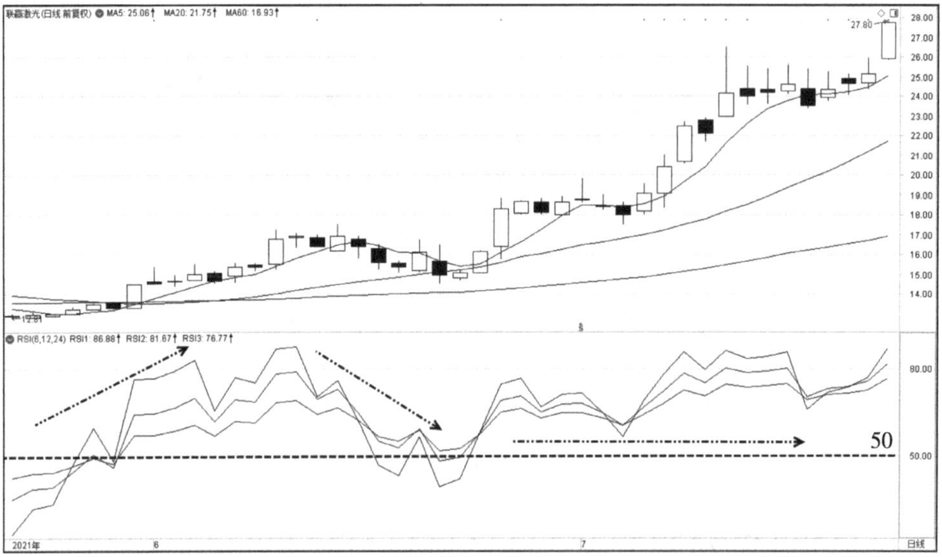

图 7-22

50 线下为弱势运行区域，在这一区域，RSI 指标同样有三种表现形式：向上、向下、横盘，这三种表现形式具有不同的技术含义。

弱势区 RSI 向下运行，说明价格跌势持续，是适宜做空的阶段；

弱势区 RSI 向上运行，说明价格暂时止跌企稳并开始反弹，需要关注 RSI 在 50 线附近是否具有持续性的转强表现；

弱势区 RSI 横盘运行，说明价格处于整理阶段，应采取观望和等待的策略。

如图 7-23 所示，弱势区 RSI 向下运行，交易者宜保持做空策略不变。当 RSI 在弱势区横盘运行时，在跌势的初中期，大部分都是一种下跌中继形态，交易者应保持观望和继续持空仓的策略。经过大幅度、长时间的下跌过程后，如果 RSI 长时间维持横盘状态，则可能出现趋势转折的拐点。

RSI 在弱势区向上运行，不能有效突破并站稳在 50 线之上，则交易者理应继续做空。如图 7-23 所示，RSI 突破 50 线后，价格配合上升，可能由此引发一波股价反弹行情。

图 7-23

2. RSI 指标的聚与散

RSI 指标有三条线（在某些软件上只有两条线，二者使用效果相同），这些线之间的聚与散，在技术上具有重要的分析价值。

RSI 指标的三条线在强势区向下汇聚（死叉）时，说明之前的上攻波段已经暂告结束。如果 RSI 指标的三条线并未由此持续向下发散，说明价格上涨的强势仍旧存在，这时并不是适宜的做空点，反之则进入做空阶段。

RSI 指标的三条线在强势区向上汇聚（金叉），但三条线并未由此持续向上发散，则维持空仓或等待，反之则适宜入场做多。

如图 7-24 中 A 点所示，RSI 指标的三条线在强势区向下汇聚（死叉），但 RSI 三线并未持续发散，而是停留在 50 线附近，最终价格恢复强势上涨的势头，显示这里只是股价的一个小幅调整。

B 点处，RSI 指标的三条线在强势区盘整后向上汇聚（金叉），但三线并不能由此持续发散，显示价格上涨的强势已大幅衰减。C 点处，当 RSI 指标的三线在之后向下发散并跌破 50 线的强势区时，交易者可卖出或融券做空。

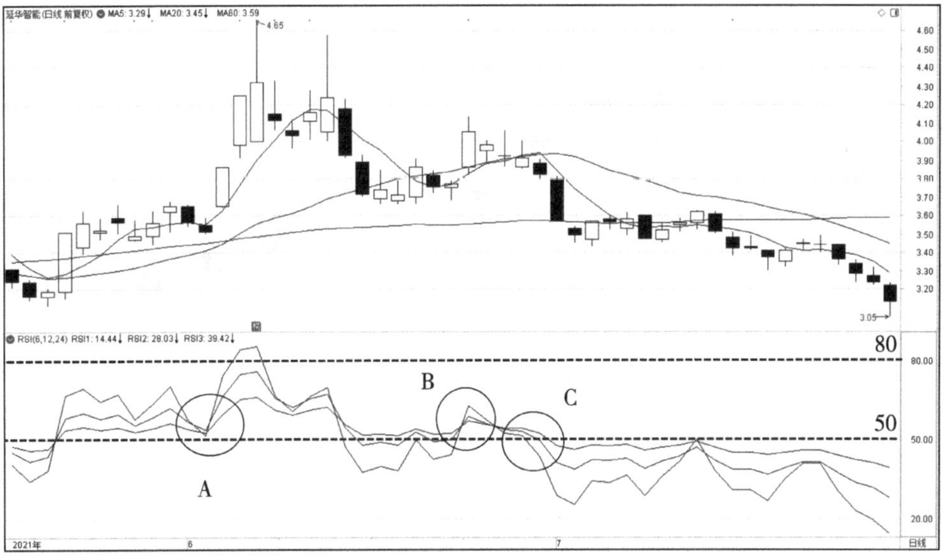

图 7-24

RSI 指标的三条线在弱势区向上汇聚（金叉）时，说明之前的下跌波段已经暂告结束。如果 RSI 指标的三条线并未持续向上发散，说明价格的弱势仍旧存在，这时并不是适宜的买入点，反之则进入做多阶段。

RSI 指标的三条线在弱势区向下汇聚（死叉），但三条线并未持续向下发散，则维持空仓或等待，反之则进入做空阶段。

如图 7-25 中 A 点所示，RSI 指标的三条线在弱势区向下汇聚（死叉），并由此持续向下发散，则为参与做空的时机。

B 点处，RSI 指标的三条线在弱势区向上汇聚（金叉），但 RSI 指标的三条线并未持续向上发散，价格略有反弹后便重归下跌趋势。这种情形显示的仅是股价的短期弱势波动，并不是一个适宜的做多时机，交易者理应观望。

RSI 指标和其他技术指标在实战中的形态千变万化，笔者不可能一一尽述，只能选择带有典型性、常规性的形态进行讲解。交易者需要理解的也不只是某一形态的固有法则，而是关于细节变化的分析之道。唯有此，才能谈得上灵活应用技术指标，使技术指标在实战中发挥应有的作用。

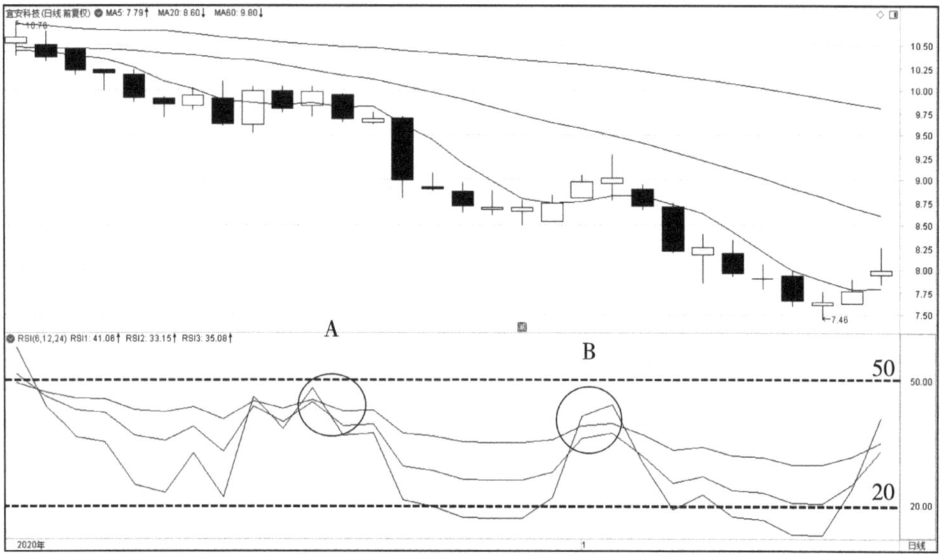
宜安科技(日线 前复权) MA5: 7.79↑ MA20: 8.60↓ MA60: 9.80↓
10.76
7.46
A
B
RSI(6,12,24) RSI1: 41.08↑ RSI2: 33.15↑ RSI3: 35.08↑
50
20
2020年
日线

图 7-25

第八章

玩转 MTM

第一节　MTM 指标基础理论

MTM 指标又叫动量指标，英文全称是“Momentum Index”，由技术分析大师威尔斯·威尔德发明，是一种用于研究价格波动的中短期技术分析工具。

股价运行中具有多种波动形式，既有“动”的一面，也有相对“静”的一面，在“动与静”相互转化前后，又往往具有加速或惯性波动的表现。MTM 指标具有的优异性，对于交易者判别和捕捉波段行情以及行情运行拐点，具有重要的参考和提示作用。

一、MTM 指标设计原理

MTM 指标专门研究价格在波动过程中各种加速、惯性作用以及由静到动或由动转静的现象，其理论基础是价格与供求量的关系。理论认为，当价格的涨跌幅度随着时间的推移逐渐变小，价格变化速度和能量慢慢减缓后，行情极有可能发生逆转。

在多头行情里，随着价格的不断上升，上涨的能量和速度必将日渐萎缩。当上涨的能量和速度减少到一定程度时，行情将会出现大幅回荡整理或见顶反转的行情。在空头行情里，随着价格的不断下跌，下跌的能量和速度也将日渐萎缩。当下跌的能量和速度萎缩到一定程度时，行情也会出现大幅反弹或见底反转的行情。动量指标就是通过观察价格波动的速度，衡量波动的动能，从而揭示价格反转的规律。

二、MTM 指标计算公式

MTM 指标的计算方法比较简单易懂，常用的计算公式有两种，虽然这两种计算方法有一定的不同，但其意义和研判方法是相同的。

1. 第一种计算方法

以日 MTM 指标为例：

MTM（n 日）=$C-C_n$

C= 当日的收盘价

C_n= n 日前的收盘价

n 为计算参数，一般起始参数为 6

2. 第二种计算方法

以日 MTM 指标为例，其计算过程如下：

MTM（n 日）=（$C \div C_n \times 100$）-100

C= 当日的收盘价

C_n= n 日前的收盘价

n 为计算参数，一般起始参数为 6

三、MTM 指标应用法则

动量指标以 0 线为中心线，0 线上方为股价上升地带，0 线下方为股价下跌地带。动量线就是根据股价围绕中心线周期性波动来反映股价波动的速度。另外，为了使动量指标更直观、准确地反映股价真实的波动情况，在股市分析软件上，MTM 指标图上还辅以另外一条线——MTMMA，即 MTM 的移动平均线。MTM 指标的研判就是围绕这两条线之间的关系展开的。

（1）MTM 曲线在 0 轴线上方时，说明多头力量强于空头力量，股价处于上升或高位盘整阶段。

（2）MTM 曲线在 0 轴线下方时，说明空头力量强于多头力量，股价处于下跌或低位盘整阶段。

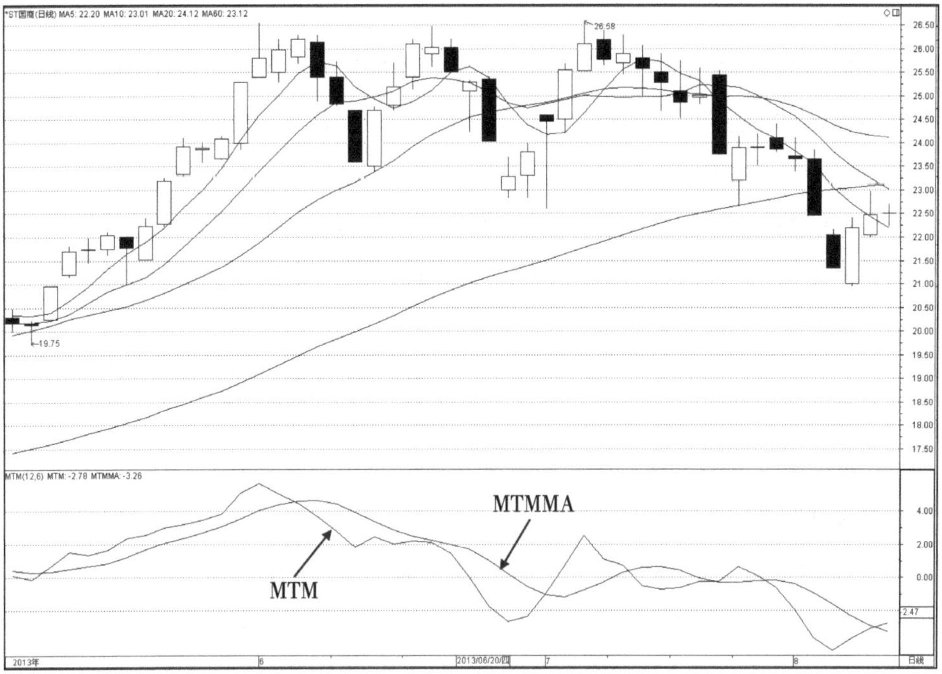

图 8–1

（3）MTM 曲线从 0 轴线下方向上突破 0 轴线时，说明股市中多头力量逐渐强大，股价向上运动的能量开始放出，股价将加速向上运动，是较强的做多信号。

（4）MTM 曲线从 0 轴线上方向下突破 0 轴线时，说明股市中空头力量逐渐强大，股价向下运动的能量更加强大，股价的下跌速度也将加快，是较强的做空信号。

（5）MTM 曲线从 0 轴线下方向上突破 0 轴线并向上运动较长一段时间以后，如果股价向上运动的加速度开始放缓，说明多头力量开始衰减。一旦 MTM 曲线开始掉头向下，预示着股价将见顶回落，是较强的短线卖出或做空信号。

（6）MTM 曲线从 0 轴线上方向下突破 0 轴线并向下运动了较长的一段时间以后，如果股价向下运动的加速度开始放慢，说明空头力量开始衰减，一旦 MTM 曲线开始勾头向上，预示着股价将短期见底反弹，是较好的短线买入信号。

（7）MTM 曲线向上突破 0 轴线后，只要 MTM 曲线不掉头向下，说明股价向上运动的速度和能量始终能支撑股价的上涨，是很强的持股待涨信号，直到 MTM 曲线有掉头向下的迹象。

（8）MTM 曲线向下突破 0 轴线后，只要 MTM 曲线没有勾头向上，说明股价向下运动的能量还是比较大，是较强的持币观望信号。

第二节　MTM 指标买入点分析

一、MTM 指标买入信号

在价格由“动”转“静”再由“静”转“动”的循环往复中，MTM 指标有时能够侦测到股价转化时的拐点。但是交易者由此确立操作行为也有一定的风险，而通过技术环境分析进行辅助研判，可以将其中的风险降到最低。

1. 向上交叉的买入环境

当 MTM 从下向上交叉 MTMMA，至少说明股价的下跌动量已现衰竭，上涨动能正在聚集发展。随着上行惯性的延续，如果 MTM 指标能够突破 0 轴线，同时股价在这个阶段突破均线压制并得到相应的支撑，那么上涨行情可能会由此进入大级别的涨升阶段。

如图 8-2 所示，股价运行于下跌过程中，MTM 指标同步惯性下行。至图中 A 点处，MTM 向上交叉 MTMMA，说明 MTM 指标下行惯性已经结束，但是可以看到 A 点处股价并没有转跌为升，仍旧处于微幅振荡探底的走势中。

案例中 A 点处的股价和 MTM 指标不同步，可以告诉我们一点：MTM 指标先于股价止跌，说明惯性下行已经结束，而股价继续下跌的动能必然与之前不同。这就有两种可能，或者是资金的故意打压行为，或者正酝酿新一轮的下跌过程。

结合案例中的技术环境，比如整体跌幅、均线系统形态以及股价微幅振荡探底的走势，大致可以判断股价将要反弹的概率大于展开新一轮下跌。但是，A 点并不是一个具有说服力的买点。

直至 B 点处，MTM 指标突破 0 轴线，股价也得到均线系统的支撑，这个技术形态已经说明多方的上涨动能正处于逐渐增加的过程中，交易者可短线介入。之后的 C 点处，股价回调，MTM 也在 0 轴线附近再次回升，这种情况意味着行情可能将进一步向大级别的上涨行情发展演化。

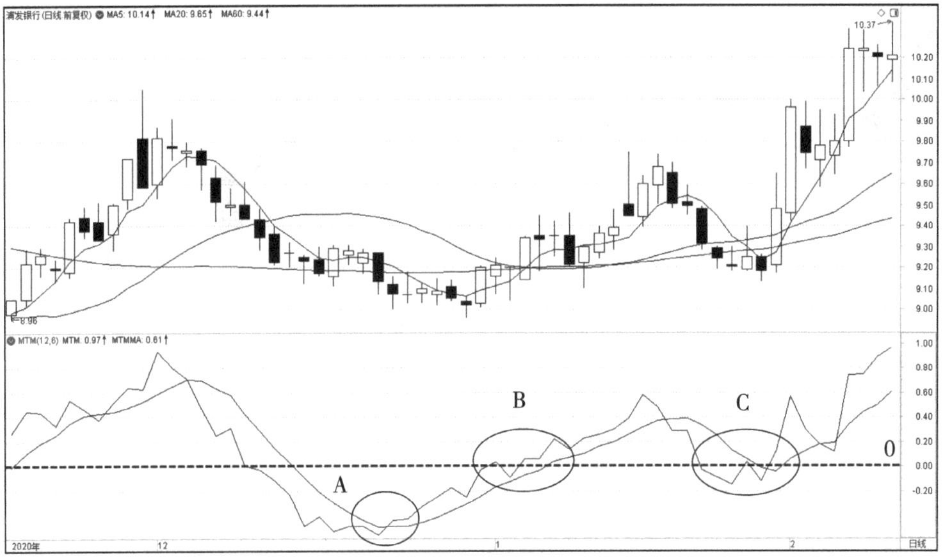

图 8-2

实战中交易者需要注意，MTM 指标下行惯性终结，并不等于价格就一定会进入大级别上涨阶段。也就是说，MTM 向上交叉 MTMMA，并不一定会引发持续上涨行情，技术环境不匹配时，即使 MTM 本身显示股价可能出现拐点，但是下跌过程仍会持续。

利用 MTM 来确认行情转势同样需要条件，其一是股价整体运行趋向是否和 MTM 指标同步；其二是均线系统是否已由压制转为支撑；其三是 MTM 与 0 轴线之间的位置关系，0 轴线所代表的多空动能分界作用不可忽视。

如图 8-3 中 A 点所示，MTM 发出向上交叉提示，股价虽然出现弱反弹，但是仍旧受压于均线系统，难以突破上方压制，股价仍继续下跌。B 点处 MTM 回升触及 0 轴线便折返下行，说明上涨动能已现衰竭，下跌动能已渐汇聚，这里不是一个能买入的地方。

实战中，MTM 指标终结下行惯性具有暂时性和不稳定性，某一下行惯性结束，指标交叉后却不能出现向上加速，反而会在之后出现再度向下的加速。这种情况在下跌趋势中也是较为常见的，交易者寻觅做多时机时，需要重点关注上述要件和相关技术环境。

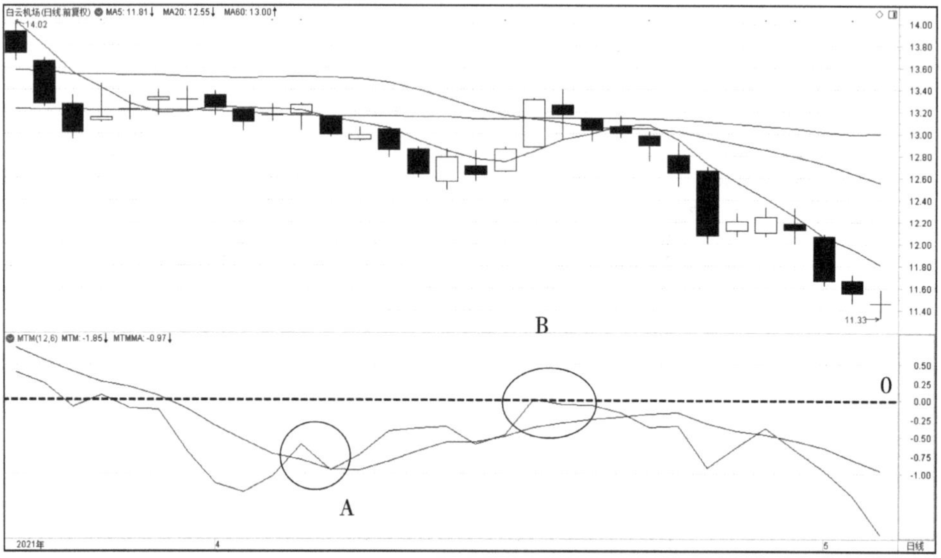

图 8-3

2. 底背离环境认定

股价大幅下跌后再创出新低，MTM 指标并不随之刷新低点，则底背离形成。底背离多次出现时，交易者可关注短线做多时机是否将要来临。

基于 MTM 指标的动量特性，股价和 MTM 指标之间的背离通常是短期的，具有不确定性，而同步却带有确定趋向或趋势的决定性作用。当股价下跌与 MTM 指标形成多次背离后，股价和 MTM 开始出现同步上行，股价获得均线的支撑，则交易者可以选择做多。

如图 8-4 所示，该股处于一波跌势中，A 点处股价创出新低，而同期 MTM 指标却不再跟随股价刷新低点，底背离成立。

图 8-4

交易者应用底背离捕捉做多时机时，需要注意一点：股价和 MTM 指标往往会在多次底背离之后，才出现重要的买入信号。这个发出买入信号的背离点，往往都在 0 轴线附近。

如图 8-5 所示，A 点处股价刷新低点，MTM 指标出现背离，B 点处股价和 MTM 指标再次背离。之后，股价和 MTM 指标开始出现同步上行，并进一步获得均线支撑，跌势由此扭转为涨势。

上述案例中显示一个细节，即多次发生背离后，重要的底背离买点信号往往出现在 0 线附近。多空动能分界点的 0 线，反映的是此强彼弱。当指标稳定运行于 0 线之上后，意味着上行惯性已经形成，股价加速上涨可能即将到来。

3.MTM 指标低位收缩、缠绕与黏合

股价经过一段时间下跌后，如果 MTM 指标从下行转为收缩、相互缠绕、黏合的态势，一旦出现交叉后向上加速的情况，往往具有较好的做多机会。

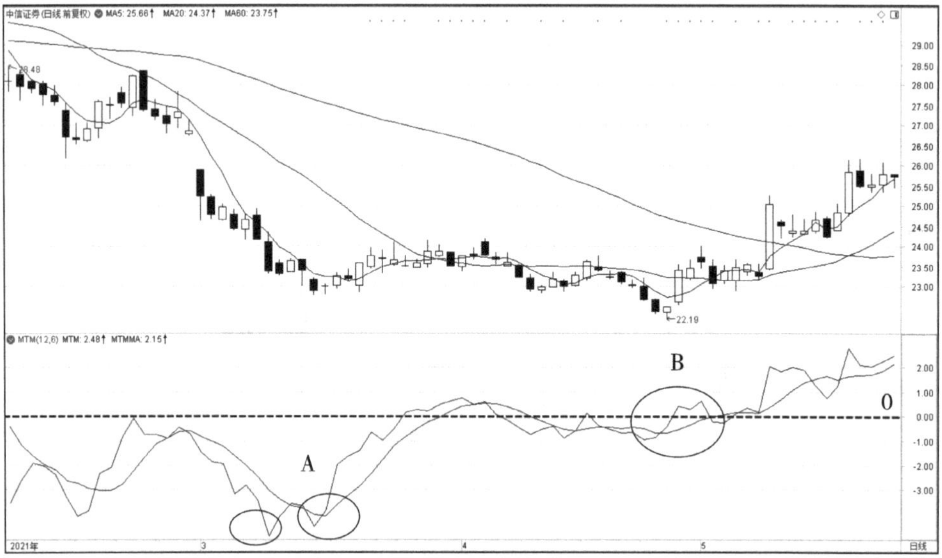

图 8-5

如图 8-6 中 A 点所示，MTM 线和 MTMMA 线出现收缩、相互缠绕、黏合的态势，之后随着 MTM 指标交叉后出现向上加速，股价也由此进入到快速上涨阶段。

MTM 指标在股价下跌过程中的收缩、缠绕和黏合等态势，其实是下跌动量逐步减弱的一种表现，尤其是在股价经过大幅下跌后出现时，其技术意义更为明确。

当然，出现上述态势，并不意味着股价必然上涨，有时 MTM 指标仍会保持惯性下行，直到指标金叉后出现加速上行。上行加速是对惯性下行最有力的否定，至少对于股价的趋向转折具有决定性意义。MTM 指标脱离惯性下行后的向上加速，往往极具爆发力。

MTM 指标从下行转为收缩、相互缠绕、黏合的技术形态中，缠绕和黏合具有更重要的做多实战研判意义。缠绕和黏合可以出现在行情运行的多个阶段，如图 8-7 中 A 点所示，MTM 指标呈缠绕和黏合状态，股价小幅缓慢盘升。随着向上加速的出现，行情进入到快速上涨阶段。

中兴商业(日线) MA5: 6.13 MA10: 5.89 MA20: 5.60 MA60: 5.69
A
6.43
4.89
MTM(12,6) MTM: 1.09 MTMMA: 0.77
2012年
12
2012/12/27/四
日线

图 8-6

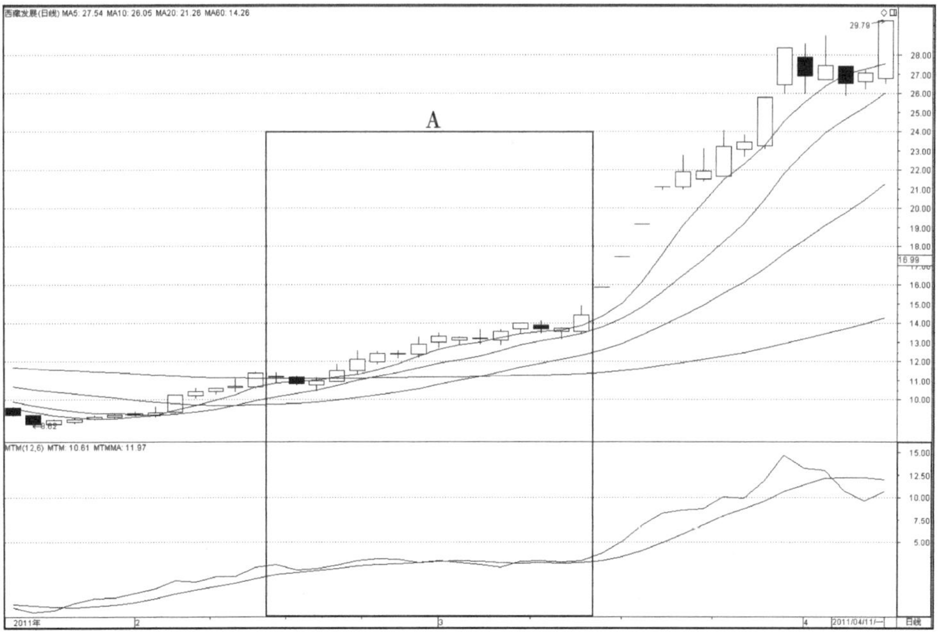
西藏发展(日线) MA5: 27.54 MA10: 26.05 MA20: 21.26 MA60: 14.26
A
29.79
MTM(12,6) MTM: 10.61 MTMMA: 11.97
2011年
2
3
4
2011/04/11/一
日线

图 8-7

MTM 指标出现缠绕和黏合状态时，如果股价保持在均线系统上方，均线系统也相应地处于多头排列或者呈黏合后向上发散状态，那么股价后市迎来快速上涨的概率极大。

MTM 指标的缠绕和黏合状态在上涨阶段中出现，往往是股价正常调整、上升动量汇聚的表现，交易者应坚守做多思路，不可被股价一时的微幅波动所困扰，犯下过早卖出、转而做空的错误。

二、MTM 指标买点实战研判

1. 技术共振

如图 8-8 中 A 点所示，该股在下跌途中多次出现较强的单日反弹，但 MTM 指标仍旧处于 0 线下继续下行的态势，股价也仍受制于均线系统空头排列的压制。可以说，A 点没有任何积极的技术因素支持交易者买入做多。

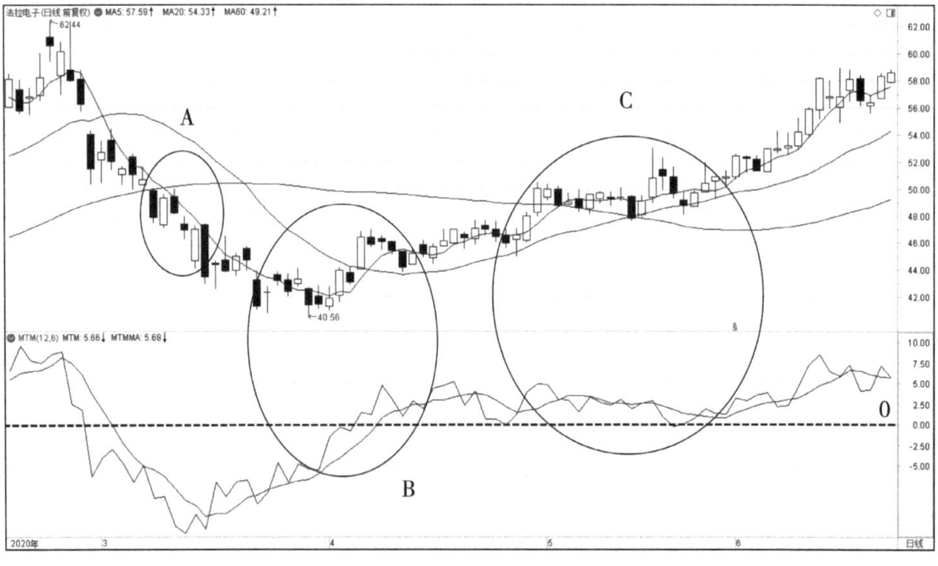

图 8-8

A 点之后股价继续跌势，MTM 指标不再随之下行，二者之间形成背离。至图中 B 点时，股价再创新低，MTM 指标已有明显的上行态势。在接近 0 轴线时二者背离，是重要的短线买入信号。

B 点之后，MTM 指标突破 0 轴线出现缠绕、黏合的态势，这是股价脱离跌势转向涨势的确认阶段。MTM 指标稳定在 0 轴线，至少能够说明多方动能强于空方。

C 点处，股价突破中期均线压制并在回落中得到支撑，这是一个极为重要的技术细节，显示的是涨势正向更高级别演化。

在股价稳定运行于上升趋势的背景下，MTM 指标横向运行于 0 轴线之上，这种现象其实是 MTM 指标的特性决定的，股价运行重心平缓上升、MTM 横向移动，正是趋势平稳运行、上涨动能处于可持续的一种状态。

C 点处，均线支撑、MTM 指标呈多头态势，形成一个技术共振区域，也是股价加速上涨前一个难得的买入点。

2. 惯性与加速

MTM 指标无论处于上行或是下行状态，都有一个加速阶段和惯性运行阶段。MTM 指标处于惯性运行阶段时，股价的运行趋势相对稳定，没有明显的趋向性变化。MTM 指标处于加速阶段时，股价趋向性变化非常明显，运行节奏往往极为迅捷。

也就是说，在 MTM 指标显示的价格“动与静”相互转化的过程中，加速阶段具有决定趋向变化的作用。

图 8-9 和图 8-10 中加入了成交量柱状图，便于更直观地理解 MTM 指标惯性与加速的各个阶段。

如图 8-9 中 A 点所示，股价处于下跌趋势中，成交量萎缩至较低水平，MTM 指标在 0 线之下，处于跌势的惯性运行阶段。

股价经过长期大幅下跌之后，这时的 MTM 显示的是跌势已处于“静”的阶段。交易者必须明确一点，MTM 指标在跌势中惯性运行阶段或成交量极度低迷后“静”的阶段，并不代表这时已经是适宜的做多点，这种态势只是说明跌势已经运行到趋势维持阶段，没有出现加速，这种态势仍将延续。

B 点处，股价突破均线系统的压制并获得相应的支撑，成交量温和持续地放大，MTM 指标稳定上行至 0 线以上。这种技术环境显示的就是股价脱离下跌惯性运行阶段，进入到加速阶段，也即行情“由静转动”的拐点已经出现。

C 点处，加速阶段暂告结束后，股价处于向上的惯性运行阶段，这个阶段也是观察行情趋势性扭转真伪的关键区域。在惯性运行阶段，股价受到均线系统的有效支撑，成交量呈相对稳定状态，MTM 指标在 0 线偏上位置缠绕、黏合，并未整体重回 0 线以下区域运行。这些技术特征显示出上涨行情仍将持续运行。

D 点处，向上加速再次出现，上涨行情向纵深发展。

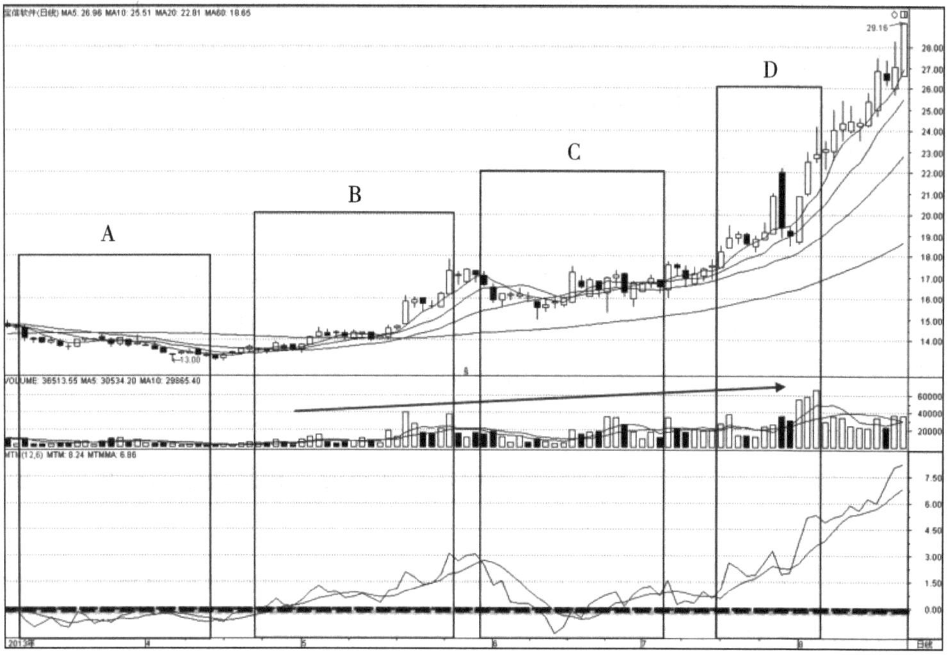

图 8-9

MTM 指标的加速阶段和惯性运行阶段，无论是在跌势中还是在涨势中，都是交替出现，相互验证的，二者始终处于行情运行趋向或趋势的不断确认或否定中。对于惯性与加速，交易者要有一个全面的认识，无论对于做多还是做空，都会有所帮助。

如图 8-10 中 A 点所示，在上涨趋势中，MTM 指标处于加速后的惯性运行阶段。至 B 点处股价暴跌，均线系统逐步失去支撑，成交量由骤增到骤减并维持萎缩态势，MTM 指标已经显示出有整体下行至 0 线以下运行的迹象。B 点的向下加速，显示出行情可能会由此出现趋向或趋势的拐点。

C 点处，股价已经明显受到均线系统的压制且无力向上突破，成交量继续萎缩，MTM 指标也已整体运行于 0 线之下。这种态势告诉交易者：B 点处股价向下加速结束后，C 点并没有出现能够使趋向回归涨势的向上加速，而是惯性运行于 B 点制造的跌势中，这就进一步验证了至少是趋向上的扭转已经发生。D 点处，向下加速再次出现，下跌行情持续运行。

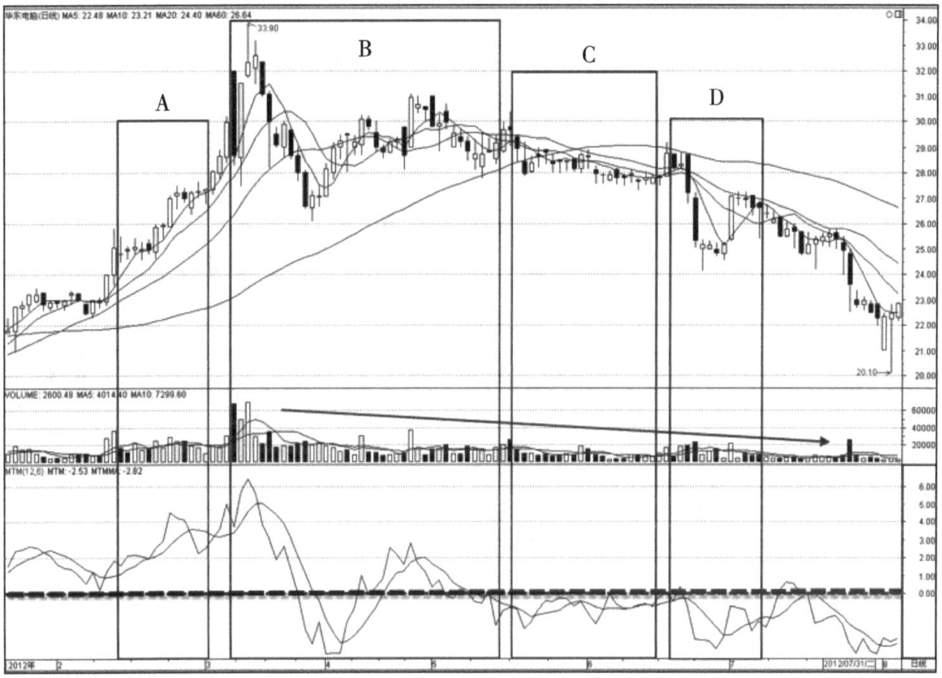

图 8-10

第三节　MTM 指标卖出点分析

一、MTM 指标卖出信号

MTM 指标对于股价动能的反应极其敏感，当股价上涨或下跌缺少持续能量时，也就意味着行情运行到了重要节点，这个时候就是交易者选择卖出或者买入的时刻。

1. 向下交叉与拐点加速

当 MTM 从上向下交叉 MTMMA 时，至少表明价格持续上升的动能已经出现衰竭迹象，随着下行惯性的延续，如果股价在这个阶段跌破均线，失去相应的支撑，那么行情可能会由此进入到加速下跌阶段。

如图 8–11 中 A 点和 B 点所示，MTM 从上向下交叉 MTMMA，之后该指标虽然出现下行趋向，但是股价在 A 点至 B 点间整体仍旧保持上行，明显受到均线支撑，显示和 MTM 指标并未完全同步运行。

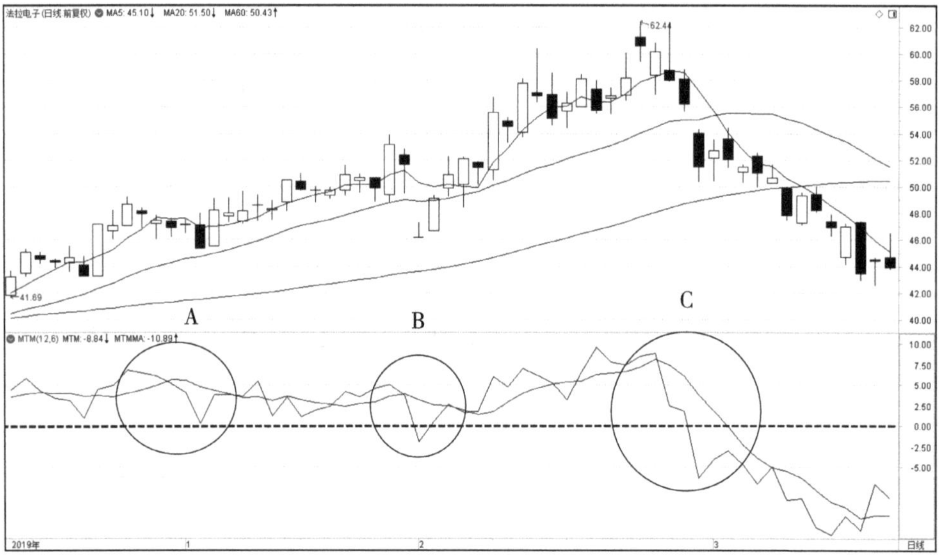

图 8–11

这种情况说明 MTM 指标下行仅是惯性使然，并不存在加速的条件，换句话说，并不是所有情况下 MTM 向下交叉 MTMMA，都会出现持续性的下跌行情（拐点加速）。确认行情转势的拐点加速需要注意几个要点：其一是股价整体运行趋向是否和 MTM 指标同步；其二是均线系统是否还具有相应的支撑作用；其三是 MTM 与 0 轴线之间的位置关系。

如图 8–11 中 C 点所示，MTM 向下死叉 MTMMA 并快速跌破 0 轴线，股价整体出现下行趋向，之后在多条均线附近都出现激烈争夺，最终股价连破多条均线并在短时间内无力收复。

当 MTM 指标出现死叉之后，股价随之下行并跌破重要的均线支撑，这种情况足以说明空方已经占据主导地位，加速下跌即将开始，想要股价短期内继续大幅上涨只能是一种奢望。

2. 顶背离与顺势而为

当股价上涨创出新高，MTM 不能同步刷新高点，则和价格之间形成顶背离。顶背离现象的出现，意味着价格上涨动能出现减弱的迹象，交易者可关注股价是否会由此形成趋向拐点。

如图 8-12 中 A 点所示，MTM 指标和股价同步上行，之后二者逐渐背离。当运行至 B 点时，股价高开低走，而 MTM 指标已经下行到 0 轴线，二者形成顶背离。顶背离现象的出现，说明 MTM 指标所侦测的股价上涨动能正在逐步消减。即使股价仍在上升，但是随着时间的延长，股价必然会出现相应的变化。

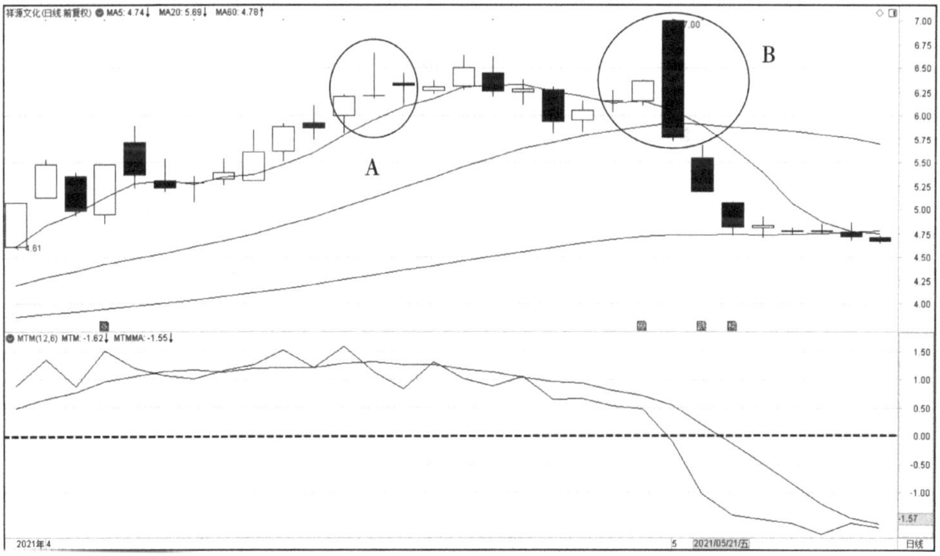

图 8-12

交易者在实战中要着重关注的是，顶背离现象出现前后股价运行重心的趋向。在长期、大幅上涨的高位，股价运行重心呈水平或下移情况下出现的顶背离，其发出的卖出提示信号可以说极其强烈。

当然，顶背离的出现并不都意味着涨势必然结束，这是交易者需要特别注意的另一个方面。

图 8-13 中，股价和 MTM 同步运行，至图中 A 点时顶背离现象已经出现，但是股价运行重心继续维持上行，MTM 指标之后保持着横向运行的态势，这种现象其实是 MTM 指标的特性所决定的。股价运行重心平缓上升，MTM 横向移动，正是趋势平稳运行、上涨动能处于可持续状态的一种表现。

交易者不能仅仅因为顶背离出现就一味卖出，这样极有可能失去盈利持续扩大的机会。技术指标的细节分析，也包含着顺势而为、遵循价格运行规律的意义。

图 8-13

3.MTM 指标的轨迹与趋向

当股价在上涨高位跌破重要均线支撑，MTM 同步下行并快速跌破 0 轴线，可能面临股价的拐点。如果之后 MTM 指标不能快速重返 0 轴线之上，下跌行情可能会进一步向更高级别发展，交易者应及时减仓。

如图 8–14 中 A 点所示，股价在高位发生大幅振荡后跌破重要均线支撑，MTM 同步下跌并快速跌破 0 轴线，上涨趋向由此发生扭转。之后，MTM 指标数次向上触及 0 轴线便回落，基本确定了 0 轴线下弱势运行的格局。

股价处于上升趋向时，MTM 指标的运行轨迹大多在 0 线偏上位置，即使回落也不会过度偏离 0 轴线。股价处于下跌趋向时，MTM 指标的运行轨迹则明显发生下移，多处于 0 线偏下位置，即使上行也不会远离 0 轴线。

MTM 指标的这种运行轨迹与趋向，代表着股价在这个时刻的强弱程度。MTM 指标在不同行情阶段出现的变化，对于交易者研判趋势转化具有极为重要的提示和参考作用。

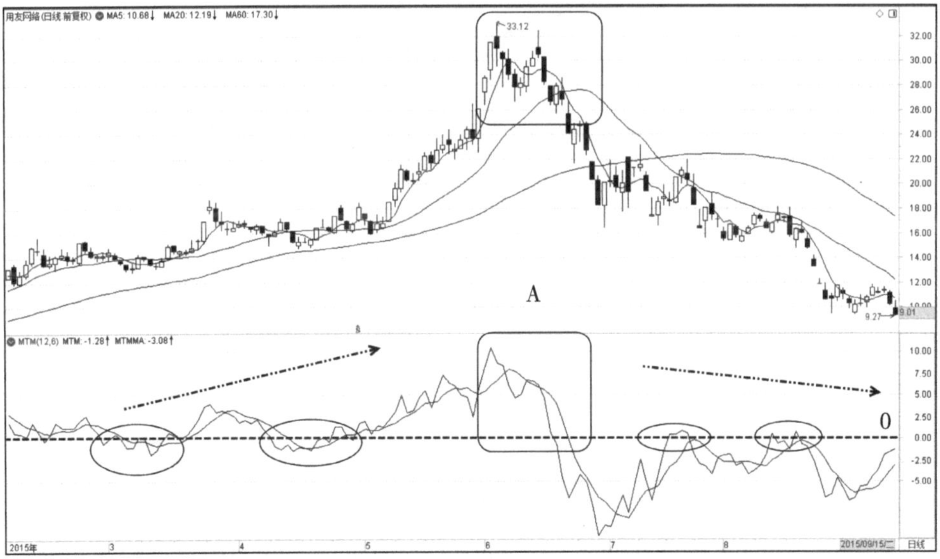

图 8–14

4. 惯性运行后的加速

股价一段时间内整体运行趋向呈横盘态势，如果 MTM 线和 MTMMA 线从相互缠绕状态中转为下行，则下跌行情可能进一步向纵深发展。MTM

指标脱离惯性运行后的加速，往往极具杀伤力。

如图 8-15 中 A 点所示，MTM 线和 MTMMA 线从相互缠绕状态转为整体下行，股价发生向下的跳水走势。

MTM 指标相互缠绕、横向移动时，如果股价呈明显的上涨趋势，则意味着动能均衡，趋势运行稳定。如果股价整体走势也呈横盘或下跌态势，则说明股价的涨升动能已经不足，一旦技术环境发生变化，空方趁机发难，必然会带来一波下跌行情。交易者对于这种情况应提前做好相关准备，如若加入做空，应控制好仓位。

图 8-15

在长期下跌趋势维持期间，MTM 指标和股价有时会多次形成横盘态势，这种情况对于交易者具有较大的迷惑性，往往会使人误以为股价可能正在筑底，行情处于转折的拐点。于是一些人会由此转空为多，从主观愿望的角度提前买入做多，试图捕捉到上涨行情的最低点。但是，行情的进一步发展打破了这些做多者的美梦，而一轮又一轮的持续性下跌更使得这些做多者苦不堪言。

如图 8-16 中 A 点所示，MTM 指标相互缠绕，横向移动，股价整体保持横向波动的走势，随后股价继续急跌。之后 MTM 指标迅速上行，而股价小幅反弹后就受制于上方均线，难以继续上行，再次于 B 点处出现横盘走势。

类似于这种表现，就会给交易者带来一定的迷惑性。部分人会认为这是股价下跌过后的筑底现象，但是如果真的选择这个位置介入做多，则难逃亏损的命运。

在下跌趋势维持期间，股价和 MTM 指标整体呈横向移动态势时，交易者决不可轻易转空为多，而应从技术环境分析的角度来看待这种横盘。

如图 8-16 中 B 点所示，60 日中期均线依旧维持压制的态势，股价反弹难以有效攻克，说明目前的横盘仅仅是下跌趋势中的一次短暂休整，交易者可继续以空仓应对或保持观望。

图 8-16

二、MTM 指标卖点实战研判

1.0 线与轨迹变换

MTM 指标的 0 轴线是交易者在实战中需要关注的一个指标分析细节。前面讲过，当价格处于上升趋势时，MTM 指标的运行轨迹大多在 0 线偏上位置；当价格处于下跌趋势时，MTM 指标的运行轨迹大多在 0 线偏下位置。MTM 指标的这个特点，能够让交易者较明确地分辨目前行情所处的趋势和运行阶段。

当 MTM 指标的运行轨迹大多数时间维持在 0 线之上时，价格即便发生回落，也可能仅仅是一次正常的回落整理，交易者不宜重仓做空。当 MTM 指标的运行轨迹下破 0 线并在之后不能迅速回升到 0 线之上时，相比原来的运行轨迹必然明显下移。这个时候如果股价也处于下跌阶段，交易者至少在一段时间内应采取做空或观望的策略。

MTM 指标的运行轨迹在一段时间内迅速远离 0 线，无论是向上还是向下，都会引发股价的快速逆向波动。MTM 指标长时间在单一方向上的惯性运行，必然会累积股价逆向加速的能量，这一点也需要交易者注意。

如图 8–17 所示，A 点处 MTM 指标在 0 线之上快速上行，引发股价出现相应的快速回落调整；B 点处 MTM 指标在 0 线之下快速下行，同样引发股价快速反弹。

虽然 A 点和 B 点处股价的反应都不是趋势性的，仅仅为原趋势运行中的逆向波动，但都具有相应的强度，对于一些交易者还是会带来一些不利影响。要么会认为股价下跌的拐点出现，要么会认为上涨拐点出现。

对于案例中的这种情形，我们以 0 轴线为标准，加上均线的支撑与压制关系，就可以明确判断当时的技术形态与含义，不会被股价一时的短线涨跌所迷惑。

2. 交叉与整体下移、均线支撑

如图 8–18 中 A 点所示，MTM 指标发生交叉随后向下运行，同期股价也出现重心下移并逐步跌破均线支撑，股价由此迎来趋向转折。

龙溪股份(日线 前复权) MA5: 13.63↓ MA20: 14.28↓ MA60: 15.85↓
18.98
10.20
A
MTM(12,6) MTM: -1.48↓ MTMMA: -0.92↓
B
2019年
7
8
9
10
11
日线

图 8-17

光大银行(日线) MA5: 3.28 MA10: 3.28 MA20: 3.28 MA60: 3.27
3.80
2.93
A
MTM(12,6) MTM: -0.09 MTMMA: -0.00
2013年
2
3
2013/03/12/二
日线

图 8-18

实战中，MTM 指标在上行过程中发生交叉，有时是一种常见的惯性反应，并不一定都会引发股价趋向或趋势的转折。如图 8–19 所示，该股在上升过程中 MTM 指标多次发生交叉，但并未引发股价转势。个中原因就在于，MTM 指标发生交叉时，自身的运行轨迹既未向下运行，同期股价也未出现重心下移并跌破均线支撑的情况。

有鉴于此，MTM 指标在上行过程中发生交叉并不可怕。但是如果随之出现 MTM 指标整体轨迹以及股价重心下移、股价跌破均线支撑的现象，就是一个明确的、具有加速性质的趋向或趋势转折提示信号，交易者应对此有一个明确的认识。

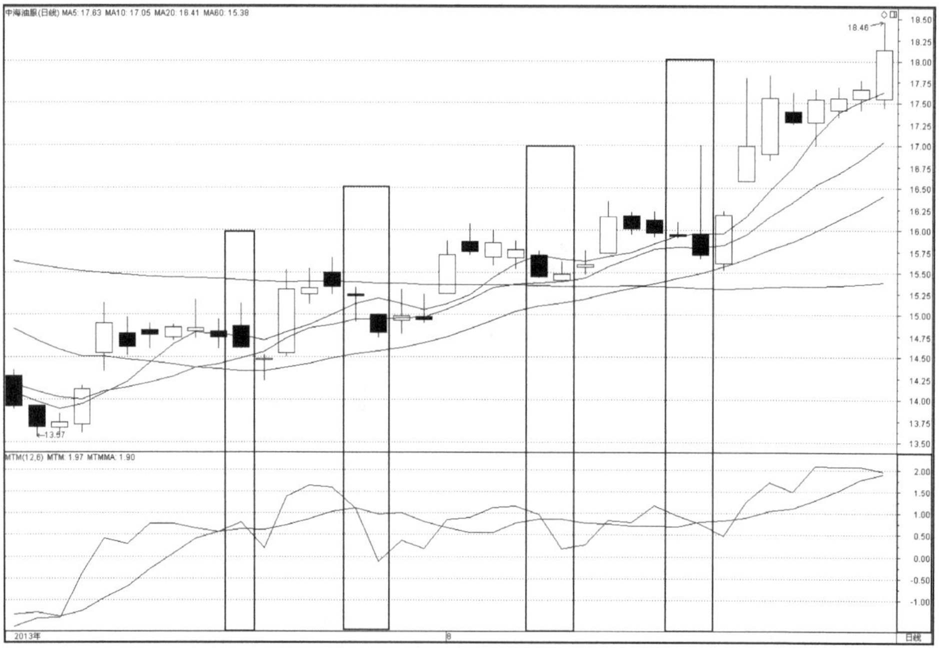

图 8–19

3. 同步与背离

当 MTM 指标与价格同步运行时，交易者理应顺势而为，即“涨势做多，跌势做空”。行情到达转折的拐点时，也可以从 MTM 指标的运行轨迹、股价运行重心是否整体下移、均线支撑是否有效来研判和捕捉做空时机。

当 MTM 指标与价格同步运行时，相对来说，交易者较容易判断价格的后期变化。MTM 指标与价格背离的情况下，对于价格的后期走势，研判上要复杂和困难得多。

背离有多种表现形式，如 MTM 指标下行，股价却维持上升；或者 MTM 指标上行，股价却下跌；MTM 指标下行，而股价维持横盘等，这类形式的背离在实战中较为常见。如图 8-20 中 A 点所示，股价基本呈横盘走势，而 MTM 指标却呈现明显的下行态势，背离成立。

图 8-20

背离成立后，股价并不必然会出现趋向转折。图 8-20 中 A 点过后，股价却重新转入上升。如果背离成立后，股价和 MTM 开始出现同步下行、股价跌破均线支撑的现象，交易者就可以选择做空。价格和 MTM 指标之间的背离通常是短期的，具有不确定性，而同步却带有确定趋向或趋势的决定性作用。

在实际运用中，MTM 指标具有波浪理论某些方面的特质，尤其是在背离的判别上。同时，基于 MTM 指标的动量特性，MTM 指标的加速或者惯性反应不可能每一次都完全一样，所以出现背离既是一种正常现象，也可能是 MTM 指标难以剔除的“杂波”。

如图 8-21 所示，A 点处股价创出新高， MTM 同步刷新高点；B 点处股价再创新高，MTM 却不能刷新高点，二者之间出现背离。背离后，股价并未发生趋势性扭转，而是阶段性下跌后重回上涨趋势。到图中 C 点处，MTM 指标才和股价同步上行。

由此可见，图中 A 点和 B 点处所谓的背离，仅仅是 MTM 指标的杂波，也是指标本身在下行惯性促使下出现的正常反应。

在较短时间的价格波动期间（如波浪理论中的某一细分浪型），MTM 指标基于自身的动量特性，并不能反映出股价所有的加速或者惯性反应，所以容易出现伪信号，这是交易者在实战应用中需要特别注意的一个细节。

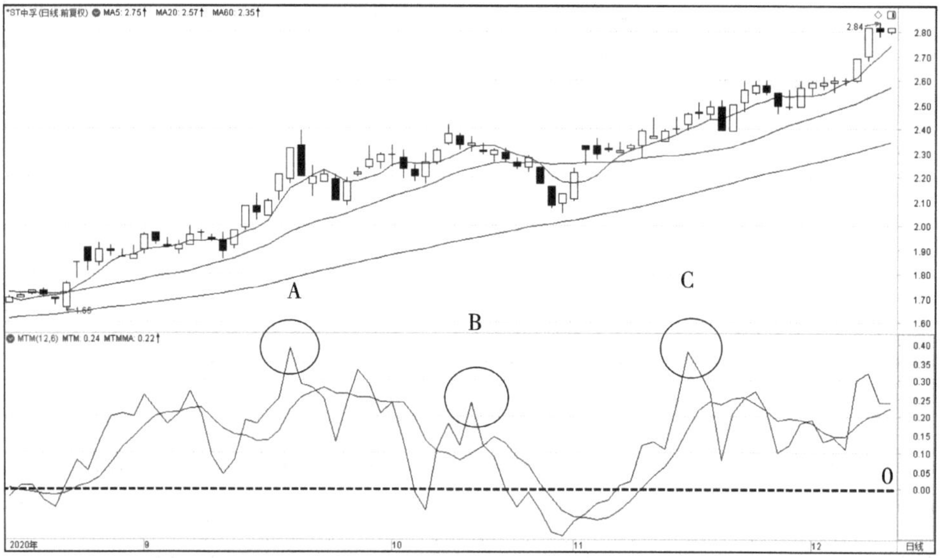

图 8-21

第九章

玩转 BIAS

第一节　BIAS 指标基础理论

BIAS 指标又称乖离率指标，是依据葛兰威尔均线八大法则派生出来的技术分析指标，它通过一定的数学公式，计算和总结出价格偏离移动平均线的程度，并提示买卖时机。

应用乖离率指标，其实是追寻价格与平均线之间“过度表现”的过程。没有“过度”情况出现，BIAS 指标就如同一潭秋水，波澜不兴。当出现“过度”情况时，BIAS 指标就会掀起万丈狂澜。交易机会就存在于 BIAS 指标动荡期间。

一、BIAS 指标设计原理

BIAS 指标通过百分比的形式来表示价格与平均线之间的偏离程度。价格暴涨暴跌，必然导致价格远离平均线，乖离率的绝对值就会增大；乖离率值越大，就意味着价格向平均线回归的可能性越大。

二、BIAS 指标计算公式

乖离率指标包括日乖离率、周乖离率、月乖离率和年乖离率以及分钟乖离率等很多种类型，虽然计算时的取值周期有所不同，但基本的计算方法都一样。

以日乖离率为例，其计算公式为：

n 日 BIAS=（当日收盘价 $-n$ 日移动平均价）$\div n$ 日移动平均价 $\times 100$

n 的取值有很多种，常见的有两种，一种是以 5 日、10 日、30 日和 60 日等 5 的倍数为数值；一种是以 6 日、12 日、18 日、24 日和 72 日等 6 的倍数为数值。尽管数值不同，但分析方法和研判功能相差不大。

三、BIAS 指标应用法则

乖离率可分为正乖离率和负乖离率。若价格大于平均线，为正乖离率；若价格小于平均线，则为负乖离率；当价格与平均线相等时，则乖离率为零。

正乖离率越大，表示短期超买越大，接下来越有可能出现下跌；负乖离率越大，表示短期超卖越大，接下来越有可能出现上升。如图 9-1 所示，A 点处随着负乖离率不断增加，价格在急速下跌后迎来反弹；B 点处随着正乖离率不断增加，价格迅速上升后转入下跌。

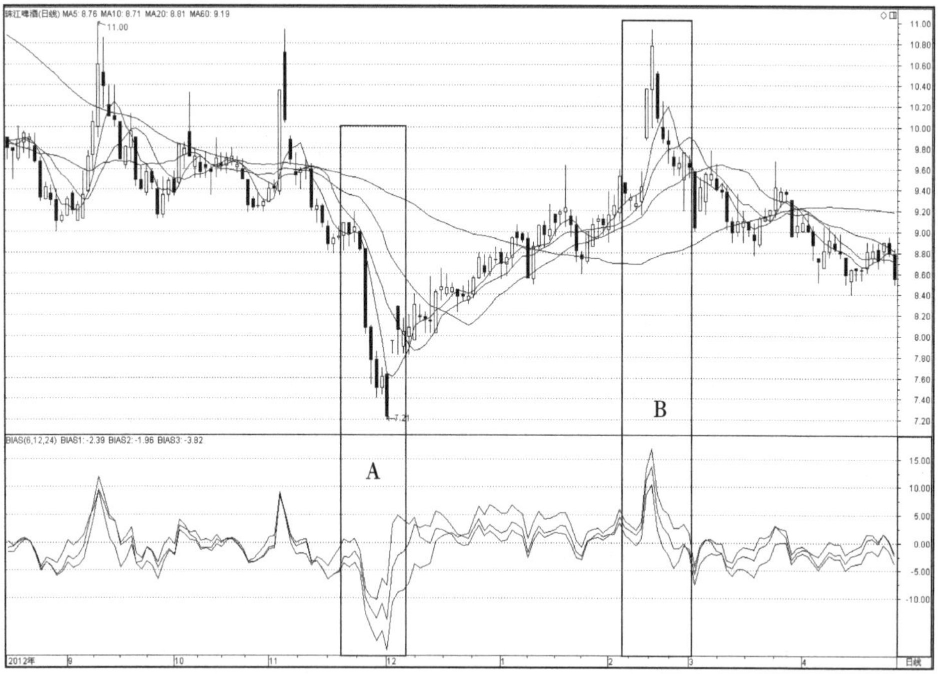

图 9-1

（1）股价与 6 日平均线乖离率达 +5% 以上为超买现象，是卖出时机；当其达到 -5% 以下时为超卖现象，为买入时机。

（2）股价与 12 日平均线乖离率达到 +7% 以上为超买现象，是卖出时机；当其达到 -7% 以下时为超卖现象，为买入时机。

（3）股价与 24 日平均线乖离率达 +11% 以上为超买现象，是卖出时机；当其达到 -11% 以下为超卖现象，为买入时机。

（4）指数和股价因受重大突发事件的影响产生瞬间的暴涨与暴跌，股价与各种平均线的乖离率有时会出奇地高或低，但发生的概率极小，仅视为特例，不能作为日常研判标准。

（5）在上升趋势中，股价如出现负乖离率，是逢低买入的有利时机。

（6）在下降趋势中，股价如出现正乖离率，是逢反弹出货的最佳时机。

上述为传统理论中的交易规则，仅供交易者参考。乖离率指标的数值究竟达到多少才是做多或做空的适宜时机，在不同的交易市场、不同的交易品种、不同的市场阶段以及不同的研究者和交易者，有着不同的看法和标准。

笔者认为，乖离率到达某种数值就意味着做空或做多时机到来的理论，过于机械和呆板。乖离率达到某种具体数值，与价格出现回落或上升，其间并不是一种绝对的关系，更多时候是处于一种相对的、需要根据技术环境进行研判的关系。交易者如果盲目地依照乖离率数值进行交易，那么必然会在实战中为乖离率数值所囿，纠结于数字的不停变化上，迷失了交易的目的。这里还是强调之前一再提及和多次重复的理念，我们可以借用技术环境分析来研判行情，却不能用主观愿望预测行情。

BIAS 乖离率指标的最大作用，就是告诉交易者，不论价格在平均线之上或之下，只要偏离过远，就会向平均线靠近。当价格涨得太快、太高之后，下跌的概率必然增大；价格跌得太多、太快之后，上涨的概率必然增大，交易者要据此来分析和判断交易时机。

乖离率具有对于价格波动高度敏感和反应迅速的特点，该指标的这一优异性也正是其缺憾处：过度频繁地对价格波动作出反应，容易使交易者产生误判。针对乖离率的这一缺憾，可运用技术环境契合性分析予以弥补。

第二节　BIAS 指标买入点分析

一、BIAS 指标买入信号

被誉为“全球投资之父”的约翰·邓普顿曾说过，“牛市在悲观中诞生，在怀疑中成长，在乐观中成熟，在兴奋中死亡。最悲观的时刻正是买进的最佳时机，最乐观的时刻正是卖出的最佳时机。”

乖离率指标加上技术环境分析研判，能够发现悲观中的机会，乐观中的陷阱。

1. 长期大幅下跌后突增的负乖离率

股价经过长期大幅下跌之后，整体横向平缓运行。当再度开始快速下跌，同时负乖离率值出现激增时，交易者应及时调整看空做空的惯性思维，短线上可尝试介入做多。

如图 9-2 所示，股价在横盘状态中突然展开一次快速下跌，负乖离率值同步迅速激增（6 日乖离率达 -7%以上）。结合该股前期经过长期大幅下跌的情况，在这个阶段股价再次暴跌，负乖离率值突然出现激增，对于短线交易者来说，在控制仓位的前提下，可以捕捉短线反弹的机会。

在短线买点的选择上，6 日乖离率达 -7%以上，出现在 A 点处的大阴线和长下影线两个交易日；24 日乖离率达 -11%以上则在三日之后。那么，哪个位置才是最佳的短线买点？

我们现在事后复盘，知道了所有的结果，当然可以说长下影线是最佳买点，因为那里是股价最低点。长下影线确实是最佳买点，但是在实战中，股价瞬息万变，长下影线未被收复时，一度跌超 -7%，和前一交易日跌超 -9%的大阴线交相呼应，会让看盘的交易者感受到即将崩盘的恐惧感。可以说，能忍受住盘中恐惧，坚定执行买入计划的人，选择的买点也许不是股价最低点，却是最佳买点。

图 9-2

可能有人会有疑问：为什么案例中的长下影线当日会是短线最佳买点？实战中不少个股即使出现类似的长下影线，之后还是会继续大幅下跌。

确定案例中长下影线为短线买点，主要有以下几个技术因素。

（1）符合“长期大幅下跌后突增的负乖离率”这一买点要求；（2）符合“袭击下影线”的理论条件（详见《短线追涨与低吸技术》）；（3）前一交易日的大阴线刚刚跌破横盘区域，恐慌杀跌情绪宣泄仍需一个过程；（4）长下影线当日盘中分时走势达到买点要求。

当然，在案例中，当 24 日乖离率达 -11%时，交易者也可以短线买入，也许买价比长下影线还要低一些。但每个案例中股价走势都不会一模一样，我们追求的短线买点，是符合技术要求的介入点。

随着股价不断反弹，适宜介入做多的点位还会不断出现。比如 A 点之后，负乖离率转化为正乖离率，股价逐渐得到均线系统的支撑等。

技术指标应用中有很多误区，痴迷于技术指标本身而忽略技术环境的实际表现，就是其中的误区之一，也是很多交易者利用技术指标指导实战却屡遭亏损的重要原因之一。

2. 上涨趋势中突增的正乖离率

在价格上涨趋势形成的初期、中期阶段，即使正乖离率值出现较大激增，交易者也不宜盲目看空做空，而应从技术环境分析的角度予以研判，并结合自身交易特点来选择是否短线卖出或继续稳定持有多仓。

如图 9–3 中 A 点所示，股价以大阳线的形式启动涨势，从而引发正乖离率迅速激增。之后股价虽略有回落，但在短期均线上便受到支撑，显示涨势正处于强势不改的状态中。A 点处正乖离率迅速激增，应被视为一种短期过度反应，并非趋向性提示，交易者此时理应稳定持仓或寻找回调低点买入。

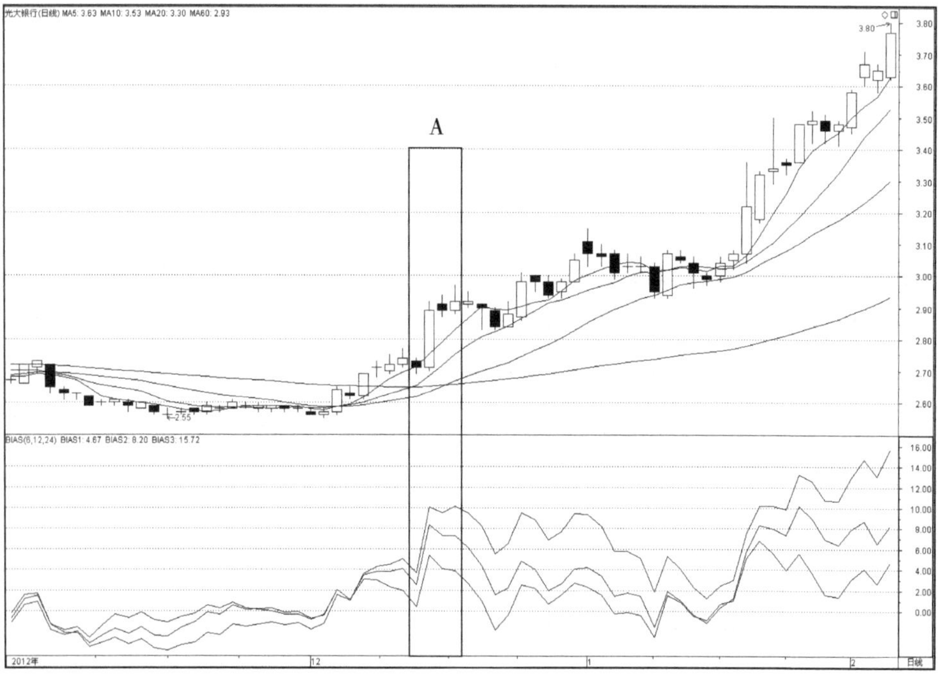

图 9–3

实战中，正乖离率激增，股价回落，交易者是否需要短期卖出，应根据个人盘中速判能力和盘中实际表现来决定。

图 9–3 中，A 点处正乖离率激增后，价格回落幅度极其微小，短期均线体现出较强的支撑力度，技术环境显示多方明显处于上行攻击状态中，此时

短线卖出明显有违顺势而为的交易原则。

实战中并非都如图 9-3 中那样股价回落幅度微小，有的个股回落幅度就要大得多，而且形态比较陡直，盘面看上去很有危机感。

如图 9-4 中 A 点所示，正乖离率激增后，股价回落幅度相对较大，但分析技术环境和图 9-3 中 A 点的情况相差无几，也同样不太适合短线做空。由此可见，在上涨趋势维持期间，即使正乖离率值出现较大激增，如果股价的实际表现并不能满足做空的基本要求，则不宜机械地参与做空。当然，个别短线能力超强的交易者，认为可以从波动中再搏一份盈利，也并无不可。

图 9-4

3. 趋势不变下的杂波

在上升趋势整体平稳运行期间，因股价短期波动而引起乖离率出现较大负值，但技术环境分析并未发现股价可能出现下行拐点，交易者可在股价从均线压制转为支撑时继续买入做多。

如图 9-5 所示，在上涨趋势整体平稳运行期间，A 点处股价出现一波回落，负乖离率值出现激增。实战中，类似的情况很常见，只要整体趋势保持完好，技术环境上并未出现恶化的迹象，那么价格回落、负乖离率值激增，往往给交易者带来低价介入做多的机会。

在选择上述情况介入做多时，交易者仍旧需要遵循技术环境分析，如图9-5中的A点，股价在60日均线企稳并重新受到均线系统的支撑时，交易者可寻机介入做多。

图 9-5

二、BIAS 指标买点实战研判

1. 股价与乖离率的背离关系

图 9-6 中 A 点处，股价连续快速下跌后，乖离率在负值区域波动，随后股价跌势减缓，但整体仍旧处于下行态势中，而乖离率在这个阶段呈上行态势，二者形成背离。至 B 点处股价开始上升并逐步得到均线系统的支撑，乖离率穿越 0 值区域发出做多信号。

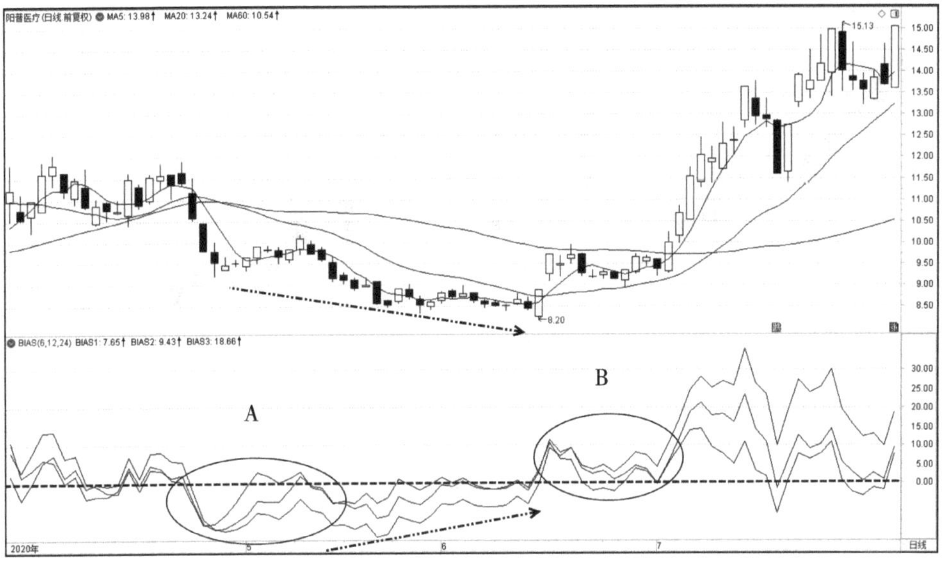

图 9-6

在本案例中，股价的运行趋向与乖离率的背离值得我们深入分析。之所以出现背离关系，在于乖离率制作和计算上的特性，但是也反映出股价在不同运行阶段中的不同波动幅度和轨迹。

实战中出现这种背离形态时，往往会引发股价不同幅度和等级的反弹，甚至是趋势扭转，但并不是所有的反弹都适合交易者买入。分析股价与乖离率背离是否具备适合买入的交易机会，技术环境分析是不可或缺的。

如图 9-7 所示，A 点处股价和乖离率之间形成背离关系，但股价仅仅出现一个持续时间极短的反弹，之后便继续回归下跌过程之中。

技术环境上，背离形态出现后，负乖离率应能够很快穿越 0 值变为正乖离率，并稳定在 0 值线之上，同时，均线系统对股价上涨提供有效的支撑。不具备这两个基本条件，就很难认定股价反弹具有一定的强度。

在图 9-7 的案例中，技术环境并不支持股价出现具有强度的、可持续的反弹行情，那么背离形成后，乖离率的回升仅仅是指标自身的修复性反应。

2. 聚合与捶底

股价处于跌势中，乖离率会随着股价波动的急缓表现出不同的形态，这

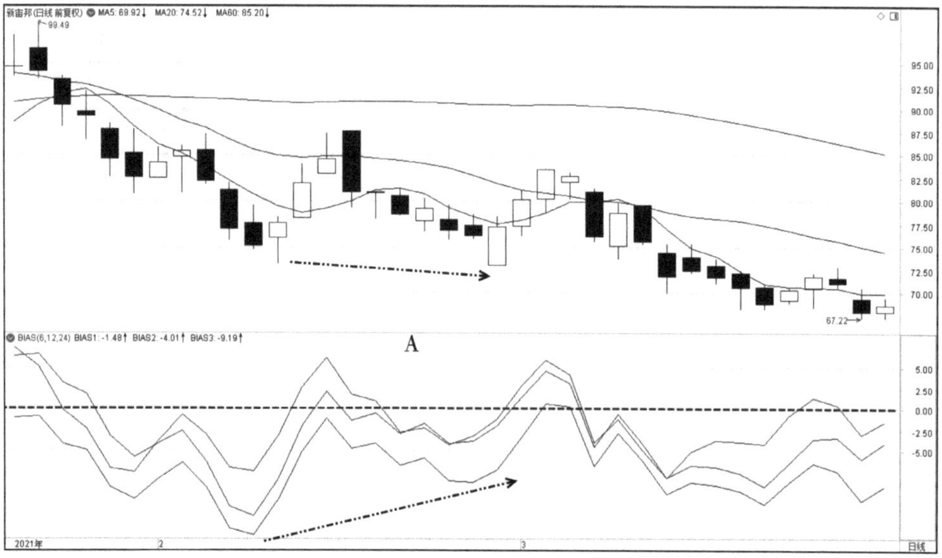

图 9-7

些形态有时对交易者选择短线买点具有较好的参考作用。

股价在某一阶段急速下跌时，乖离率的三条线会出现聚合在一起的形态；当股价以相对较慢的速度下跌时，乖离率的三条线会相对分散，但对股价下跌都会有所反应。

图 9-8 中，以 6、12、24 参数设定乖离率，A 点处股价跌速相对较快，乖离率三线聚合快速下行，这里是第一次捶底。

之后，股价仅出现弱反弹就再次下跌，这时的乖离率，6 日线在上方最靠近 0 线，之后是 12 日线、24 日线。图中可见，在股价跌势较缓时，乖离率三线也出现了数次捶底的形态，直至 B 点处乖离率跃上 0 线结束捶底过程。

从案例中可以看出，乖离率反映了股价的不同跌速，也就相应地提示出杀跌动能释放的过程，交易者也就可以充分理解“股价的底是跌出来的”这句话的真实含义。

通常来说，三线聚合下行的捶底形态，三条线并拢得越紧密，说明往下杀跌越猛烈，越有可能诱发股价强烈反弹。尤其是在股价见顶下跌的初期阶段，乖离率这种三线聚合下行的形态出现后，股价往往会向上大幅反抽。

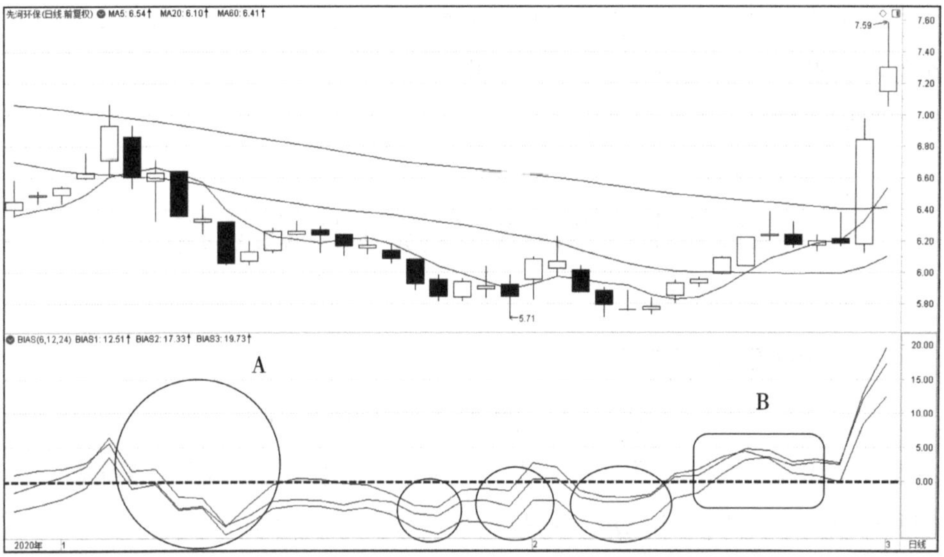

图 9-8

如图 9-9 所示，A 点处股价报收大阴线，乖离率三线聚合下行，其三线并拢的紧密程度远超图 9-8 中的 A 点，随后股价迎来强反弹。

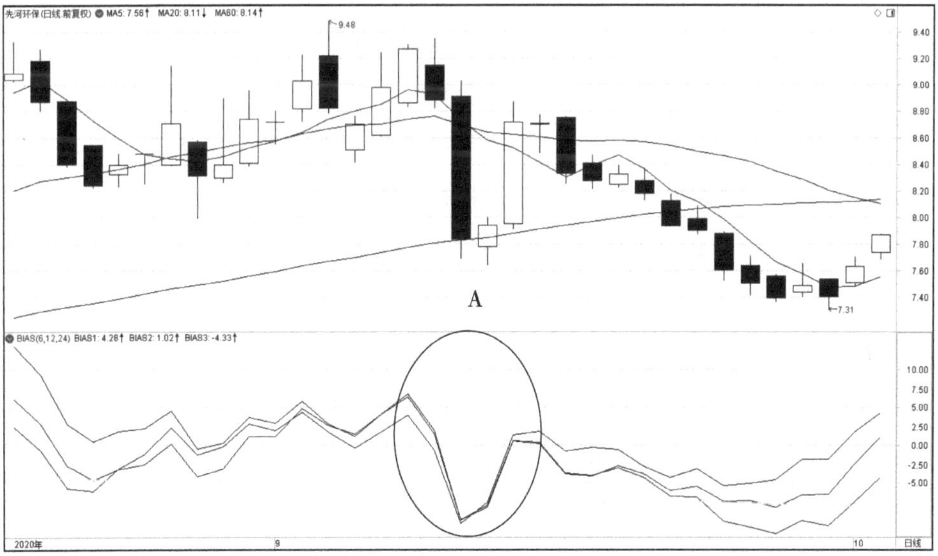

图 9-9

实战中，这种类型反弹的买点不太容易把握，技术能力一般的交易者，最好不要参与。在大多数跌势初期，强反弹一旦结束，正如案例中所示的那样，股价将面临连绵不断的下跌过程。

第三节　BIAS 指标卖出点分析

一、BIAS 指标卖出信号

急速增大的正乖离率，往往意味着短线卖出时机来临。然而，并不是所有情况下出现过高的正乖离率都是卖出机会，有些反而可能是空头陷阱。鉴别和衡量其中的机会与陷阱，就是卖出点分析的目的和任务。

1. 突增的正乖离率与技术环境分析

当价格经过长期、大幅上升之后，乖离率出现较大正值时，应及时调整看多、做多的惯性思维，为多转空做好准备。

如图 9-10 所示，该股经过长期大幅度的涨升后，至 A 点处股价打破短期横盘状态，又出现一波迅速上升，正乖离率值在这个阶段也随之增高。从技术环境的角度来说，该股已有巨大的升幅（从 3.90 元到 16.57 元），上涨趋势已经维持两年多的时间，当正乖离率值在 A 点不能继续增高，而是向下折返时，是值得交易者高度关注的卖出提示信号。

实战中，股价如图中 A 点之后那样重心开始下移，则应清仓观望。股价失去均线系统的支撑时，则是交易者融券做空的时机。

在图 9-10 中，正乖离率值达到多少并不是我们关注的对象，在股价的历史高位区域，正乖离率值迅速增高才是值得关注的现象。这时不能用主观愿望来代替股价真实演变的细节和过程，否则实战中很可能会因过早清仓而错失股价涨升带来的丰厚利润，或者因过早做空而遭致资金亏蚀。

如图 9-11 中 A 点所示，在股价上涨途中，正乖离率值增至历史较高值区域，但是接下来股价仅仅出现一波回落，之后便恢复上涨趋势。如果交易者选择在 A 点清仓，必然会错失大段利润。

大冷股份(日线) MA5: 10.66 MA10: 10.89 MA20: 11.12 MA60: 12.68
A
BIAS(6,12,24) BIAS1: -5.39 BIAS2: -6.82 BIAS3: -10.14
2010年
日线

图 9-10

A
BIAS(6,12,24) BIAS1: 5.82 BIAS2: 10.61 BIAS3: 19.91
2009年
日线

图 9-11

利用技术环境分析结合乖离率分析，可以避免犯下很多错误。

图 9-11 中 A 点之后，只要股价并未失去均线系统的支撑，就可继续持仓。图 9-10 中 A 点处正乖离率值骤升，之后股价重心下移，继而失去均线系统的支撑，交易者此时应及时清仓或介入做空。乖离率和技术环境分析可使我们成为一个理性的主动交易者，而不是一个时常处于囧境的被动交易者。

2. 突增的负乖离率与技术环境分析

当股价运行于下跌趋势中，乖离率出现较大负值时，可能只是一个短线买点。当均线系统等技术环境指标未出现做多信号，即使乖离率负值再大，也不能盲目判定股价即将发生趋势反转。

如图 9-12 所示，该股运行于下跌趋势中，A 点处乖离率急速下降至历史低值区域。其后股价虽然出现短暂的企稳反弹，但并未由此扭转跌势，图中 B 点、C 点的情况与此类似。

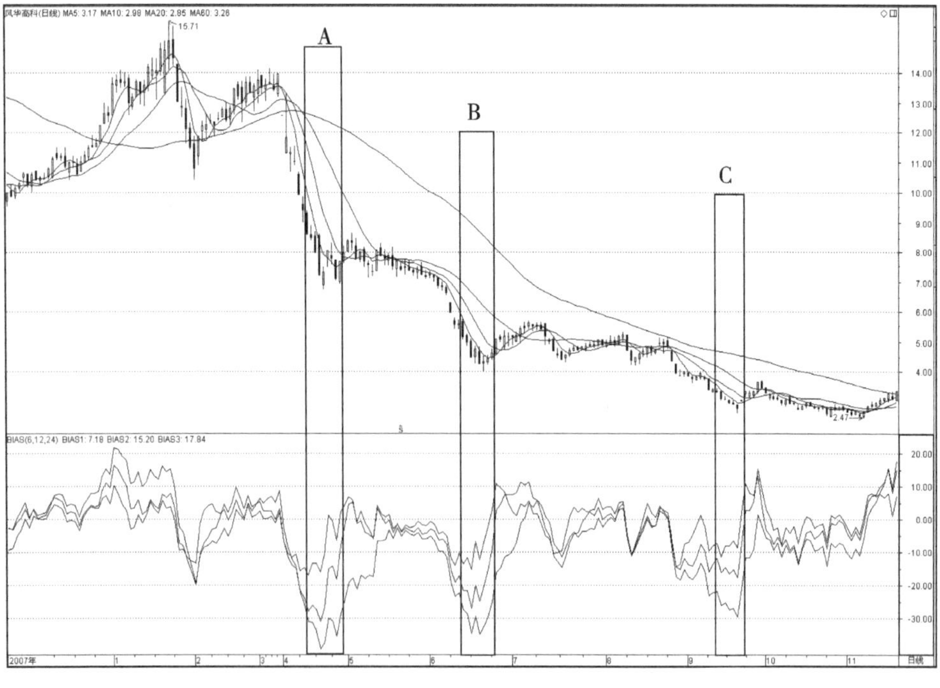

图 9-12

在下跌趋势中，负乖离率值突然增加，只能说明股价处于迅速远离平均成本的过程中，其后股价反弹是意料之中的结果。如果后市技术环境没有做多提示，那么反弹结束就意味着卖点到来。

如图 9-12 中 A 点、B 点、C 点所示，均线系统在负乖离率值突然增加的过程中，并未发出趋势转折的提示信号，因此股价只是出现了级别不等的反弹。在这种情况下，交易者可选择继续看空、做空或者等待观望，不能武断地认为股价即将反转。

3. 下跌趋势中乖离率三线聚合

当市场处于下跌趋势，在股价反弹过程中，出现正乖离率三线聚合上行后突降的现象，该信号提示至少是短期卖出的机会。

如图 9-13 所示，在下跌趋势运行过程中，股价分别于 A 点和 B 点发生反弹，乖离率从 0 值附近三线聚合上行后，又迅速下降至 0 值上下。这种情况出现在价格反弹阶段时，往往预示着该波反弹可能即将结束。

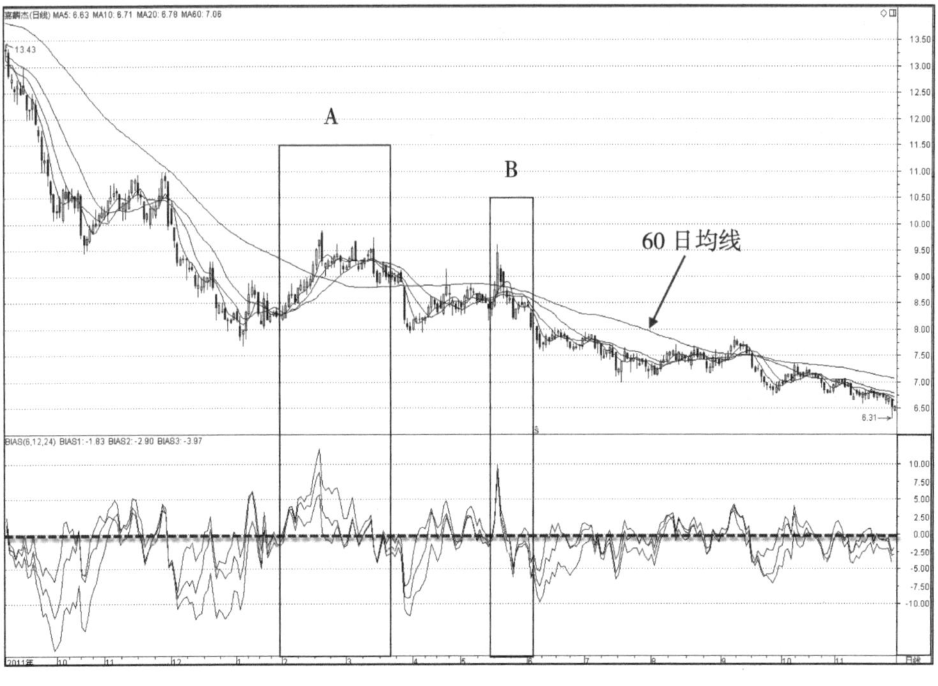

图 9-13

就图 9–13 中 A 点和 B 点来说，这种引起正乖离率迅速增加又迅速下降的股价反弹，反映的是主力资金通过股价短期内迅速上涨来营造多头陷阱，在追涨的热潮中完成筹码兑现以及多空转换的任务。

二、BIAS 指标卖点实战研判

1. 均线共振分析要旨

当乖离率在 0 值附近小幅度波动时，其技术分析意义几同于无，只有等乖离率开始“兴风作浪”，正值或负值陡然间突增时，对股价运行趋向的研判才开始具有技术上的意义。

陡然间突增的乖离率无论是正还是负，都是值得交易者关注的对象。但是，正如前文所言，提示交易的不是突增的乖离率值达到多少，而是突增后的乖离率与均线等技术手段在技术研判上是否具有契合性，这一点才是研判价格运行趋向的关键。

如图 9–14 中 A 点所示，在一波反弹行情中，该股乖离率达到长期以来正值的高点，随后股价结束反弹行情，重新回归到下跌趋势中。

在本案例中，乖离率达到正值高点并不是交易的必然依据，当乖离率值从高点下降，同时股价失去均线的支撑并受到压制时，这个时间和点位表现出来的契合性，才是乖离率发出的有价值的交易信号。

应用乖离率时，将均线系统是否与之共振作为分析和判断行情的主要手段和核心思路，对保证结论的正确性能够起到强化作用。

2. 乖离率的阈值

通过均线共振分析，可以发现股价运行中的一些波动规律，但是并不能由此确认股价波动的级别。

如图 9–15 中 A 点所示，在股价迅速冲高的过程中，乖离率由增转降，股价也逐渐跌破短期均线支撑。此时判断 A 点处股价下跌并不是一件难事，但是很难界定股价下跌的级别。

当然，借助技术环境分析来进行综合研判，可以得出一个相对准确的结论，但在本章中，我们还可以利用乖离率指标本身的特性来进行研判，这就

北巴传媒(日线) MA5: 7.14 MA10: 7.43 MA20: 8.14 MA60: 9.45
12.18
A
6.79
BIAS(6,12,24) BIAS1: -0.28 BIAS2: -5.89 BIAS3: -14.56
2011年
9
10
11
12
1
日线

图 9-14

明泰铝业(日线 前复权) MA5: 14.14↓ MA20: 15.44↓ MA60: 15.65↓
18.22
60 日均线
A
11.42
BIAS(6,12,24) BIAS1: -3.81↓ BIAS2: -8.11↓ BIAS3: -13.08↓
B
2016年
7
8
9
10
11
12
日线

图 9-15

是乖离率的阈值。

正如前文所述，乖离率可分为正乖离率与负乖离率。若价格高于平均线，则为正乖离率；若价格低于平均线，则为负乖离率；当价格与平均线相等时，则乖离率为零。在正负乖离率转换之间，乖离率必然会出现0值。

从技术上来说，在0值附近波动的乖离率，基本失去了研判的技术意义，但脱离0值的乖离率，往往会成为研判价格波动级别的关键。由此可见，乖离率0值区域，有时是缺乏技术研判意义的区域，有时却是乖离率应用中重要的阈值区域。

图9-15中A点之后，乖离率至0值附近便不再继续下降，而是开始横向波动。同期股价表现为试图重新获得均线支撑，下方的60日中期均线依旧维持上行态势。在这个阶段，乖离率并无太多的技术研判意义。

B点处，股价明显失去了均线系统的支撑，乖离率从0值开始迅速下降。二者相互印证，意味着股价运行发生了骤变，至少一个较大级别的下跌正在进行中，B点就成为乖离率应用中具有重要研判意义的阈值区域。

在大多数交易市场中，股价不会永远保持静止，而是处于不停波动之中。股价有波动，乖离率便会周而复始地在正负值之间变化。当这种变化使指标线穿越0值区域时，乖离率的阈值是否出现，就成为交易者判市的重要技术依据。

第十章

玩转 SAR

第一节　SAR 指标基础理论

SAR 指标又称抛物线指标或停损点转向指标，英文全称为“Stop and Reveres”，由美国技术分析大师威尔斯·威尔德（Welles Wilder）发明，是一种简单易学的技术分析工具。

SAR 指标最大的优异处就在于，它会告诉你什么时候应当守候，什么时候应当主动出击；哪些时刻应当选择做多，那些时刻应当果断做空。但是，越是简单明了的技术指标，越不容易理解透彻。借助技术环境分析，则可以事半功倍，继而在实战应用中为交易添加一份安全保障。

一、SAR 指标设计原理

SAR 指标有两层含义。

一是停损、止损之意。即交易之前先要设定一个止损价位，以减少风险。SAR 指标在这方面有其独到的功能。

二是反转、反向操作之意。当价格达到止损价位时，不仅要对前期买入的股票进行平仓，而且在平仓的同时，还可以进行反向做空操作，以谋求收益最大化。

SAR 指标首先是一种对交易具有保护作用的指标，这一点也可能是它称为停损点转向指标的原因。SAR 指标的停损点转向特性，告诉交易者什么时候适合做空，什么时候应当及时认错止损。

基于交易的博弈特性，所有的技术分析都不可能具备百分之百的准确性，由此决定了无论是谁，都有可能在交易中出现错误。这一点是交易场上无法回避的事实，也是交易者利用任何技术指标进行交易时必须谨记的要点。

二、SAR 指标计算公式

计算 SAR 指标之前，先要选定一段周期，比如 n 日或 n 周等，n 日或 n 周的参数一般为 4 日或 4 周。接下来判断这个周期股价是在上涨还是下跌，然后再按逐步推理的方法计算 SAR 值。

以计算日 SAR 为例，公式如下：

$SAR(n)=SAR(n-1)+AF[EP(n-1)-SAR(n-1)]$

其中，SAR（n）为第 n 日的 SAR 值，SAR（$n-1$）为第 $n-1$ 日的值

AF 为加速因子参数，EP 为极点价（最高价或最低价）

计算 SAR 值的几项原则如下。

（1）先选定一段时间判断为上涨或下跌。

（2）如果是看涨行情，则第一天的 SAR 为近期底部的最低价；如果是看跌行情，则第一天的 SAR 为近期顶部的最高价。

（3）加速因子 AF 有向上加速因子和向下加速因子的区分。若是看涨行情，则为向上加速因子；若是看跌行情，则为向下加速因子。

（4）加速因子 AF 的初始值一直是以 0.02 为基数。如果是在看涨行情中买入股票，之后某天的最高价比前一天的最高价还要高，则加速因子 AF 递增 0.02，并入计算。加速因子 AF 最高不超过 0.2。反之，看跌行情中也以此类推。

（5）如果在看涨行情中，计算出的某日 SAR 值比当日或前一日的最低价高，则应以当日或前一日的最低价为该日的 SAR 值。如果在看跌行情中，计算出的某日 SAR 值比当日或前一日的最高价低，则应以当日或前一日的最高价为某日的 SAR 值。总之，SAR 值不得定于当日或前一日的行情价格变动幅度之内。

（6）任何一次行情的转变，加速因子 AF 都必须重新由 0.02 算起。

（7）SAR 指标周期的计算。基准周期的参数为 2，如 2 日、2 周、2 月等，其计算周期的参数变动范围为 2～8。

三、SAR 指标应用法则

（1）股价从 SAR 曲线下方开始向上突破 SAR 曲线时，为买入信号，预示着股价一轮上升行情可能展开。

（2）股价向上突破 SAR 曲线后继续向上运动，SAR 曲线也同时向上运动时，表明股价上涨趋势已经形成，SAR 曲线对股价构成强劲的支撑，应坚决持股待涨或逢低加码买进。

（3）股价从 SAR 曲线上方开始向下突破 SAR 曲线时，为卖出信号，预示着股价一轮下跌行情可能展开。

（4）股价向下突破 SAR 曲线后继续向下运动，SAR 曲线也同时向下运动，表明股价的下跌趋势已经形成，SAR 曲线对股价构成巨大的压力，应坚决持币观望或逢高减磅。

第二节 SAR 指标买入点分析

一、SAR 指标买入信号

SAR 指标在买入交易中应用，需要关注停损点转向的提示信号。当停损点转向信号真正出现时，才意味着买入时机可能已经到来。然而，不是所有的停损点转向信号都值得信赖，交易者必须厘清其中的弃与留。

1. 空头停损点转向

股价经过长期、大幅下跌后，向上穿越 SAR，该指标随之翻红。之后，股价站稳 SAR 上方并延续上涨态势，这时可以视为空头停损点转向信号出现，交易者可试探性介入做多。

如图 10-1 中 A 点所示，当股价结束跌势转而上涨突破 SAR 后，SAR

指标翻红。之后股价稳定运行于 SAR 指标上方，SAR 指标也由此逐步呈现上行态势。

确定空头停损点转向信号真实性的关键，在于技术环境的综合研判。图中 A 点处 SAR 指标发出空头停损点转向信号的同时，股价也在均线系统的支撑下稳定上行，均线系统逐步向上发散，显示出多方正处于渐渐主导行情趋向的阶段。交易者在这个阶段可寻找合适价位买入做多。

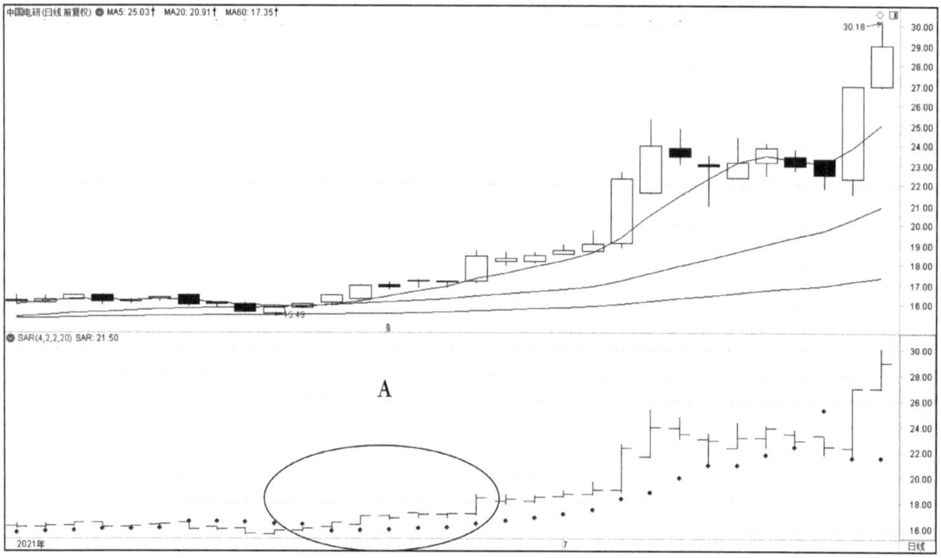

图 10-1

2.SAR 指标的止盈保护

当股价保持稳定上涨态势时，短线交易者可用 SAR 指标进行止盈保护，只要股价未跌破 SAR 指标整体运行趋向，同时技术环境仍维持做多，可以一直稳定持仓。

如图 10-2 所示，在股价上升趋势处于明确、平稳运行阶段时，SAR 指标整体也同时保持着向上运行的趋向。尽管这个阶段 SAR 指标会不时出现短暂翻绿的现象，但并不对趋向发生影响。只要该指标维持这个运行节奏，短线或波段交易者可将其作为止盈保护。在 SAR 指标未发出波段性转折信号时，可稳定持仓；如果转折信号出现，则可以考虑短线止盈。

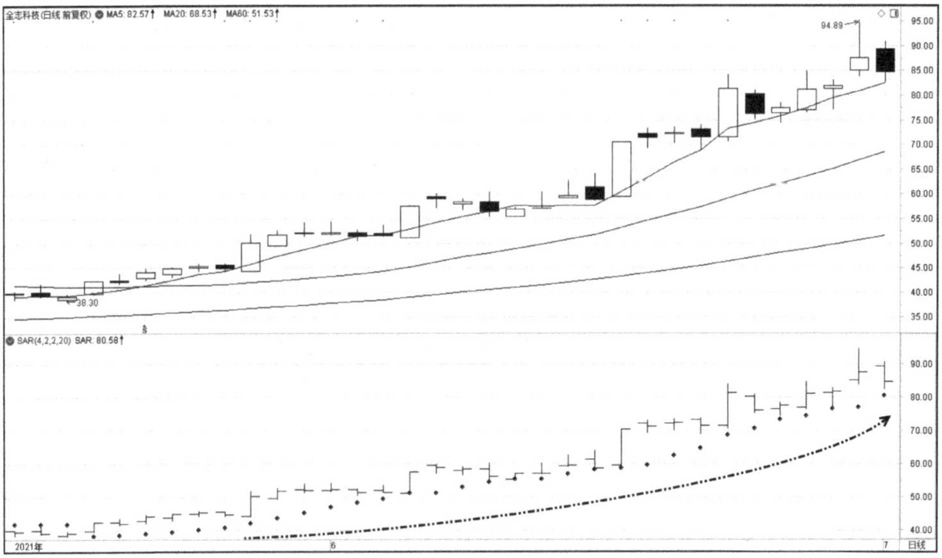

图 10-2

图 10-2 中的情况，是股价运行较为平稳的阶段，所以 SAR 指标整体运行趋向也不会出现较大的转折。实战中，一些个股运行过程中会出现较大的波幅，或者股价遭遇较长时间的回落行情时，SAR 指标就会改变整体运行趋向，发出波段性转折信号。

这种波段性转折信号，对于短线交易者来说是适合的止盈提示信号，但是对于波段交易者或长线交易者来说，却未必是适宜的交易信号。

如图 10-3 中 A 点所示，股价出现一波回落并跌至 SAR 下方，SAR 转绿，发出停损信号。但是股价很快就转跌为升，SAR 指标随即翻红。对于这种短期停损信号，交易者不必急于卖出，可观察均线的具体支撑情况。如图中股价在回落时仍旧受到均线的支撑，那么基本可以判断股价只是出现了一个短线调整，没必要过早减掉仓位。

行情运行到 B 点时，股价发生较大幅度的回落行情，SAR 再次发出信号并在之后改变整体运行趋向。这种情况下，短线交易者可以减仓止盈。但是对于波段交易者或长线交易者来说，股价仍旧未到山穷水尽之时，图中均线厚度仍然存在，而且支撑并没有转化为对股价的压制，所以并不需要采取减仓操作。案例中，股价回落结束后，突破 SAR 后仍旧继续上升行情。

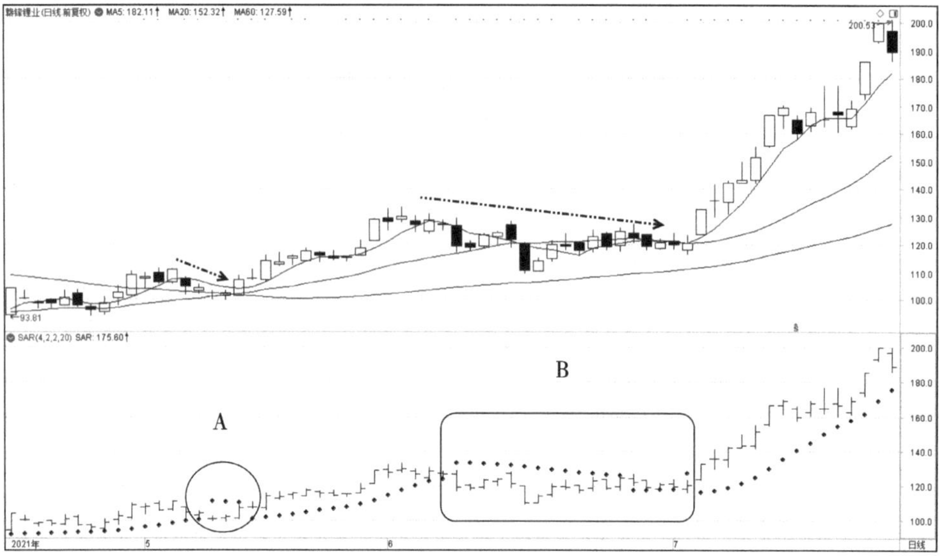

图 10-3

3. 共振与短线买点

技术指标之间的共振现象，是交易者在技术分析过程中需要关注的重点。尽管共振现象并不能保证百分之百准确，但从概率学的角度来说，技术分析中的共振，多数情况下能够给交易者带来相对准确的研判结论。

股价持续下跌，受到 5 日均线压制，某日股价反弹，从下而上突破 5 日均线，同时 SAR 翻红，发出停损信号，此时是短线买点。若股价当日突破 10 日均线，涨势可能更强。

如图 10-4 中 A 点所示，股价突破 5 日均线，SAR 翻红发出停损信号，出现超短线买入机会。这个买点信号，主要是均线和 SAR 指标之间发生技术共振，提示股价超跌后短线逆转，是一个较佳的短线买入时机。

之所以强调这个买点信号是短线性质，是因为多数情况下这个买点信号出现在下跌过程中，而且股价反弹持续时间可能非常短暂，并不一定都如案例中那样，涨势进一步向纵深发展。没有时间盯盘或短线技术能力稍弱的交易者，不应据此操作。

交易者利用这个信号进行短线交易时，一定要注意均线和 SAR 之间的技术共振现象，不存在共振现象，不符合技术要件的，不可交易。

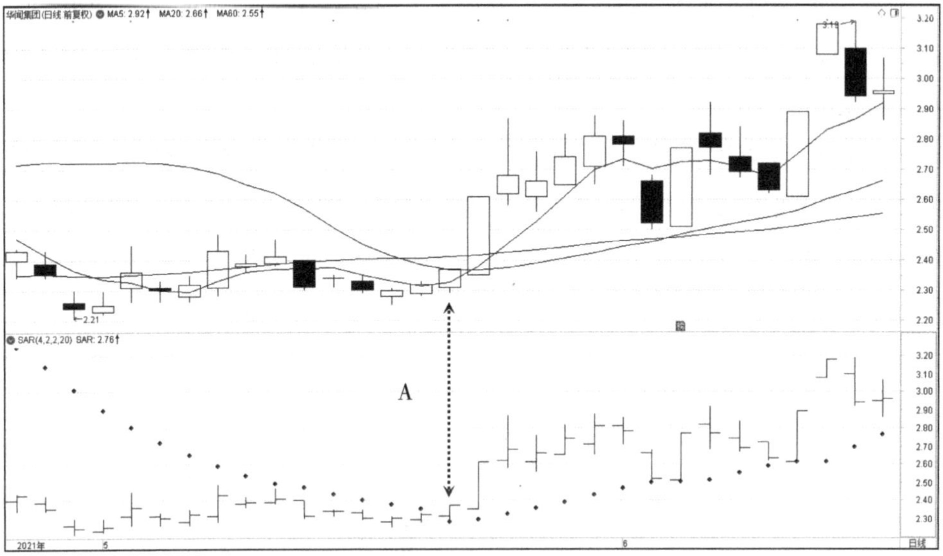

图 10-4

二、SAR 指标买点实战研判

1. 回落中的买入机会

如果市场整体行情处于上升趋势中，技术环境也并未显示行情有转势迹象，或者对于当前局面难以界定，那么这时出现的股价回落，往往是交易者介入做多的机会。

虽然说起来很简单，但在实战操作中，股价下跌会给交易者带来一定程度的心理恐慌，因此大部分人都不能正确分析判断股价回落的性质，继而错失买入机会或者步入空头陷阱。

其实，让交易者内心恐慌和害怕的，不是股价目前的下跌，而是股价下跌是否会持续不断。这是交易者内心恐慌和害怕焦点，也是研判中的难点。如果能够排除市场下跌转势的可能性，相信大部分交易者都能从容应对。

如图 10–5 所示，该股整体处于涨势中，至 A 点时股价出现连续回落。跌至 B 点时，SAR 指标也由红翻绿，发出停损信号。这时候持仓的交易者内心会非常焦虑，继续持仓会担心股价继续下跌，毕竟 SAR 发出了停损信号。一些人会选择离场观望或者马上转多为空，但是接下来的行情发展却出乎交易者意料，B 点之后，股价并未转入跌势，反而在盘整后继续升势，SAR 指标也随之由绿翻红。

在图中 A 点回落过程中，仅仅凭借 SAR 指标进行判断，会存在较大的不确定性。如果加入技术环境分析来进行判别，则至少在技术上我们能够看得更远、更广。

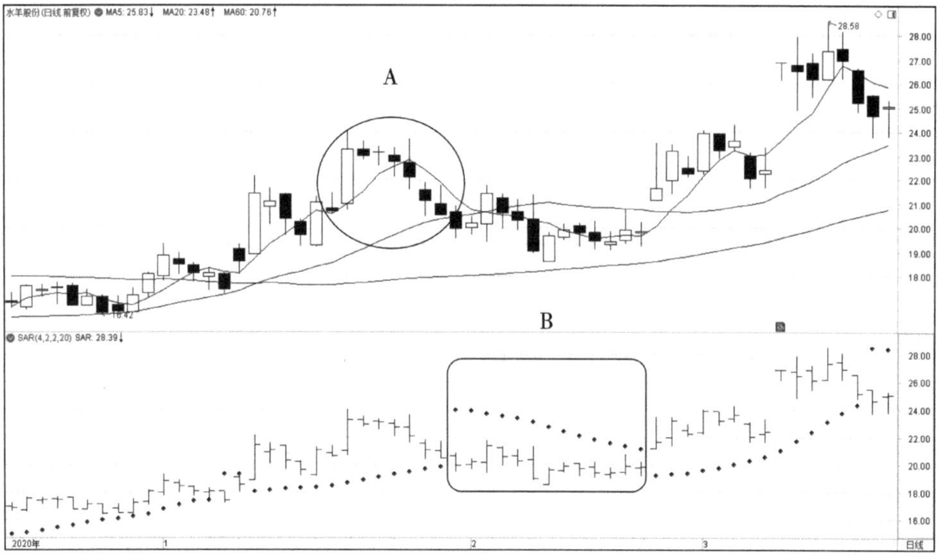

图 10–5

例如，A 点时股价见高回落，比较适合短线操作的交易者卖出。但是对波段交易者来说，技术上并没有上涨波段结束的信号。股价在上涨途中出现短期波动是常见现象，不能成为卖出的依据。

B 点处，虽然 SAR 指标由红翻绿，但是均线系统的厚度空间并未封闭，60 日均线依旧维持上行的态势。对于这一点，有人可能会说，等到跌破 60 日线才卖出，那不是亏得更多吗？

短线交易者和波段交易者，对于交易的兑现周期和盈利目标是不同的，由此也决定了不同的交易策略。一个见到股价略有回落下跌就着急兑现利润回避风险的人，不可能是波段交易者，也不可能享有波段红利的机会。但是，作为一个波段交易者，就必须承受股价无数次短期下跌带来的煎熬与痛苦。

即使案例中股价跌破 60 均线，技术上也并非到了卖出时刻，因为技术分析绝非如此呆板地依据某一条线来决定交易。均线的支撑与压制，不在于股价是否穿越这条线，而在于股价能否在均线附近得到支撑或压制。

B 点之后，股价结束盘整，恢复升势，并重获均线支撑。在这种情况下，SAR 指标由绿翻红时，就是短线交易者再次介入做多的时机，也是波段交易者稳定持仓的依据。

甄别行情是否转势，需要一个综合判断的过程，也就是我们一直强调的技术环境分析，而不是简单地依靠某一指标就能够得出答案，SAR 指标做不到，其他任何指标也做不到。

2. 涨势初期 SAR 的支撑

在行情从跌势转为涨势的初期阶段，股价运行的多数时间里都处于不稳定的状态中，SAR 指标也随之出现频繁变化。

如图 10–6 中 A 点所示，SAR 指标随着股价回落由红翻绿，而后又随着股价上涨再度转红。仅就 A 点的 SAR 指标而言，并不能给交易者提供一个明确的介入做多信号。

B 点时，股价回落，SAR 指标翻绿，这个阶段技术环境已经有所改善，均线系统能够提供一定的支撑力度。但是，在涨势初期阶段，SAR 指标尚未能提供对于价格的支撑，至少说明上涨行情运行强度依然不足。

C 点处，股价回落幅度平缓，SAR 指标保持上行，并能够支撑股价重新转入上涨。这种技术环境的出现，说明股价即将进入到快速涨升的阶段。股价上涨的强度，正由此开始转强。

在行情涨势初期，交易者可以多关注 SAR 指标对于股价的支撑。基于 SAR 指标的表现，对交易者判断短期股价的强势程度具有较为重要的参考作用。

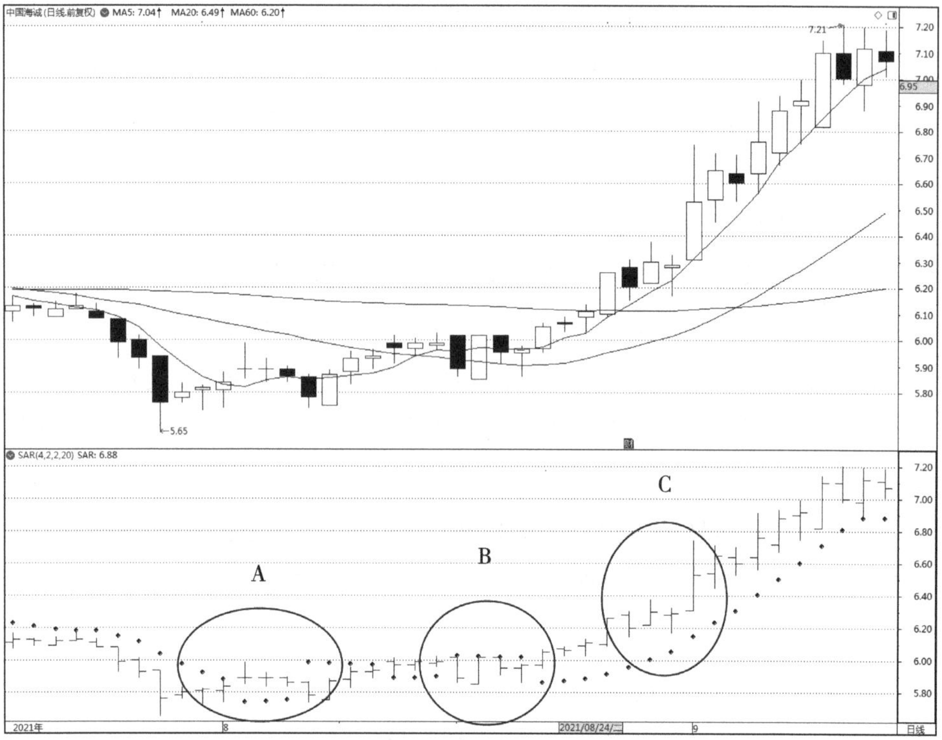

图 10-6

3.SAR 指标的波段特性

SAR 指标在实战应用中具有一个较为明显的特性，即对于股价运行具有波段性提示的作用，这也是 SAR 指标又称为“抛物线”指标的原因之一。

如果交易者能够重视 SAR 指标的这一特性，那么在实战中，尤其是在捕捉股价波段高点和低点上，具有相当优越的作用。

如图 10-7 所示，该股的一段整体上升过程中，SAR 指标共计出现三个升势波段和两个跌势波段。

无论是升势还是跌势，SAR 一旦真正展开，都要有一段抛物线运行的过程。实战中，这个运行过程有长有短，分别反映股价运行趋向的强弱程度。将 SAR 指标的升势波段和跌势波段区别分析，会让我们对股价的当前趋势和趋向一目了然，更利于抓住升势波段的买入信号。

图 10-7 中，几个跌势波段接近尾声时，SAR 的停损信号与均线支撑力度的显现，都为交易者短线买入发出了相应的提示。深入理解 SAR 指标所处的不同波段，对于交易者进行波段交易并及时发现股价运行拐点具有极为重要的技术含义。

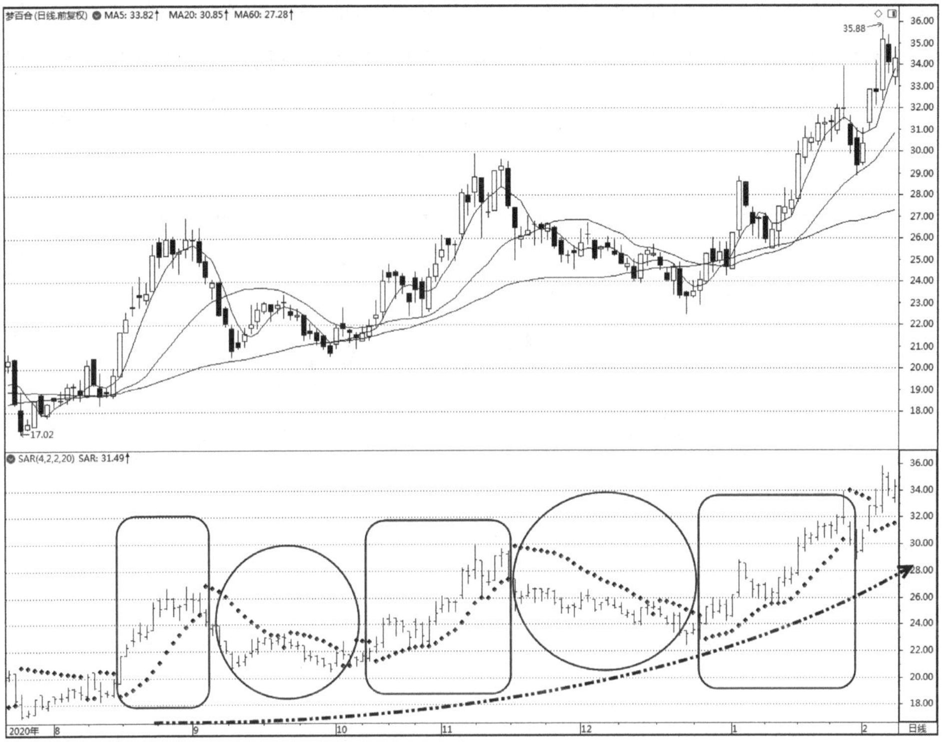

图 10-7

第三节 SAR 指标卖出点分析

一、SAR 指标卖出信号

当 SAR 指标的停损点转向到来之际，技术环境分析如果同时显示出多方难以为继，势将倾颓时，也就是交易者寻机介入做空之时。

1.SAR 翻绿与多头停损点转向

当股价经过大幅上涨过后跌破 SAR，随后 SAR 指标翻绿并延续下行态势，交易者此时应该注意减仓或止损，同时进一步观察做空时机的来临。

如图 10–8 所示，股价经过一轮大涨过后，至 A 点时股价回落，SAR 指标翻绿。虽然股价随后出现了反弹，但 SAR 指标依旧不改翻绿后的下行态势。

SAR 指标和股价之间的这种表现，就是 SAR 指标的多头停损点转向提示。面对这种情况，交易者首先应减仓或止损。当技术环境分析显示股价不能在相应的均线上得到支撑时，可介入做空。

图 10–8

通常来说，在一轮升势维系期间，股价会多次跌破 SAR 指标，并使该指标翻绿，但很快股价就会重新跃上 SAR 指标，该指标也随之翻红。也就是说，SAR 指标的停损点转向提示信号有些是不具备交易价值的，交易者并不需要做出相应的措施和决定。

那么，究竟 SAR 指标的停损点转向提示，哪些才是具有交易价值，必须为交易者所重视的呢？其实关键就在于股价跌破 SAR 指标，该指标翻绿后的后续表现。

如图 10-9 所示，股价上升一个阶段后，开始出现横盘整理和回落。A 点处股价跌破 SAR，并使该指标翻绿。但是可以看到，股价回落平缓，均线系统仍旧保持着整体向上运行的趋势和较强的支撑力度。之后，股价反弹并随后轻松跃上 SAR，该指标也随之翻红并重新保持上行的态势。案例中的这种情况，比较适合短线交易者进行小波段的卖出交易。

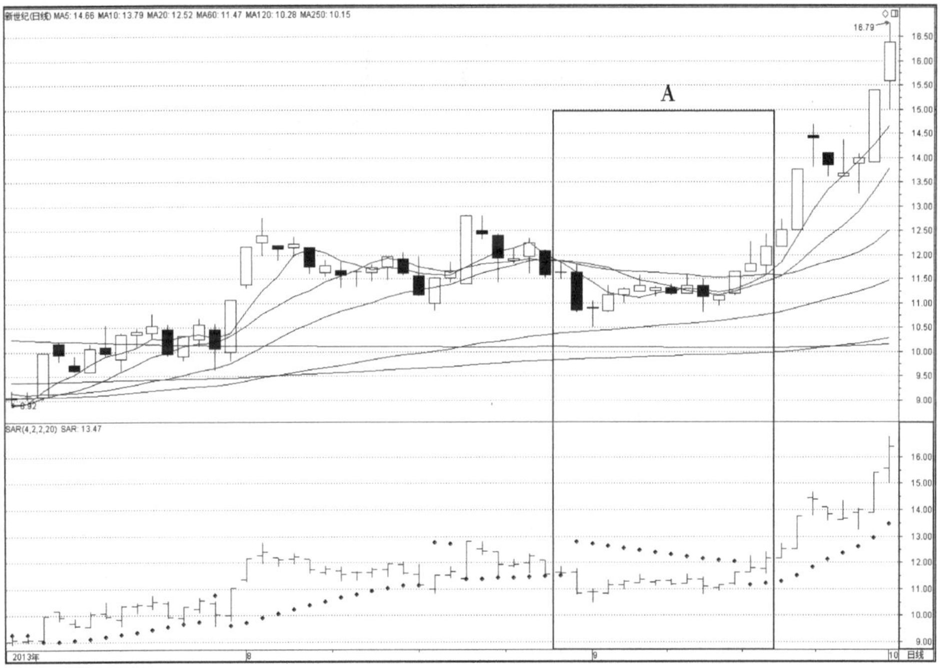

图 10-9

如图 10-10 所示，股价经过一段上涨后，A 点处股价跌破 SAR，并使该指标翻绿。交易者可以和图 10-9 中的 A 点进行对比分析，能够发现这两个案例存在明显的区别。

图 10-10 中，A 点处 SAR 指标发出停损点提示信号后，虽然股价多次出现反弹，但是始终不能改变重心下移的趋向。SAR 指标翻绿后整体保持下

行，并对股价的反弹具有压制作用。这是趋势或趋向发生重大改变时，多数技术指标都具有的特征。当交易者遇到图 10-10 中的情况时，应当尽早选择卖出持仓。

从这两个案例可以看出，趋势的改变虽然是从趋向开始，但是趋向改变之初的股价与 SAR 指标变化情况，往往能够决定后续走势的级别和性质。换句话说，是小波段调整还是大波段调整，看股价与 SAR 指标最初的表现基本可以断定。

图 10-10

2.SAR 指标翻绿与均线共振

在下跌趋势维持期间，一些短期跌幅较大、跌势较急的品种会出现较强的反弹，SAR 指标也会随之翻红。当 SAR 指标在股价反弹过程中再次翻绿并对股价形成向下的压制时，如果同期均线系统也显示出对股价的压制，交易者应对短线仓位选择卖出或止损。

如图 10-11 中 A 点所示，股价止跌反弹，SAR 指标翻红。当股价反弹遭遇 60 日均线时，出现冲高回落的走势，SAR 指标也由此再次翻绿。

这种指标之间的共振，反映的是股价难以抵御上方袭来的强大压制，从风险的角度来说，交易者理应及时结束短线操作。图中 B 点处，均线系统死叉后向下发散，SAR 指标持续下行，股价明显处于跌势强盛期，此时对于交易者来说是一个较理想的融券做空时机。

图 10-11

3. 趋势不改，空头持续

当下跌趋势并无明确的转向迹象时，如果 SAR 指标和均线系统等相关技术环境分析也一同提示趋势维持，那么交易者就应当稳定持有空仓，减少或避免短线买入操作。

如图 10–12 所示，在下跌趋势持续运行的旺盛阶段，价格下跌是大概率事件。当图中 A 点处出现微弱反弹时，尽管 SAR 指标翻红，但很难提供一个可操作的空间，交易者应避免短线操作。

实战中，有些交易者面对图 10–12 中的这种情况，本来已经选择离场观望或者参与做空，但是往往耐不住手痒，一旦股价不再下跌，便入场抢反弹做多，但是往往在抢反弹中遭致重大损失。

图中 A 点处，股价下跌途中微幅回升，虽然 SAR 翻红，但是通过技术环境分析，可以看到均线系统等技术环境并没有出现明确的转向信号，也就是说，A 点极有可能只是 SAR 指标提示的一个短期波动式反弹。这种反弹在实战中比比皆是，但是大多不具有操作价值。

操作过程中，交易者最忌心存侥幸和贪念。明明见到局势确定，趋势一览无余，却仍旧反向操作，妄想火中取栗，最终使本来的盈利变成亏损，本来有利的局面转化为窘境。

图 10–12

二、SAR 指标卖点实战研判

1. 次级反弹中 SAR 指标的提示

实战中，在长期下跌趋势运行过程中，总是会多次出现幅度及力度不等的短期反弹或者较为强劲的次级反弹行情。但是，这些强度不等的反弹，并非都适合交易者参与。即使是次级反弹行情，如果交易者不能在适宜的买点介入，那么与其追买，不如不做。

如图 10–13 所示，股价经过一波暴跌之后，出现强劲的反弹行情。A 点处股价回落，SAR 指标起到支撑作用，同期均线系统也对股价起到支撑作用，显示这个位置就是短线交易者的较佳介入点。

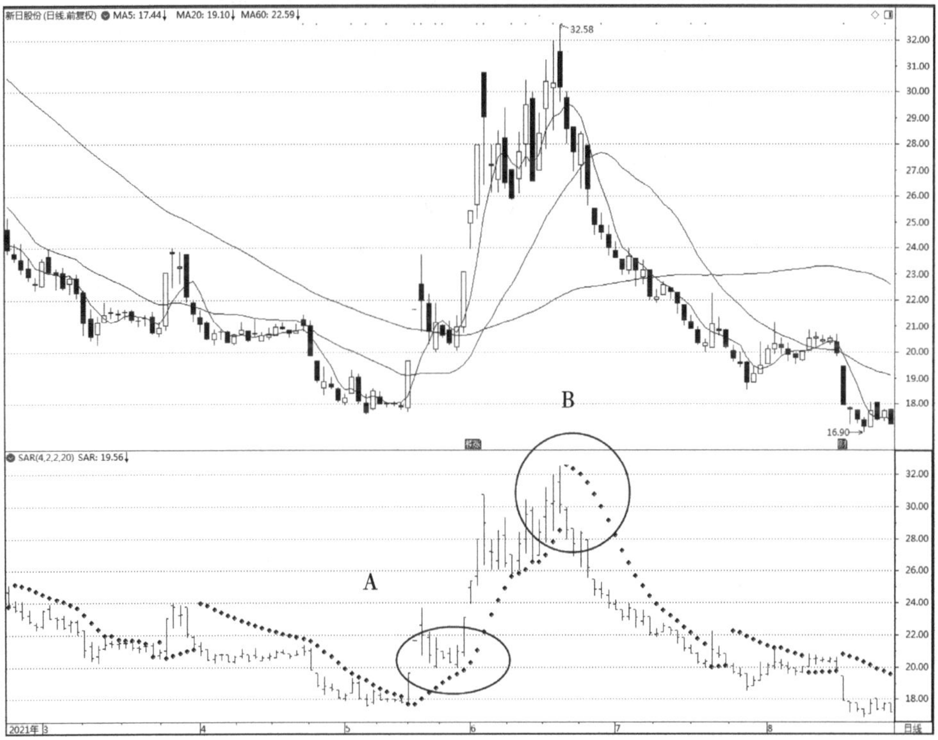

图 10–13

B 点处股价冲高回落，SAR 指标改变了之前对股价回落提供支撑的态势，也随之转为向下运行趋向，这时短线交易者理应及时卖出或止损离场。

在行情处于下跌趋势中时，交易者应避免介入短期反弹行情。对于次级反弹行情，也要根据自身的资金、仓位、技术能力等实际情况选择参与与否。很多人参与次级行情导致损失，一是因为介入时机选择错误，二是因为不能在次级行情结束时做出准确的判断，及时了结短线仓位。

2. 跌势初期 SAR 指标的反压

在行情由升势转入跌势的初期阶段，股价与 SAR 指标之间会出现一个支撑转换到压制的过程。这个过程中的一些关键技术细节，能够对交易者接下来的交易行为起到重要的参考作用。

如图 10–14 所示，股价在一轮升势后出现回落，SAR 指标翻绿。至 A 点处股价出现反弹，但是很快就在短期均线附近遇到压制，出现上涨乏力的迹象。这个时候 SAR 指标也再度翻绿，并在之后保持了下行的态势。

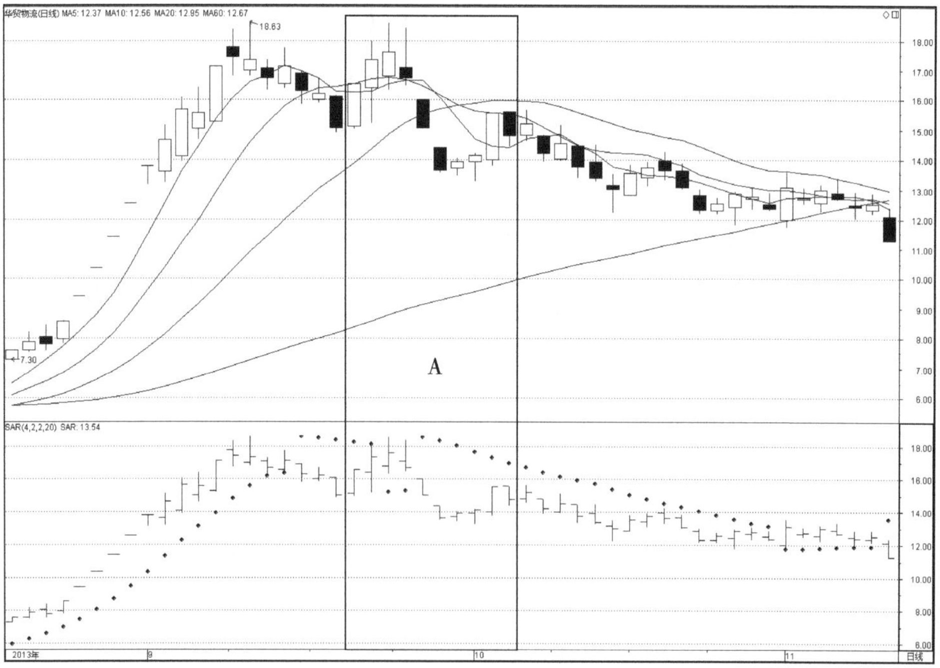

图 10–14

分析 A 点的技术环境可以看到，短期均线逐波下行，已经明确显示股价上涨强度在不断降低。SAR 指标在这里从绿转红，再转为绿，整体下行态势已经逐步显露，同时也显示出对这次股价反弹的压制作用。交易者没有理由继续持仓做多，卖出持仓是最佳选择。

3. 停损点转向迷局

图 10-14 中 SAR 指标的情况相对较容易判断，因为股价运行趋向比较明确。在股价行情运行到较为纠结的阶段，比如横向运行阶段或者小幅波动较为频繁的阶段，这个时候 SAR 指标就会频繁发出停损点转向信号，给交易者带来误判。

如图 10-15 中 A 点所示，股价在一段急跌过后开始反弹，SAR 指标绿翻红。之后股价回落，SAR 指标红翻绿，但股价并没有由此展开跌势，反而又一次反弹，SAR 指标也又一次翻红。

图 10-15

当股价向上穿越 60 日均线时，很多人可能会以为行情将由此正式转为上涨。但出人意料的是，股价却再一次选择了下跌，而且是快速下跌。

在该案例中，A 点的 SAR 指标多次发出停损点转向信号，却不能对股价运行趋向作出相应的提示，这就是 SAR 指标的伪信号。

破解 SAR 指标伪信号的关键就在于：当股价在横向运行过程中趋向不明时，SAR 指标则失去了研判作用，交易者不可机械地执行规则进行交易，而应参照技术环境分析综合判断。比如，图 10-15 中 60 日均线还维持着下行态势，短期均线横向波动，这些形态显示股价的上涨并无强有力的支撑。趋势或趋向不明时，交易者理应保持观望。

技术指标分析并不是依据孤立的一个指标判市，而是一个综合判断分析的过程。在这个过程中，技术指标、K 线、量价关系、趋势、盘口等都在发挥效用，且能起到一个相互印证、去伪存真的作用。

实战中用心观察指标对股价变化的反应，经过一段时间的不断揣摩，你会总结出该指标最能反映股价变化的实战法则。

不管你总结的这个法则与指标原有法则有多大的差异，它都是最适合你个人使用的、最能满足实战判市的技术手段。技术指标是别人创设的，如果你想让它发挥最大的功用，就必须下功夫让它变成你自己的。